VALENTES

Também de Aryane Cararo e Duda Porto de Souza:

(2017)

ARYANE CARARO

DUDA PORTO DE SOUZA

VALENTES

HISTÓRIAS DE PESSOAS REFUGIADAS NO BRASIL

ILUSTRAÇÕES
RAFAELA VILLELA

SEGUINTE

Copyright do texto © 2020 by Aryane Cararo e Duda Porto de Souza
Copyright das ilustrações © 2020 by Rafaela Villela

O selo Seguinte pertence à Editora Schwarcz S.A.

Grafia atualizada segundo o Acordo Ortográfico da Língua Portuguesa de 1990, que entrou em vigor no Brasil em 2009.

CAPA, PROJETO GRÁFICO e INFOGRÁFICOS Joana Amador
ILUSTRAÇÕES e LETTERINGS Rafaela Villela
CONSULTORIA João Carlos Jarochinski Silva
APOIO DE PESQUISA Naíma Saleh
CHECAGEM Érico Melo
PREPARAÇÃO Paula Marconi de Lima
REVISÃO Ana Maria Barbosa, Huendel Viana e Isabel Cury

Dados Internacionais de Catalogação na Publicação (CIP)
(Câmara Brasileira do Livro, SP, Brasil

Cararo, Aryane
   Valentes : Histórias de pessoas refugiadas no Brasil /
Aryane Cararo, Duda Porto de Souza ; ilustrações
Rafaela Villela. — 1ª ed. — São Paulo : Seguinte, 2020.

   ISBN 978-85-5534-096-3

   1. Brasil – Condições sociais 2. Brasil – História
   3. Imigrantes – Brasil 4. Refugiados – Brasil I. Souza,
   Duda Porto de. II. Villela, Rafaela. III. Título.

19-32336   CDD-305.906914

Índice para catálogo sistemático:
1.Brasil : Refugiados : Histórias : Sociologia
305.906914

Cibele Maria Dias – Bibliotecária – CRB-8/9427

3ª reimpressão

Todos os direitos desta edição reservados à
EDITORA SCHWARCZ S.A.
Rua Bandeira Paulista, 702, cj. 32
04532-002 — São Paulo — SP
Telefone: (11) 3707-3500
www.seguinte.com.br
contato@seguinte.com.br

/editoraseguinte
@editoraseguinte
Editora Seguinte
editoraseguinteoficial

*Para todas as pessoas
que sonham com uma vida melhor.*
In memoriam Khadouj Makzum

*Para todos os refugiados e migrantes
que doaram seu tempo e abriram seus corações
para nos contar as histórias de suas vidas.*

*Para a minha mãe, Gisela Porto,
que investiu todo o seu amor na minha educação.*
Duda

*Para meus antepassados, que tiveram a coragem de migrar.
Para o Marcos, que migrou comigo para uma nova vida.
Para minha família, que me ajuda nessas mudanças.
Para Nina, que me faz querer mudar.*
Ary

Este livro contribui com os Objetivos de Desenvolvimento Sustentável das Nações Unidas (ODS).

SUMÁRIO

9 **APRESENTAÇÃO**

16 **TODAS AS FORMAS DE ACOLHER**

O REFÚGIO NO BRASIL

22 Histórico
32 As mentiras que precisam ser combatidas
36 Vinte anos da Lei de Refúgio (1997-2017)
38 Copa dos Refugiados

40 **MAPA-MÚNDI: VIDAS EM MOVIMENTO**

ÁSIA

43 Entenda a crise: VIETNÃ
48 *Vu Tien Dung*
56 Entenda a crise: SÍRIA
60 *Abdulbaset Jarour*
68 Entenda a crise: PALESTINA
74 *Bilal Gaber*
80 *Rawa Al Sagheer*
86 Entenda a crise: AFEGANISTÃO
90 *Roquia Atbai*

ÁFRICA

97 Entenda a crise: MARROCOS
100 *Youguertene Mouridi*
106 Entenda a crise: REPÚBLICA DEMOCRÁTICA DO CONGO
112 *Prudence Kalambay*
120 *Thomas*
128 Entenda a crise: ANGOLA
132 *Jacob Cachinga e Prudêncio Tumbika*

144 Entenda a crise: MALI
148 *Allaye Gana*
152 Entenda a crise: MOÇAMBIQUE
156 *Lara Lopes*

EUROPA

163 Entenda a crise: EX-IUGOSLÁVIA
168 *Drágica Stefanovic*

AMÉRICA LATINA

179 Entenda a crise: VENEZUELA
186 *Yennifer Zarate*
192 Entenda a crise: BOLÍVIA
196 *Diana Soliz*
202 Entenda a crise: COLÔMBIA
208 *Juanita Solano*
214 Entenda a crise: PARAGUAI
218 *Sonia Barreto*
224 Entenda a crise: HAITI
232 *Jerson Compere*
238 *Wilguimps Etienne*
244 Entenda a crise: CUBA
250 *Ana Lia Verdecia*

257 **IDEIAS PARA INSPIRAR**

263 Glossário
269 Referências
284 Sobre as autoras
286 Sobre a ilustradora
287 Agradecimentos
287 Apoie também

APRESENTAÇÃO

Na ficção, o ano de 2020 já foi pensado como o marco de um futuro distópico, assim como de uma era marcada pelo progresso científico e tecnológico. Na vida real, quando a ameaça realmente chegou, não houve uma solução rápida. O ano letivo mudou; o trabalho, para muitos, também; e o cotidiano de boa parte do mundo foi reduzido à própria casa. O isolamento social tornou-se a maneira mais efetiva de combater um vírus que não conhece gênero, raça, classe social, religião, etnia ou fronteiras. E a crise se abateu — sanitária, econômica, política, social, existencial.

As fissuras sociais de países em desenvolvimento foram escancaradas, mostrando que não estamos todos no mesmo barco. Na realidade, estamos — em um mesmo planeta, nossa única e possível casa. E é por vivermos globalmente que a propagação da Covid-19 se revelou tão abrangente. Mas esse é um barco onde as pessoas em situação de maior vulnerabilidade são afetadas de maneira desigual, com mais intensidade. Milhões ao redor do mundo não tinham a opção de ficar em casa. Milhões nem têm exatamente uma casa ou um espaço em que possam manter o distanciamento mínimo. Milhões que sobreviviam de um trabalho informal, que não pode ser feito em *home office*, viram seus rendimentos acabarem. E é nesse deque inferior, onde a água chega primeiro e se instala, que está a maioria daqueles sobre os quais este livro trata: refugiados e migrantes.

Se de alguma forma a pandemia mostrou que estamos todos interligados, ela também nos apontou que olhar para o outro é a única forma de sobrevivermos. Ou salvamos todos ou não restamos nenhum — e isso é mais do que sobrevivência da espécie, é a sobrevivência da nossa humanidade e do que entendemos por civilização. Como bem definiu o historiador israelense Yuval Noah Harari no artigo "Na batalha contra o coronavírus, faltam líderes à humanidade" (Companhia das Letras, 2020), "se a epidemia resultar numa cooperação global mais estreita, triunfaremos não apenas contra o coronavírus, mas contra todos os patógenos futuros".

NOTA DA EDIÇÃO
Ao longo do texto, você vai encontrar termos grifados. Todos eles contam com uma explicação no nosso glossário (p. 263). **Boa leitura!**

Quando os muros do isolamento social forem baixados, que caiam também os muros físicos que impedem as pessoas de buscar uma vida melhor ao migrar. Que derrubemos nossos próprios muros, assentados em preconceitos e falsas ideias. Que nenhum migrante ou refugiado seja ameaçado na sua integridade física ou mental. Que imagens de crianças refugiadas mortas na praia, como a que chocou o mundo em 2015, nunca mais sejam vistas.

Uma cena que ficará para sempre

O pequeno corpo permanecia inerte na areia da praia turca. De camiseta vermelha, bermuda azul e tênis preto, parecia dormir. Mas o menino sírio de três anos já não respirava. Tinha morrido ao se arriscar de bote na travessia da Turquia para a Grécia, em uma tentativa desesperada da família de chegar à Europa e fugir da guerra civil na Síria e do Daesh, conhecido também como Estado Islâmico. Era refugiado, como tantos outros que acabam virando apenas uma estatística nas páginas dos jornais.

Diante daquela imagem, o resto do mundo também perdeu o fôlego. Naquele momento, o menino deixou de ser um número. Ele tinha um rosto. Tinha um nome: Aylan Kurdi. Não era apenas um dos 25,9 milhões de refugiados. Não era somente uma das 70,8 milhões de pessoas forçadas a se deslocar. Não era mais um dos 272 milhões* de migrantes pelo mundo. Era um menino. Tinha uma vida, talvez já tivesse um sonho. Era uma criança como a que pode estar brincando ao seu lado agora. Sua morte expôs a brutalidade de um mundo onde barreiras geográficas importam mais que vidas. Onde violações de direitos humanos são constantes. Onde conflitos armados obrigam inocentes a escapar de sua própria vida, deixando para trás casa, escola, aspirações, um cotidiano.

As crianças são a ponta mais frágil desses conflitos e muitas vezes se tornam símbolos das maiores atrocidades da humanidade. Kim Phuc Phan Thi, a menina vietnamita que corre sem roupas, derretendo sob os efeitos da bomba de napalm em 1972. O bebê sudanês Kong Nyong, que sucumbe de fome enquanto um urubu espera para ter do que se alimentar em 1993. Aylan na areia da praia turca em 2015. Omran Daqneesh, o menino de cinco anos recoberto de pó e sangue, de olhar profundo e perdido, que espera sentado na ambulância em Alepo em 2016. Todos vítimas da insanidade das guerras.

* Números de 2019.

Desde que a humanidade surgiu, as pessoas se movimentam. Da África, nosso berço, o homem ganhou o mundo e cruzou fronteiras que dançaram conforme as guerras e conquistas ao longo dos milênios. O deslocamento também foi motivado pela vontade do ser humano de desbravar, se aventurar, melhorar de vida, progredir. Foi assim que avançamos enquanto sociedade, foi assim que muitas de nossas famílias prosperaram. Migrar é inerente à vida humana, um direito — mas nem sempre é um ato voluntário. Em alguns casos, basta que um grupo político movido por interesses econômicos plante mentiras e intrigas para vizinhos virarem inimigos. Em outros, basta viver em uma sociedade de consumo desenfreado, ignorando a forma predatória como são produzidos os bens que chegam às nossas mãos, sem considerar os danos causados ao meio ambiente. Recentemente, as mudanças climáticas têm sido grandes causadoras de fluxos migratórios pelo mundo, por conta de secas, queimadas e tempestades implacáveis, que criam um refugiado do clima por segundo.

Diante de uma questão humanitária, na qual pessoas como nós se veem vítimas de perseguições, catástrofes, guerras e ameaças, não deveria haver vozes dissonantes. Como dizer para uma mãe que passa fome que não pode tentar dar uma vida melhor para seus filhos? Como falar para um homem que ele deveria ficar em seu país para morrer? Não podemos fechar as portas para o outro quando há vidas em risco.

E é justamente por isso que precisamos escutar as vozes desses sobreviventes de forma não passiva. Não só porque superaram com valentia um passado recente no qual estavam em zonas de guerra, campos de refugiados e listas de extermínio, enfrentando violência generalizada, caos econômico, político e social. Não só porque baixar nossos muros e acolher pessoas tão duramente penalizadas é uma questão de humanidade. Não só porque refugiados e imigrantes ajudam a desenvolver a economia de um país, em vez de fragilizá-la. Não só porque eles podem e querem construir um Brasil melhor. Não só porque a xenofobia cresce no mundo, baseada em *fake news*, e precisa ser combatida. Não só porque você pode estar no lugar deles um dia. Mas por tudo isso junto. Espalhar histórias tão verdadeiras e únicas é a melhor maneira de promover a reflexão e, em última instância, a mudança social. Enquanto silenciamos outras pessoas, nos silenciamos também. Consequentemente, silenciamos a humanidade.

E, nesse silêncio, deixamos de enxergar o próximo, que pode estar bem mais perto do que pensamos. Afinal, esta não é uma realidade distante, de travessias ilegais pelo Mediterrâneo, de mexicanos cruzando a fronteira dos Estados Unidos. É uma realidade nossa também. O Brasil é um país plural, que foi formado por uma mistura de povos — inclusive pessoas escravizadas que foram forçadas a abandonar suas terras do outro lado do Atlântico, resultando na diáspora africana — e recebeu importantes fluxos de imigrantes no século XIX e nas primeiras décadas do XX. Hoje, continua inserido na rota de migrações recentes, recebendo pessoas de variadas nacionalidades — em especial, venezuelanos, haitianos e refugiados sírios. Mas nem sempre nosso país tem conseguido lidar bem com esse movimento, a exemplo dos conflitos em Pacaraima, Roraima (mais na p. 181), quando brasileiros expulsaram de forma truculenta mais de mil venezuelanos; da ameaça a africanos e do assassinato de um angolano no bairro de Itaquera, em São Paulo, motivados por *fake news* e xenofobia em maio de 2020; além do ataque sofrido pelo centro cultural palestino Al Janiah, também em São Paulo, em 2019.

O discurso de setores mais conservadores da sociedade que afirmam que nosso país está sendo "invadido por imigrantes" é baseado apenas em xenofobia, já que não possui argumentos lógicos ou fundamento em dados. O Brasil, o quinto maior país do mundo em extensão territorial, havia reconhecido apenas 11 231 refugiados até dezembro de 2018, sendo que metade já nem morava mais em seu território. Ou seja, oferecemos proteção a irrisórios 0,04% dos refugiados do mundo — proporção que não mudaria muito, ainda que todos os 161 mil pedidos de refúgio pendentes à época tivessem sido aceitos. Os pouquíssimos refugiados que recebemos acabam diluídos entre os brasileiros.

O Brasil tampouco sofre com um suposto fluxo exorbitante de imigrantes, que somavam cerca de 1,8 milhão de pessoas em 2015, segundo a Polícia Federal, ou 0,87% dos 206 milhões de habitantes na época. Mesmo a chegada mais expressiva de venezuelanos não justifica o barulho que alguns políticos fizeram, tentando barrar sua entrada — o governo brasileiro estima que 264 mil venezuelanos viviam no Brasil em janeiro de 2020, sendo que 37 mil foram reconhecidos oficialmente como refugiados entre dezembro e janeiro, aumentando substancialmente o número total de pessoas com status de refúgio no país. O colapso na saúde, na educação e na segurança pública é anterior à vinda das levas mais recentes de imigrantes, e seria injusto culpá-los pelo nosso sistema público caótico. Por fim, é sempre bom lembrar que temos 3 milhões de brasileiros vivendo no exterior, número muito maior do que o de estrangeiros vivendo no Brasil. É preciso menos julgamento e mais empatia. É preciso identificar e combater as *fake news* para que o preconceito não nos tire o foco daquilo que é mais importante: direitos humanos.

Toda história conta

Pensando nisso, este livro traça um panorama histórico dos vinte anos de existência da Lei de Refúgio, com números e dados de refugiados, além de informações sobre como o Brasil saiu de um lugar que criminalizava o estrangeiro para o posto de nação que detém uma das mais modernas legislações sobre o tema, embora sua política de acolhimento corra o risco de sofrer retrocessos. Trata-se de um material que situa, contextualiza e informa o leitor nesse mar de "achismos" e prejulgamentos em que o mundo tem navegado.

Em seguida, apresentamos as histórias de quem deixou tudo para trás e precisou recomeçar em terras brasileiras. São relatos tristes, mas também de uma força descomunal. São trajetórias que desconstroem estereótipos e falsas ideias relacionadas à migração. Vidas de pessoas que, como nós, jamais se imaginaram nessa situação. Como Drágica Stefanovic, que fugiu com a família quando se viu em uma lista de extermínio na antiga Iugoslávia. Abdulbaset Jarour, que chegou ainda ferido, fugindo da guerra na Síria. Yennifer Zarate, que cruzou a fronteira para escapar da crise socioeconômica e política que assolou a Venezuela, onde a falta de equipamentos básicos de saúde condenou a vida de seu filho. Vu Tien Dung, que ficou à deriva no mar para escapar da execução ou dos campos de trabalho forçado no Vietnã. Jerson Compere, que só queria ter a chance de ir para faculdade e, no Haiti, esse era um sonho impossível. Rawa Al Sagheer, que enfrentou até as milícias do Daesh depois de descobrir que o campo de refugiados palestinos onde nasceu, na Síria, seria invadido pelo governo. Juanita Solano, que nasceu em uma família de ativistas colombianos e teve de buscar uma vida longe do temor dos grupos paramilitares armados. Roquia Atbai, que fugiu de jihadistas e extremistas afegãos. Jacob Cachinga e Prudêncio Tumbika, que ganharam a oportunidade de estudar e desenvolver a própria autonomia depois de ficarem cegos em decorrência da guerra civil em Angola. Ana Lia, que não podia assumir sua identidade como mulher trans no regime de Cuba, onde foi estuprada duas vezes por agentes da força policial. E muitos outros.

Para entender exatamente do que eles fugiram, você vai encontrar um infográfico que explica o conflito em cada uma dessas partes do mundo. Assim, antes de iniciar a leitura de cada perfil, você entenderá os motivos que tornaram insustentável a vida no país de origem dessas pessoas e que provocaram a fuga de tantas outras, cujas histórias não caberiam em um só livro.*

Alguns dos que compartilham aqui suas histórias de vida são imigrantes; outros, refugiados, mas, no fim, a terminologia que ganharam para poder permanecer no país não faz a menor diferença, nem desmerece a trajetória e as motivações de cada um. A verdade é que nenhum deles escolheu sair de sua terra natal. Foram forçados a abandoná-la, seja por extremas dificuldades financeiras, seja por causa de guerras, seja por perseguição baseada em raça, religião, nacionalidade, identidade de gênero, orientação sexual ou opinião política. E é por isso que este livro acolheu histórias de todas as formas de migrar.

É bem possível que, por causa da dor, muitos tenham omitido trechos ainda mais tristes e violentos de sua história ou modificado um pouco alguns dos acontecimentos na hora de reviver sua própria trajetória. Alguns nos contaram segredos e pediram que não os tornássemos pública. Outros precisaram esconder sua identidade, pois corriam risco de morte. Respeitamos os desejos de todos, respeitamos seus silêncios.

São todos sobreviventes. Mulheres, homens e crianças valentes que hoje lutam não apenas para ter uma vida digna em solo brasileiro, como para ter respeito e igualdade de tratamento. Alguns conseguiram superar o passado triste e reescrever suas histórias, mas um futuro melhor não depende apenas deles, e sim das oportunidades que estão ao seu alcance. Ninguém quer ser eternamente refugiado, nem quer que essa palavra defina sua vida.

Um dos esforços deste livro é tirar a questão da migração de um lugar de sofrimento e levá-la para um lugar de dignidade. Queremos mostrar que por trás das palavras "imigrantes" e "refugiados" há rostos, vidas,

---

* Os infográficos não têm a pretensão de explicar a história dos países em sua completude. Eles fazem um recorte histórico dos fatos e dados que ajudam a explicar os fluxos de migração e refúgio.

gente como a gente. Queremos combater a desinformação que ronda o assunto para que sejamos uma sociedade mais solidária. Para encerrar o livro, reunimos frases de grandes personalidades para inspirar a reflexão — que não termina aqui. Vamos seguir juntos na luta para tornar nosso país mais justo, equilibrado e plural.

Afinal, essa não deve ser uma luta e uma conquista solitárias. É uma responsabilidade coletiva. O que você faria se fosse com você? E o que vai fazer agora sabendo que, de certa forma, também é com você? Precisamos construir pontes em vez de muros, já alertou Zygmunt Bauman, um dos maiores filósofos e sociólogos de nosso tempo. A história do outro importa. Ela é sua agora.

Aryane Cararo *e* ***Duda Porto de Souza***
Julho de 2020

TODAS AS FORMAS DE ACOLHER

Eles chegaram ao Brasil fugindo. Da guerra, da intolerância religiosa, de grupos armados, da calamidade pública, da miséria, da falta de perspectivas humanitárias. "Fuga" é a palavra para todos, mas não é uma boa palavra. Dá a ideia de que os estrangeiros que aqui chegaram estão em dívida com seu país de origem. Quando, na verdade, é a humanidade que está em dívida com eles. Essas pessoas não escolheram sair de suas casas. Não se trata de uma aventura, mas da busca pela sobrevivência — quando muito, sonham com uma vida melhor.

Apesar de os anseios serem os mesmos, com semelhanças em suas trajetórias, quando eles precisam ser reconhecidos juridicamente em um país, as nomenclaturas os diferenciam. Refugiados, por exemplo, são a minoria. Os sírios que começaram a vir em maior número para o Brasil em 2011 estão nesse grupo. Já os haitianos, que se dirigiram para cá depois do terremoto de 2010, não podem ser classificados dessa forma — a eles foi concedido o visto de acolhida humanitária. Refugiado, apátrida, asilado, reassentado, migrante com visto humanitário. Todos tiveram seus direitos violados, mas o que diferencia cada condição?

> Esse tipo de visto pode ser dado a pessoas apátridas ou provenientes de qualquer país em "situação de grave ou iminente instabilidade institucional, de conflito armado, de calamidade de grande proporção, de desastre ambiental ou de grave e generalizada violação de direitos humanos ou de direito internacional humanitário que cause fluxo migratório desordenado em direção a região do território nacional", como prevê a lei nº 13.684, de 2018.

Migrante

É toda e qualquer pessoa que sai de sua terra natal. No seu país de origem, é considerada emigrante, e no de destino, imigrante. Mas também pode ser um apátrida ou um residente fronteiriço (que mora na região de fronteira entre duas nações). No Brasil, a lei de número 13.445, publicada em 2017, estabelece as regras para a entrada de imigrantes no país. Entre as várias modalidades de visto temporário, por exemplo, há o de acolhida humanitária, utilizado para permitir a entrada de imigrantes em situação de vulnerabilidade social que não se enquadram na Lei de Refúgio.

Apátrida

É a pessoa que não tem nacionalidade reconhecida por país nenhum. Isso pode ocorrer quando há conflitos entre nações, ou a pessoa faz parte de uma minoria discriminada pela legislação vigente ou porque há um processo de independência recente e nem todos os moradores foram reconhecidos como cidadãos da nova nação. A lei brasileira segue a Convenção sobre o Estatuto dos Apátridas, de 1954.

Refugiado

Uma palavra é obrigatória para que um estrangeiro obtenha a condição de refugiado: perseguição. É preciso que a pessoa tenha abandonado seu país em busca de segurança, fugindo de conflitos ou abusos graves aos direitos humanos. A lei brasileira que define o conceito e as políticas de proteção a essas pessoas foi aprovada em 1997, sob o número 9.474, e é considerada uma das mais modernas do mundo. Ela diz que refugiado é aquele que sofre perseguição por raça, religião, nacionalidade, grupo social ou opiniões políticas e que esteja fora de seu país natal. Uma pessoa também pode se enquadrar na Lei de Refúgio se foi obrigada a deixar seu país por grave e generalizada violação de direitos humanos, ou seja, se sua vida, integridade física ou liberdade estavam ameaçadas. Mas só pode pedir refúgio quem já estiver em solo brasileiro.

Ao solicitá-lo, o estrangeiro ganha um documento provisório, que o impede de ser extraditado, e pode fazer sua Carteira de Trabalho e ser atendido pelos sistemas públicos de saúde e educação, além de ter assistência jurídica gratuita. Uma vez aqui, é livre para exercer suas crenças, expor suas ideias e circular pelo Brasil e até por outros países, desde que avise as autoridades competentes.

Ao ser reconhecido como refugiado, obtém o Registro Nacional de Estrangeiros (RNE) e a Cédula de Identidade de Estrangeiro (CIE). Ele também ganha o direito à reunião familiar e pode trazer seus parentes. Depois de quatro anos com o RNE, é possível solicitar a residência permanente.

SOLUÇÕES DURADOURAS DE REFÚGIO

Permitem que cada uma dessas pessoas reconstrua sua vida de forma digna e com seus direitos garantidos. Depois do fim da Segunda Guerra Mundial (1939-45), as respostas a essa demanda mudaram de acordo com os novos fluxos de deslocamento e a existência de conflitos duradouros, que criaram refugiados semipermanentes. A seguir, estão as formas possíveis de refúgio:

Integração local
O refugiado tem acesso a tudo o que um cidadão daquele país tem: cultura, educação, saúde, direitos, e está inserido de tal forma na sociedade que consegue se manter economicamente.

Repatriação voluntária
Prevê a volta ao país de origem depois de um tempo, se assim o refugiado quiser e se houver segurança para isso.

Reassentamento
Consiste na possibilidade de o refugiado mudar de país acolhedor, ou seja, ir para outra nação que não seja a sua depois de ter obtido o documento de refugiado em um país. Isso acontece quando a pessoa não consegue proteção jurídica ou física suficiente no local que reconheceu o refúgio e está em risco.

Uma pessoa pode solicitar asilo territorial quando já estiver em solo brasileiro, ou diplomático, no caso de estar em país estrangeiro e pedir permissão para viver no Brasil diretamente para a embaixada brasileira. Costuma ser aplicado em situações de perseguição política individual e está previsto na Constituição, mas não existe lei específica para tratar dessa situação, tendo de ser avaliada caso a caso pela Presidência da República.

Residência provisória — Acordo Mercosul

Cidadãos dos países — membros e associados ao Mercosul — Argentina, Bolívia, Chile, Colômbia, Equador, Guiana, Peru, Suriname, Uruguai e Venezuela — podem pedir o direito de residência provisória na embaixada brasileira ou nos postos da Polícia Federal. Pelo Acordo sobre Residência para Nacionais dos Estados Partes do Mercosul, de 2009, essas pessoas precisam apresentar passaporte válido, certidão de nascimento e certidão negativa de antecedentes criminais. O direito é válido por até dois anos e, depois desse período, é possível solicitar a residência permanente.

UNIDADE FAMILIAR

O princípio da unidade familiar, previsto na Constituição Federal e na Convenção Americana de Direitos Humanos, garante que um refugiado reconhecido reúna seus familiares no novo país. Todos os custos envolvidos na viagem são arcados pelo solicitante, e não pelo governo brasileiro. A condição de refugiado é estendida aos outros membros da família, desde que se encontrem em território nacional.

Para Liliana Lyra Jubilut, doutora em direito internacional pela Universidade de São Paulo (USP) e membro do Migration Research Leaders' Syndicate da Organização Internacional para as Migrações (OIM), a unidade familiar "deve ser respeitada em todo o ciclo migratório e pode ser efetivada de diversas formas: não separação de familiares durante o deslocamento, vistos para entrada de familiares em determinado país ou procedimentos facilitados para a reunião familiar. Ainda que a definição de família possa ser variada, deve-se sempre buscar uma interpretação vinculada aos direitos humanos e que respeite as diferenças culturais".

Fontes: Alto Comissariado das Nações Unidas para Refugiados (ACNUR), site Help Brasil.

O REFÚGIO

HISTÓRICO

Parece um assunto novo. Afinal, foi só depois de 2010 que nosso país viu fluxos de refugiados chegarem com mais frequência. Mas não é. O refúgio no Brasil, ainda que não levasse exatamente esse nome, existe desde a primeira metade do século xx. Há registros, por exemplo, de que em 1949 havia pessoas nessa situação vivendo nos estados de São Paulo, Rio Grande do Sul e Paraná, algumas deslocadas pela Segunda Guerra Mundial, que foram tratadas como imigrantes comuns. Mas as políticas voltadas para os estrangeiros que fogem de seus países por sofrerem perseguição e risco de morte começaram a ser desenhadas apenas anos mais tarde. Mais precisamente, em 1960-1, quando o Brasil ratificou a Convenção de Genebra de 1951 sobre o Estatuto dos Refugiados. Apesar do avanço, havia um limite: uma cláusula geográfica dizia que só podia solicitar refúgio quem fugisse de problemas ocorridos na Europa.

AS PRINCIPAIS LEIS DE REFÚGIO

Convenção de Genebra de 1951
É a base do sistema internacional de refugiados e peça essencial do direito internacional dos direitos humanos. A Convenção das Nações Unidas relativa ao Estatuto dos Refugiados — seu nome oficial — é um tratado global que define quem pode receber esse status, bem como seus direitos e deveres no país de acolhida. Foi formalmente adotada em 28 de julho de 1951 para resolver a situação dos refugiados da Europa após a Segunda Guerra Mundial, estabelecendo também o direito de proteção contra um retorno forçado ao país de origem (*non-refoulement*).

Protocolo Facultativo de 1967
Atualizou o texto da Convenção de 1951 para abranger conflitos que aconteceram depois de 1º de janeiro de 1951 e também em outros continentes que não o europeu. Assim, o status de refugiado passou a valer para pessoas que fugiram de seus países de origem antes ou depois da Segunda Guerra e sem limitação geográfica. Embora a Convenção e o Protocolo tenham sido assinados ou ratificados pela maioria dos países-membros da ONU, 43 nações não quiseram adotar essas práticas.

Declaração de Cartagena de 1984
Focada na situação de refugiados na América Latina, é resultado dos encontros de representantes governamentais e especialistas de dez países latino-americanos em Cartagena das Índias, na Colômbia. Empregou o termo "violação maciça dos direitos humanos" como instrumento da definição mais ampla de refugiado.

Em 1972, o Brasil assinou o Protocolo de 1967, mas manteve a cláusula que limitava o acolhimento a refugiados vindos da Europa — na prática, pessoas das demais nacionalidades recebiam o status de asiladas. Dessa forma, estrangeiros de outros países que pediam proteção — como os da América Latina e da África — ganhavam tratamento diferente: uma permanência temporária até que outra nação os aceitasse por meio de reassentamento. Foram reassentadas em outros países cerca de 20 mil pessoas que pediram asilo aqui, entre chilenos, bolivianos, argentinos e uruguaios. Foram enviados para Europa, Austrália, Nova Zelândia e Canadá.

Foi para reassentar essa população que o **Alto Comissariado das Nações Unidas para Refugiados (ACNUR)** abriu seu primeiro escritório no Brasil, em 1977, no Rio de Janeiro. Esse trabalho foi auxiliado por d. Paulo Evaristo Arns, que chegou a receber a Medalha Nansen, concedida pela agência de refugiados da ONU para figuras que se destacam na assistência a deslocados por conflitos. A Igreja, por meio de ações de pastorais, já vinha sendo uma aliada importante no acolhimento de estrangeiros. Em 1976, cinco chilenos que fugiram da perseguição da ditadura militar trouxeram uma carta do Vicariato da Solidariedade do Chile para ser entregue ao arcebispo do Rio de Janeiro, d. Eugênio de Araújo Sales, pedindo proteção. O arcebispo, então, solicitou que a Cáritas organizasse o atendimento a refugiados latino-americanos — até 1982, cerca de 5 mil pessoas perseguidas pelas ditaduras locais se refugiaram no Rio.

O primeiro grupo expressivo a ser chamado de "refugiado", embora naquela época não recebesse esse status legalmente, foi o de vietnamitas trazidos em comum acordo com o governo brasileiro em 1979 (veja na p.48 a história de Vu Tien Dung). Em 1986, a situação se repetiu com a vinda de cinquenta famílias bahá'í (de religião monoteísta fundada na Pérsia), do Irã. Em 1988, a cidade de Passo Fundo, no Rio Grande do Sul, foi a primeira nas Américas a receber um escritor cubano pela Rede de Cidades para Refugiados.

Lentamente, alguns direitos foram concedidos aos estrangeiros que fugiam de ameaças em seus países. Em 1989, o governo retirou a cláusula de reserva geográfica do Protocolo de 1967. No ano seguinte, permitiu que eles exercessem trabalho remunerado e tivessem **direito de associação**. Nessa época, havia cerca de duzentos refugiados em território brasileiro. Mas a retomada da guerra civil em Angola mudou esse panorama em

"Amor" em latim. A Caritas Internationalis é uma confederação de organizações católicas de assistência, desenvolvimento e serviço social que operam em mais de duzentos países e territórios em todo o mundo. Fundada em 1897 pelo sacerdote católico romano Lorenz Werthmann, seu braço brasileiro foi oficializado em 12 de novembro de 1956. Aqui, a Cáritas atua em 450 municípios e trabalha na "defesa dos direitos humanos, da segurança alimentar e do desenvolvimento sustentável solidário".

ACNUR: SETENTA ANOS DE TRABALHO COM REFUGIADOS

Criado para durar apenas três anos, o Alto Comissariado das Nações Unidas para Refugiados (ACNUR) já contabiliza cerca de setenta anos de existência. Quando foi fundado, em 14 de dezembro de 1950, tinha como meta ajudar os milhões de europeus que fugiram ou perderam suas casas durante a Segunda Guerra Mundial (1939-45). Seus esforços eram focados no reassentamento. A missão do ACNUR deveria ser concluída até 1953, mas a ela seguiram-se muitos outros desafios e demandas, conforme a questão dos refugiados foi ganhando novos contornos no mundo contemporâneo.

Na década de 1970, apenas o reassentamento já não respondia às necessidades, e o foco da agência voltou-se para a repatriação voluntária e a resolução de conflitos. No fim dos anos 1980 surgiram situações ainda mais complexas, com o deslocamento forçado chegando a triplicar.

"A invasão da União Soviética no Afeganistão, a continuidade e ampliação dos confrontos na África do Sul, Angola, Moçambique e América Central... Todos esses conflitos, nos quais as duas maiores potências, Estados Unidos e União Soviética, se infiltraram, as chamadas *proxy wars*, aumentaram muito o deslocamento de pessoas. Elas começaram a chegar à Europa e aos Estados Unidos na época das *boat people*, e a prioridade passou a ser a contenção ao refúgio", conta Maria Beatriz Nogueira, chefe do escritório do ACNUR em São Paulo.

Sobre a criação de campos de refugiados, ela explica que, "inicialmente, todos eram para funcionar como respostas temporárias para o ápice dos conflitos e, com o término de cada um deles, as pessoas que estivessem em regiões de fronteira e quisessem retornar a seus países de origem poderiam fazê-lo voluntariamente. Porém muitos conflitos se prolongaram e vários não se resolveram até hoje".

Não só isso. Também foram criadas barreiras para a resolução da questão dos deslocamentos. "Surgiram restrições à chegada de pessoas em determinados países e sanções a companhias aéreas que levavam pessoas sem visto, além de crescer o paradigma de contenção de refúgio. Trata-se de respostas mais restritivas e menos amigáveis à chegada de pessoas", explica Beatriz.

O resultado é este: nas primeiras décadas do século XXI, há um total de 70,8 milhões de pessoas deslocadas e 25,9 milhões de refugiadas, sendo 20,4 milhões sob mandato do ACNUR e 5,5 milhões de palestinos sob proteção da Agência das Nações Unidas de Assistência aos Refugiados da Palestina (UNRWA) — isso quer dizer que as duas agências trabalham para garantir que qualquer pessoa possa buscar e conseguir refúgio em outro país e, caso deseje, voltar de forma segura para sua terra natal.

Entre as explicações para esse fenômeno, Beatriz lista os novos conflitos e a existência de campos de refugiados com mais de quarenta anos — como no Paquistão, que tem esse tipo de abrigo desde o final dos anos 1970. "Num cenário no qual as pessoas não conseguem retornar e os conflitos não se resolvem, o reassentamento cobre apenas 1% da população refugiada. Os mais vulneráveis entre os vulneráveis ainda precisam se encaixar no perfil determinado pelos países que concedem refúgio", comenta. Para atender novos fluxos migratórios, Beatriz informa que o foco do ACNUR hoje é atuar na autossuficiência, empregabilidade e realização de aspirações profissionais dos refugiados, bem como mostrar à sociedade como essas pessoas podem contribuir com investimento e inovação. Pelo trabalho realizado, a agência já foi premiada duas vezes com o Nobel da paz, em 1954 e 1981.

No capítulo "Todas as formas de acolher", na p. 14, você pode saber mais sobre soluções duradouras de refúgio.

1992. Quando 1,2 mil pessoas fugiram para o Brasil, que na época era um dos poucos que concediam visto de turista, o país se viu em nova encruzilhada jurídica. Esses angolanos não fugiam de perseguições individuais, mas de um conflito armado que poderia lhes custar a vida. Ou seja, não se encaixavam na definição clássica da Convenção de 1951. Assim, o governo brasileiro se inspirou na Declaração de Cartagena, de 1984, para ampliar o conceito e abrigá-los como refugiados. O mesmo aconteceu com duzentas pessoas que escaparam da Guerra da Libéria (1989-96) e pediram proteção em solo brasileiro.

Quando Fernando Henrique Cardoso foi eleito presidente (ele mesmo um exilado político durante a ditadura brasileira, no Chile e na França), levou adiante o compromisso assumido com os direitos humanos, enviando ao Congresso o projeto de lei sobre refugiados, que se transformaria na lei nº 9.474, instituída em 22 de julho de 1997. Foi a primeira legislação da América Latina que tratou de forma abrangente a questão do refúgio e, décadas depois, segue considerada um instrumento jurídico dos mais modernos. A lei inclui não somente pessoas que sofrem perseguição, mas também aquelas que são obrigadas a deixar seu país de nacionalidade "devido à grave e generalizada violação de direitos humanos". A regra criou ainda o Comitê Nacional para os Refugiados (Conare), com representantes das pastas de Justiça, Relações Exteriores, Educação, Saúde, Trabalho, Polícia Federal e de uma organização não governamental (Cáritas). Pouco depois, em 1999, o Brasil foi incluído no programa para receber reassentados pelo ACNUR — a fase inicial do projeto estabeleceu como piloto as cidades de Porto Alegre (RS), Mogi das Cruzes (SP), Natal (RN) e Santa Maria Madalena (RJ). Em janeiro de 2002, cem afegãos chegaram ao território brasileiro via reassentamento.

Apesar de receber um contingente pequeno de refugiados e imigrantes em comparação com a seus vizinhos ou outros países do globo, o Brasil entrou na rota dos fluxos migratórios por algumas facilidades. Para determinadas nacionalidades, o país representa um elo com um familiar que veio para cá em outros momentos de grande movimentação migratória, como os sírios. Mas, para a maioria, foram dois os fatores de atração: a maior facilidade para obtenção de visto de entrada e de documentos para poder trabalhar, e a prosperidade econômica do final dos anos 2000, que criou uma percepção de que o Brasil não havia sido atingido pela crise mundial de 2008 — que mudou depois de 2014.

Isso não quer dizer que seja exatamente fácil vir para cá — não é. Contudo, o Brasil assumiu um papel de maior importância no cenário internacional e se estabeleceu nos foros mundiais como um defensor dos direitos humanos. Ajudou nesse processo o fato de nações tradicionalmente abertas a estrangeiros terem fechado suas portas, além da realização de eventos que colocaram o Brasil em evidência, como a Copa do Mundo (2014) e os Jogos Olímpicos (2016). Há ainda que se contar com o Acordo sobre Residência entre os países do Mercosul, que acabou absorvendo muito da migração sul-sul (entre países do hemisfério Sul).

Esses fatores fizeram com que nosso país deixasse de ser lugar de passagem para virar ponto de destino. Mas a crise econômica dos anos recentes está fazendo com que refugiados e imigrantes já estabelecidos tentem a sorte migrando para outros lugares, como Estados Unidos, Chile e Canadá. Na realidade, hoje não há país no mundo que não conviva com processos simultâneos de chegada, trânsito e saída de migrantes, com intensidades variadas — no Brasil, por exemplo, a saída de brasileiros ainda é o movimento mais forte.

A recente e mais humana Lei de Migração

Até novembro de 2017, o imigrante era tratado como uma ameaça à segurança nacional, de acordo com o antigo Estatuto do Estrangeiro, instituído durante a ditadura militar brasileira em 1980 e que havia muito pedia atualização. A nova Lei de Migração, sancionada em maio de 2017, trouxe importantes ganhos, como a obrigatoriedade da não discriminação, o combate à xenofobia e a igualdade de trabalho entre brasileiros e imigrantes. Também deu diretrizes não só para estrangeiros em território nacional, como para residentes fronteiriços, apátridas e brasileiros turistas e emigrantes.

Mais alinhada à Constituição de 1988, a lei garantiu aos imigrantes acesso a serviços públicos, como saúde e previdência social, e permitiu o direito de se associar e participar de atividades políticas. O voto continua não sendo permitido, e o Brasil permanece como um dos poucos países da América Latina a adotar restrição total nesse assunto.

Outra conquista foi a regulamentação do visto de acolhida humanitária, prática que já vinha sendo instituída desde 2010 com os haitianos. Pela nova lei, é concedido o visto temporário para quem vem de países que sofreram calamidade de grande proporção, seja por causa de desastre ambiental, de grave violação dos direitos humanos, de conflito armado ou de grave ou iminente instabilidade institucional. Assim como no caso do refugiado, a lei prevê que o imigrante que corre risco ou ameaça à sua integridade não pode ser deportado, expulso ou repatriado.

A lei foi recebida com alegria pelas entidades que atuam com o tema e vista como vanguarda por outras nações. No entanto, o decreto que regulamenta a lei, ou seja, que a institui na prática e dá as coordenadas para isso, impôs restrições que vinham sendo alvo de críticas, como a possibilidade de deportação e o fato de a família do imigrante ter de estar aqui para que, só então, ele peça a autorização de residência com base em reunião familiar.

Um ponto de tensão

Ao longo da escrita e na ocasião de lançamento deste livro, o momento ainda era de expectativa para saber como se definiria a política migratória para os próximos anos. Nos primeiros dias de seu mandato, em 2019, o presidente Jair Bolsonaro anunciou a retirada do Brasil do Pacto Global para Migração, assinado por 150 países da ONU. Ele alegava perda de soberania, porém o pacto é apenas uma estrutura para cooperação internacional no acolhimento humanitário, sem força de tratado. Além disso, quando Bolsonaro ainda era candidato, criticou a recente Lei de Migração e disse que "ninguém quer botar certo tipo de gente para dentro de casa". Em julho de 2019, Sérgio Moro, então ministro da Justiça, publicou a portaria 666, estabelecendo condições para a deportação sumária de "pessoas perigosas", tida como ilegal e inconstitucional por especialistas em direito internacional. Em outubro, o prazo de 48 horas para recorrer da decisão foi ampliado para cinco dias. Com a crise econômica, o aumento dos discursos de ódio e a chegada da pandemia da Covid-19, a saída do pacto promete resultar em ainda mais retrocessos para a luta em defesa dos direitos humanos.

Como podemos receber melhor?

O idioma é a primeira barreira que o refugiado e o imigrante enfrentam no Brasil. Essa dificuldade é sentida em todos os aspectos da vida de quem vem para cá e precisa ser independente no dia a dia: no transporte, no sistema de saúde, no mercado, nas lojas, na rua… Também não há abrigos suficientes para acolher essa população, especialmente os mais vulneráveis, e as poucas iniciativas de alojamento — como a da Missão Paz, em São Paulo — são tão concorridas que acabam sendo disponibilizadas por um período curto de tempo. Depois disso, o refugiado ou imigrante se vê, muitas vezes, impelido a morar em uma ocupação devido aos altos custos dos aluguéis de imóveis (quando, muitas vezes, ainda nem conseguiu um emprego) e também à burocracia e aos entraves para assinar a papelada, com exigências de fiança ou fiador, por exemplo, e renda (leia mais sobre as ocupações na p. 223).

Validar o diploma é outro entrave, que relega ao migrante um posto menos qualificado na busca por trabalho — isso quando a mão de obra migrante não é explorada, aproveitando-se da fragilidade de sua situação migratória e do desconhecimento da legislação local.

"Não temos ainda uma política migratória. Qual é o modelo que queremos oferecer para os imigrantes ao chegarem ao Brasil? Assimilação, multiculturalismo, interculturalismo? Nem se discute. Parece que a acolhida é mais primária: documento, alimento e um lugar para dormir. Não se pensa em como será a inserção na sociedade. Falta essa visão mais global, falta tratar o tema da imigração de maneira transversal,

VALIDAÇÃO DE DIPLOMAS

É caro, demora e exige tantos documentos e provas que, na maioria das vezes, os refugiados desistem de tentar revalidar seus diplomas em solo brasileiro. Até 2018, apenas os estados de São Paulo e Rio de Janeiro haviam eliminado os custos desse processo, que pode passar de 20 mil reais — uma fortuna para quem está desempregado ou em subemprego e luta para ter o que comer e onde morar. Foi um grande passo, mas restam muitos outros. A falta de documentos que comprovem os anos de estudo é um grande entrave — numa fuga, um diploma certamente não está na lista de prioridades. Além disso, a revalidação também pode incluir provas que exigem dedicação e estudo, o que muitas vezes não é viável no cotidiano de trabalho.

Segundo levantamento socioeconômico da ONU em todo o Brasil, divulgado em 2019, 68% dos refugiados entrevistados não atuavam em suas áreas de formação. Trinta e quatro por cento concluíram o ensino superior, mas apenas catorze pessoas conseguiram revalidar seus diplomas — outras 133 tentaram ou não tiveram sucesso. Isso impacta diretamente na renda dessas famílias: 79% tinham renda mensal inferior a 3 mil reais, sendo que 30% delas viviam com menos de mil reais.

ou seja, abranger cultura, educação, saúde, as várias secretarias de uma cidade e ministérios do governo federal", comenta o padre Paolo Parise, diretor da Missão Paz.

Não bastassem as dificuldades para se estabelecerem em um país, sem rede de apoio e recuperando-se, muitas vezes, de um trauma, esses estrangeiros precisam enfrentar a xenofobia — que cresce no mundo, inclusive no Brasil, alimentada com frequência por *fake news* — e, ainda, o racismo e o preconceito. Há muitas barreiras a serem derrubadas para que essas pessoas, já tão castigadas pela vida, possam ter um tratamento que respeite sua condição vulnerável, proteja seus direitos humanos e lhes permita viver e prosperar como os demais brasileiros.

BULLYING NÃO, XENOFOBIA!

Em oito anos, o número de alunos estrangeiros em escolas brasileiras mais do que dobrou. De 2008 a 2016, o aumento foi de 112%, segundo o Censo Escolar (Inep-MEC), passando de 34 mil estudantes para quase 73 mil, sendo a maior porcentagem de latinos (40%). Do total de alunos estrangeiros, 64% foram acolhidos pela rede pública de educação, revelando o importante papel que a escola tem na integração dos imigrantes. Nesse contexto, oferecer vagas apenas não supre a necessidade, e o idioma é só um dos desafios nesse processo. É preciso ter atenção e políticas públicas para o combate à xenofobia e ao bullying, mas esse trabalho tem sido feito quase exclusivamente por iniciativas da sociedade civil. Uma dessas ações é realizada pelo coletivo Sí, Yo Puedo!,

formado por voluntários de diversas nacionalidades que acolhem imigrantes na praça Kantuta, no Canindé, região central paulistana. "Nosso principal objetivo é a democratização da informação e a luta pelo acesso à educação das comunidades imigrantes, para promover a real integração", diz a dentista boliviana Veronica Yujra, idealizadora do movimento. Nascida em La Paz, ela migrou quando tinha oito anos com os pais, que trabalharam em oficinas de costura por mais de uma década no país. Ao entrar na Universidade Estadual Paulista (Unesp), Veronica entendeu que era exceção. "Percebi que tinha pouquíssimos jovens, principalmente andinos, na universidade pública, e aquilo me causou estranheza." O coletivo tenta auxiliar nessa

Criada em 1939 para abrigar e orientar os italianos que aqui chegavam mais intensamente depois da Primeira Guerra Mundial, a Missão Paz é uma das instituições de acolhimento mais antigas em funcionamento no Brasil. E é uma das principais portas de entrada de imigrantes que chegam hoje a São Paulo, atendendo em média 8 mil pessoas por ano.

Ligada à congregação dos scalabrinianos — braço da Igreja católica que trabalha com refúgio e imigração desde 1887 —, a Missão Paz hoje funciona como um centro integrado que oferece moradia, alimentação, aulas de português, documentação, atendimento jurídico, médico, psicológico e psiquiátrico, bem como encaminhamento para cursos profissionalizantes e mediação de trabalho. É na Casa do Migrante, uma de suas ramificações, que muitos estrangeiros passam os primeiros seis meses em solo brasileiro, período que usam para aprender a língua, regularizar os documentos e procurar emprego e, assim, poder alugar sua própria moradia. Foi onde ficaram os primeiros vietnamitas refugiados, em 1979, e por onde passaram exilados políticos das ditaduras latino-americanas. Por ali transitam pessoas de quase cem nacionalidades todos os anos.

lacuna, com cursos de português, preparatório para o Enem e de empreendedorismo, mas também está de olho no acolhimento escolar.

"Temos escolas com 70% de crianças descendentes de migrantes. Se partimos do princípio de que migrar é um direito humano, se conseguimos sensibilizar os professores e as próprias crianças a respeito desse direito, o sentimento de pertencimento é criado muito mais rápido", comenta. É uma forma eficiente de combater a xenofobia, já que ela se recusa a usar a palavra "bullying" para definir a realidade dos imigrantes. "Bullying é um eufemismo, é uma maneira de minimizar a xenofobia. Preconceito por raça e nacionalidade é crime, não pode ser tratado como bullying pelos gestores educacionais."

Entre os casos mais notórios, há o de alunos imigrantes da Escola Estadual Padre Anchieta, no Brás, centro de São Paulo, que em 2010 foram obrigados a pagar "pedágio" com lanche ou dinheiro para não apanhar.

Para combater esse tipo de atitude, o Sí, Yo Puedo! criou o projeto PertenSer, um braço de suas ações com o Instituto Federal de São Paulo. "A partir da discussão da língua e da cultura brasileira, empoderamos crianças que são filhas de imigrantes. Quando a experiência delas na escola é positiva e parte de um pensamento multicultural, a família torna-se muito mais acessível para outras áreas, como a saúde. A escola é essencial na construção do vínculo com a cidade de morada — ou na construção de barreiras."

Eu, brasileiro, refugiado

Entre as principais justificativas para o refúgio de brasileiros no exterior estavam a ameaça a ativistas na Amazônia, a violência policial, a discriminação racial e a ameaça de narcotraficantes, segundo a advogada Kristina Gasson, especializada em refúgio nos EUA, ouvida pela *Folha de S. Paulo* em 2014.

Você sabia que havia mais de 1,2 mil brasileiros refugiados pelo mundo em 2014? Parece estranho pensar que um país sem guerra pode ter pessoas perseguidas que pedem refúgio lá fora, não? Mas a verdade é que a perseguição que caracteriza o status de refugiado pode ser aplicada a diversos brasileiros que fogem de sua terra natal sob ameaça de morte ou de violação grave a seus direitos. Segundo o ACNUR, que fez o levantamento à época, a maioria estava nos Estados Unidos (eram 679, além de 110 que aguardavam resposta), Canadá (175, mais 73 na fila) e Alemanha (163, mais três à espera). Pode ser um número pequeno, mas nos ajuda a perceber que, para virar fugitivo de seu próprio país, não precisa muito — basta defender uma causa ambiental ou de direitos humanos ou, às vezes, apenas existir.

REFUGIADOS DO CLIMA

Rompimento de barragens como em Mariana e Brumadinho, construções de hidrelétricas como a de Belo Monte, inundações, deslizamentos, secas, incêndios... Foram muitas as tragédias ambientais provocadas pela ação do homem de 2000 a 2017, que geraram o número impressionante de mais de 7,72 milhões de brasileiros obrigados a sair de suas casas, em um deslocamento expressivo até para os padrões mundiais, segundo levantamento do Instituto Igarapé. Muitas catástrofes são fruto do descaso de grandes empresas nas suas políticas de preservação do meio ambiente. Em um país marcado por desigualdades, ninguém está livre de enfrentar esses efeitos, bem como os do aquecimento global. O levantamento do Instituto Igarapé revela que 6,4 milhões de pessoas se deslocaram apenas por desastres ambientais — e 1,29 milhão por obras como a construção de cerca de oitenta barragens e onze usinas e centrais hidrelétricas. Não está nessa conta a fuga decorrente da violência rural, que deslocou mais de 1,1 milhão de pessoas, e da violência urbana, difícil de quantificar.

+ DE 7,7 MILHÕES DE BRASILEIROS foram obrigados a sair de suas casas de 2000 a 2017 devido a desastres naturais e grandes obras de infraestrutura e urbanização — 3518 municípios foram afetados.

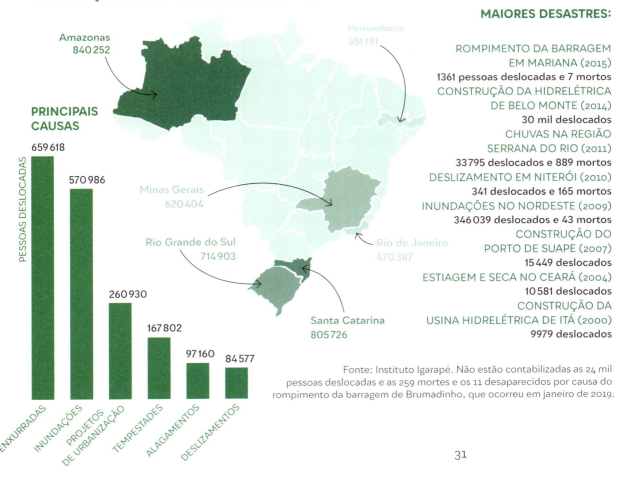

Fonte: Instituto Igarapé. Não estão contabilizadas as 24 mil pessoas deslocadas e as 259 mortes e os 11 desaparecidos por causa do rompimento da barragem de Brumadinho, que ocorreu em janeiro de 2019.

AS MENTIRAS QUE PRECISAM SER COMBATIDAS

"ELES ROUBAM O TRABALHO DOS BRASILEIROS"

Refugiados e outros imigrantes não roubam o trabalho de ninguém. Em 2017, o antigo Ministério do Trabalho e Emprego concedeu 25,9 mil autorizações de trabalho (sendo pouco mais de mil permanentes e o restante, temporárias) a estrangeiros, a maioria para imigrantes que vieram dos Estados Unidos (5 mil), Filipinas (2,1 mil), Reino Unido (1,8 mil), China (1,6 mil) e Índia (1,5 mil). O número de autorizações vem caindo desde 2011, quando foram emitidas 70 mil autorizações por causa da crise. No final de 2017, o total de imigrantes empregados no mercado de trabalho formal brasileiro era de 122 069 pessoas — desses, eram mais numerosos os haitianos (35,8 mil), paraguaios (8 mil), portugueses (7,6 mil), argentinos (6,9 mil), bolivianos (5,4 mil) e uruguaios (3,9 mil). O Brasil tinha, nessa ocasião, 38,29 milhões de empregos formais — ou seja, os imigrantes representavam apenas 0,31% dos empregados.

Quando se consideram apenas os refugiados, vê-se que as taxas de desemprego nesse grupo são mais altas que entre os brasileiros: em 2018, do total de refugiados que viviam no estado de São Paulo, 38% estavam desempregados, enquanto o índice entre os brasileiros era de cerca de 13%, segundo o Atlas de Migração do Estado de São Paulo, do Núcleo de Estudos de População da Universidade Estadual de Campinas (Unicamp). Entre as mulheres, a taxa era de 55%. A maioria acaba atuando em subempregos e na informalidade, exatamente pela dificuldade de conseguir empregos melhores e de validar seus diplomas.

Ainda que todos os refugiados e imigrantes estivessem empregados, ocupariam um número pequeno perante os mais de 38 milhões de empregos formais existentes. Parte deles acaba empreendendo e virando empregador; além disso, é o governo que deve ser cobrado para lançar políticas de geração de emprego, em vez de culpar o estrangeiro.

"SE ESTÃO FUGINDO É PORQUE BOA COISA NÃO FIZERAM"

Existir, às vezes, é condição para ser perseguido. Uma opção religiosa, a defesa dos direitos humanos, um posicionamento político divergente, ter nascido sob determinada etnia podem ser suficientes para correr risco de morte em alguns países. Sem falar dos que precisam fugir de zonas de guerras e conflitos, que representam risco imediato às suas vidas. Por tudo isso, refugiados não são foragidos ou fugitivos por crimes.

"REFUGIADOS SÃO CRIMINOSOS"

Um dos pré-requisitos para que um pedido de refúgio seja aceito é que a pessoa não tenha cometido nenhum crime — contra a paz ou a humanidade, crime de guerra, crime hediondo, terrorismo ou tráfico de drogas. Cada caso é analisado minuciosamente, inclusive para não penalizar pessoas que foram acusadas falsamente de crimes por parte de seus perseguidores.

"A ENTRADA DE MAIS IMIGRANTES VAI AUMENTAR A CRIMINALIDADE"

Não há nada que sustente essa afirmação. Ao contrário, dados do Ministério da Justiça de 2014 mostram que o número de estrangeiros presos vinha diminuindo e representava apenas 0,2% dos migrantes regulares. Isso também serve de alerta para a importância da regularização de todos os migrantes, como forma de inseri-los na sociedade.

"REFUGIADOS SÃO ILEGAIS"

Em primeiro lugar, pessoas não são ilegais; elas podem estar indocumentadas. Em segundo, uma pessoa refugiada ou um postulante ao refúgio é detentor de, ao menos, um documento provisório que atesta sua condição e lhe permite trabalhar.

"O BRASIL JÁ TEM PROBLEMAS DEMAIS PARA GASTAR DINHEIRO COM REFUGIADOS"

Refugiados e imigrantes movimentam a economia local, consumindo produtos e serviços, e pagam impostos. Há estudos que comprovam que eles tendem a aportar mais recursos em impostos que consumi-los com assistência. Assim, deveriam ser vistos como uma oportunidade de troca cultural, de inovação e de diversidade. Uma análise da Escola de Economia de Paris, que estudou as migrações nos últimos trinta anos em países como Alemanha, França, Dinamarca e Espanha, mostra que os refugiados melhoraram o Produto Interno Bruto (PIB) e aumentaram as receitas líquidas desses países em cerca de 1%. Os pesquisadores apontaram que, se houver um migrante para cada mil habitantes, o PIB aumenta em média 0,17% por habitante (podendo chegar a 0,32% no segundo ano), e a taxa de desemprego baixa 0,14 ponto.

"O BRASIL ESTÁ LOTADO DE REFUGIADOS E IMIGRANTES"

Na realidade, até 2018 o número de refugiados reconhecidos no Brasil mal ultrapassava os 10 mil, sendo que metade já não residia mais no país. Quando falamos sobre imigrantes, os números também não são expressivos: 750 mil estrangeiros em 2018, segundo a Polícia Federal. Isso é nada perto da população: 0,4%. A média mundial é de 3,4%. Na realidade, desde 1920 (quando 5% eram estrangeiros), o número de imigrantes no Brasil vem diminuindo proporcionalmente. E isso é bem menos que o número de brasileiros que vivem no exterior: estimado em 3 milhões pelo Ministério das Relações Exteriores. Ou seja, somos mais emigrantes do que temos imigrantes.

"ELES NÃO SÃO QUALIFICADOS"

Uma pesquisa da ONU publicada em 2019 mostra que mais de 30% dos refugiados no Brasil possuem ensino superior. É bom lembrar que refugiados são pessoas perseguidas que precisam fugir de seus países para não morrer, e isso pode acontecer com pessoas qualificadas, com curso superior e bons empregos. O problema é a validação do diploma em território brasileiro — sem falar que muitos deles não conseguem trazer seus documentos ou os perdem durante a fuga.

"ABRIR O PAÍS PARA REFUGIADOS VAI ENCHÊ-LO DE TERRORISTAS"

Não há evidências de que entre refugiados existam terroristas — na maioria das vezes, é o inverso: são pessoas que fogem do terrorismo. Além disso, a abertura não é indiscriminada, uma vez que os solicitantes de refúgio passam pela Polícia Federal e por entrevista no Conare.

"ELES NÃO SE ESFORÇAM PARA FALAR PORTUGUÊS E SE INTEGRAR"

Pesquisa da ONU no Brasil divulgada em 2019 mostra que 92% dos refugiados falam português.

"TODO MUNDO VIROU REFUGIADO AGORA"

Não é fácil conseguir o status de refugiado, pois as regras para seu estabelecimento são bem claras no tocante à perseguição. Para se ter ideia, de 1998 a 2009, o Conare recusou mais solicitações de refúgio do que aprovou. Foi concedido o status de refugiado a 2313 pessoas e negado a 2808.

"JÁ TEM MUITO IMIGRANTE NO MEU PAÍS"

Há uma tendência global de que a percepção seja sempre maior que a realidade. No Brasil, a pesquisa Perigos da Percepção, publicada pelo Instituto Ipsos em 2018, revelou que os brasileiros pensavam que havia 30% de imigrantes no país, quando o número real não passava de 0,4% — ou seja, uma percepção 75 vezes maior que a realidade. Os brasileiros também achavam que o país tinha 16% de muçulmanos, quando a taxa verdadeira era de aproximadamente 1%. Na Itália, as pessoas acreditavam que havia 30% de imigrantes, quando só existiam 7% (em 2014). Na França, a maioria votou em 28%, mas o Instituto Ipsos Mori apontava 10%.

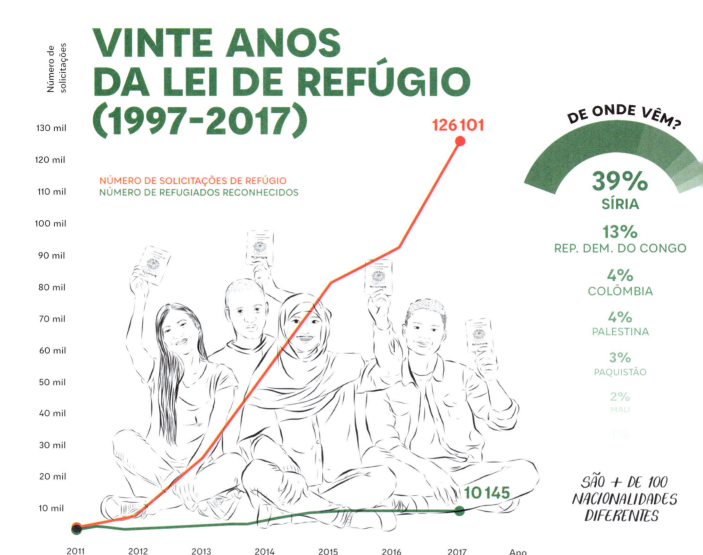
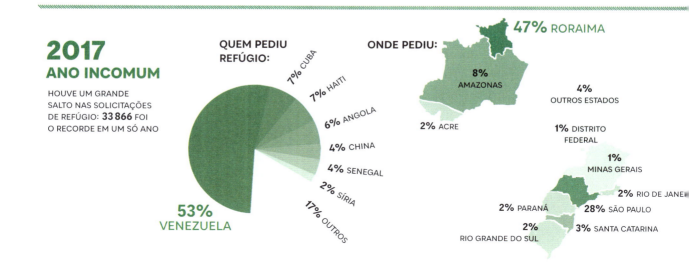

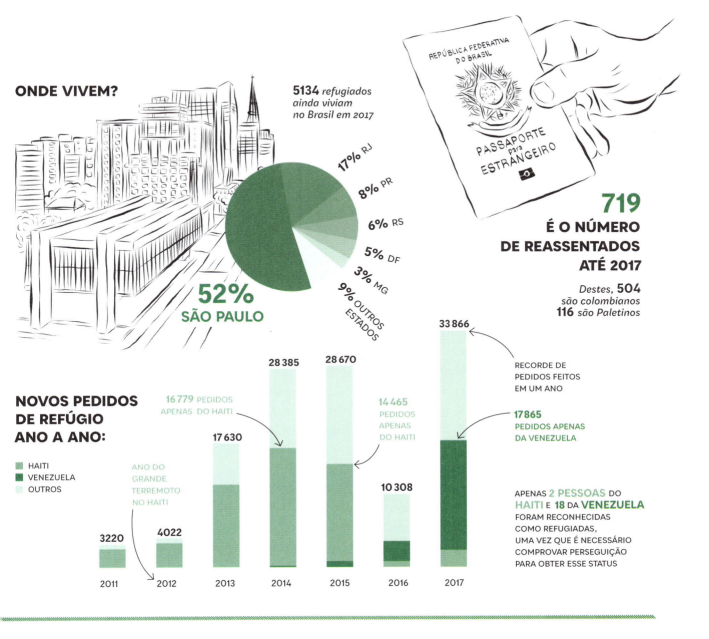
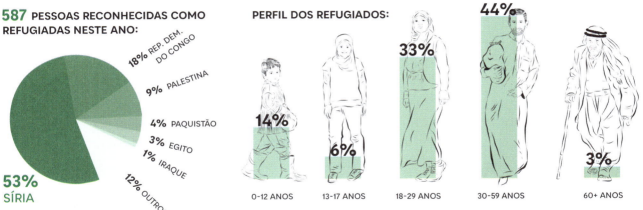

COPA DOS REFUGIADOS

Times de campeões pela vida. É dessa forma que Miguel Pachioni, assistente sênior de informação pública do ACNUR, resume um dos mais bem-sucedidos esforços para integrar social e culturalmente os diversos povos que vêm ao Brasil em busca de uma vida melhor. Iniciativa inédita que nasceu em nosso país em 2014, a Copa dos Refugiados reúne refugiados, imigrantes e brasileiros através da nossa paixão nacional. Para se ter uma ideia, em 2018, mais de oitocentas pessoas participaram dessa ação histórica, representando 41 seleções formadas por 27 nacionalidades distintas. "O futebol e seu potencial de agregar identidades! Um resultado que não se reduz ao placar dos jogos, mas representa a resiliência de pessoas que suam a camisa para mostrar que têm muito a contribuir para as trocas culturais que tornam nossa sociedade ainda mais dinâmica e plural", comenta Pachioni.

Com etapas regionais em algumas das principais capitais do Brasil, como São Paulo, Rio de Janeiro e Porto Alegre, seu valor simbólico e cultural não poderia ser mais significativo para uma questão humanitária. "Usamos o futebol para mostrar nossa igualdade de direitos. Podemos nos unir, esquecer nossas diferenças. E cada um luta para dar o seu melhor", diz o engenheiro civil congolês Jean Katumba, responsável pela criação do projeto.

Katumba foi preso e torturado em seu país natal, do qual saiu por risco de morte (leia sobre o conflito na República Democrática do Congo na p. 106). Vítima de racismo e xenofobia, identificou a dificuldade dos brasileiros de reconhecer suas origens africanas desde que chegou ao Brasil, em 2013. Ao andar pelas ruas, costumava ser chamado de "haitiano". Ao fazer esse diagnóstico, teve a ideia de criar a ONG África do Coração, que trabalha com mais de quarenta nacionalidades distintas para garantir a presença e atuação de refugiados em políticas públicas.

"Precisamos ter uma voz ativa. Você não pode dar remédio para quem não tem voz. Queremos contribuir. E, quando eu falar, você pode pesquisar qual remédio cabe na minha dor." A Copa dos Refugiados é o

> "A VERDADEIRA INTEGRAÇÃO OCORRE QUANDO A SOCIEDADE DIZ 'ESSE É UM DE NÓS'. E É ISSO QUE ESTAMOS PROVOCANDO."

principal instrumento de sensibilização organizado pela ONG, em parceria com o ACNUR. Além disso, é uma forma de promover também maior visibilidade para a ainda escassa integração no mercado de trabalho.

"A Copa reflete a autonomia, o planejamento e a capacidade de articulação de quem foi forçado a deixar seu país de origem e, no Brasil, busca formas de se integrar com a dignidade e o respeito que merece", complementa Pachioni.

Dois jogos distintos, o de Integração e o Campeonato das Nações, compõem cada edição. No de Integração, homens e mulheres jogam juntos. "Para nós, que somos de uma cultura machista, a vida acontece de forma separatista: esse é do homem e este é da mulher. É importante atentar e sensibilizar nossos irmãos para o fato de que mulher não é torcida, é jogadora. E elas podem fazer gol antes. Não quero mulheres na arquibancada, mas em campo", analisa Katumba. Já o Campeonato das Nações, com homens apenas, destaca a representatividade de cada país. Ali, acontecem encontros jamais promovidos por uma Copa do Mundo, como Mauritânia e Líbano.

"Imagine um mundo só de negros, sem brancos. Ou só de brancos, sem negros. Que mundo nós queremos? Por isso, no futebol, cada jogador tem um número, para mostrar a preciosidade de cada vida e a importância da diversidade. Enquanto as pessoas não entenderem esse aspecto da vida humana, haverá motivo para guerra", complementa o congolês. Entre os times que já levaram o troféu da Copa está o Malaika, palavra de origem árabe que significa "anjos da guarda", com equipe composta por pessoas de diversos países. Entre eles, Síria, Nigéria, Angola, Togo, Guiné-Bissau e República Democrática do Congo. Gramados importantes na história do futebol, como o do Estádio do Pacaembu, em São Paulo, são palcos para a iniciativa no Brasil.

É importante ressaltar que essa é a copa *dos* refugiados, e não *para* os refugiados. Todas as pessoas envolvidas na realização desse sonho passaram por fluxos migratórios. O desejo dos organizadores é levar o torneio para outros países da América Latina. Para a sociedade brasileira, reconhecer e apoiar esse movimento é uma oportunidade única de crescimento social, político e econômico. "A verdadeira integração ocorre quando a sociedade diz 'esse é um de nós'. E é isso que estamos provocando", finaliza Katumba.

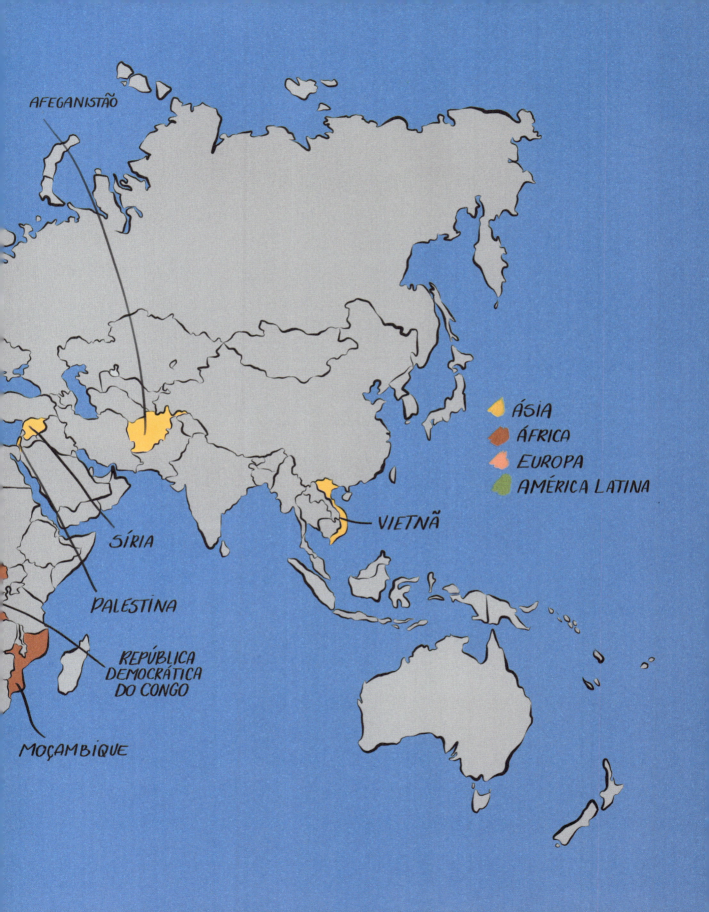

ÁSIA

Entenda a crise

VIETNÃ

O país ficou marcado como protagonista de uma das maiores derrotas bélicas dos Estados Unidos, retratada em alguns dos mais contundentes filmes sobre guerra já produzidos. Mas, apesar da vitória no conflito, os grandes perdedores foram os vietnamitas, que cultivam as cicatrizes das armas químicas e da miséria até hoje.

1,1 MILHÃO A 3 MILHÕES
de vietnamitas mortos.

58 MIL soldados americanos mortos.

6,7 MILHÕES de toneladas de bombas foram lançadas pelos Estados Unidos e mais...

1,4 MILHÃO de toneladas pela Austrália e Nova Zelândia, aliadas dos EUA.

20 MILHÕES de toneladas de agente laranja foram pulverizadas pelos EUA para desfolhar a floresta e, assim, evitar que os vietcongues se camuflassem.

3 MILHÕES
de vietnamitas foram expostos ao agente laranja.

Trata-se de uma mistura de herbicidas identificada por uma faixa laranja nos barris. Apesar de ser o mais conhecido, e talvez o mais empregado, não foi o único desfolhante usado para que a floresta deixasse de esconder os inimigos — também havia o agente branco, o púrpura, o rosa, o verde (para folhas grandes) e o azul (para plantações de arroz). Desde que o então presidente americano John Kennedy autorizou o uso de herbicidas em 1962, mais de 80 bilhões de litros foram lançados. Mais de cinquenta anos depois, o agente laranja, altamente tóxico, continua presente no solo vietnamita, causando câncer, doenças de pele, respiratórias, problemas digestivos e malformações congênitas — é o país com o mais alto nível de deformações em recém-nascidos.

Vietcongue ou viet cong é o diminutivo de "viet nam cong san", que quer dizer "comunista vietnamita".

43

Antecedentes

O Vietnã foi colônia da França, assim como a maior parte da Indochina, que englobava também Laos, Camboja e Tailândia. Durante a Segunda Guerra Mundial (1939-45), o país foi invadido pelo Japão, mas a ofensiva foi combatida por homens liderados por Ho Chi Minh (1890-1969), com suporte do Partido Comunista Indochinês e da Liga para a Independência do Vietnã, ambos fundados por ele. Após a saída dos japoneses, Minh expulsou de vez os colonizadores, com ajuda do Partido Comunista Chinês, que subiu ao poder na China em 1949. O Vietnã conquistou a independência da França em 1954. E o acordo resultante da Conferência de Genebra, promulgado no mesmo ano, com representantes dos dois lados para o cessar-fogo, estabeleceu a divisão do país em duas partes, em um claro reflexo da Guerra Fria, com orientação de reunificação nas eleições de 1955-6.

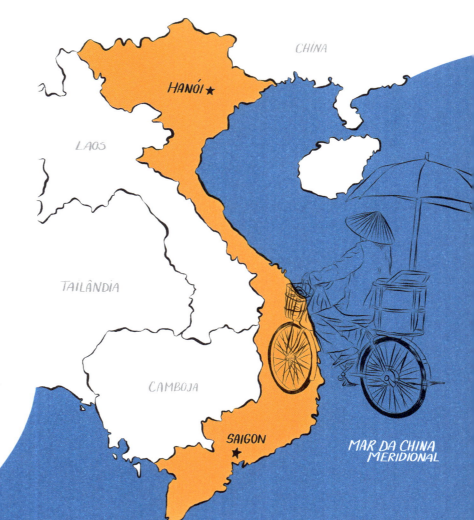

NORTE
No Norte, instaurou-se a República Democrática do Vietnã, de viés comunista, cuja capital era Hanói. Essa parte recebia suporte da União Soviética e da China e era governada por Ho Chi Minh.

SUL
No Sul, foi criada a República do Vietnã do Sul, cuja capital era Saigon (atual Ho Chi Minh), e o governante, Bao Dai, um descendente dos antigos reis, que logo foi deposto. Assumiu o primeiro-ministro, Ngo Dinh Diem, que proclamou a república e conduziu o país com mão de ferro. Essa área dependia de ajuda militar e econômica dos EUA.

A guerra (1959-75)

O Vietnã do Sul se recusou a participar das eleições para reunificação, alegando que não haveria liberdade de votação no Norte. A verdade é que o Sul instaurou uma política capitalista e de repressão, e o Norte, comunista, que acreditava na vitória nas urnas, passou a se aparelhar com guerrilhas. Surgiu a Frente para a Libertação Nacional, mais conhecida como Vietcongue. As tensões aumentaram até eclodir a guerra.

1959 O conflito se iniciou entre o Vietnã do Norte e o Vietnã do Sul, após ataques de guerrilheiros comunistas no Sul.

1961 Os EUA tomaram parte no conflito oficialmente, com o pretexto de evitar o avanço comunista no contexto da Guerra Fria. A partir de 1965, o então presidente Lyndon Johnson amplificou o apoio, aprovando o envio de 100 mil soldados.

1967 Ocorreu a primeira grande manifestação nos EUA, em frente ao Pentágono, com pelo menos 35 mil pessoas pedindo a retirada das tropas do Vietnã.

1968 O Vietnã do Norte tomou a embaixada americana em Saigon na Ofensiva do Tet, além de invadir dezenas de cidades e vilas, configurando um ataque decisivo para a futura derrota dos EUA.

1969 Os EUA contavam com 540 mil soldados no combate, o maior número durante o conflito. Os protestos para que o país saísse da guerra aumentaram.

Cinco filmes sobre o conflito:

APOCALIPSE NOW (1979), de Francis Ford Coppola

PLATOON (1986), de Oliver Stone

NASCIDO PARA MATAR (1987), de Stanley Kubrick

BOM DIA, VIETNÃ (1987), de Barry Levinson

NASCIDO EM 4 DE JULHO (1989), de Oliver Stone

O PAPEL DA MÍDIA

"Há muito não havia um país ali, só a guerra." A frase é do jornalista norte-americano Michael Herr, que ganhou notoriedade ao cobrir a Guerra do Vietnã. O conflito maculou a imagem dos EUA como nenhum acontecimento anterior. A cobertura foi veiculada em grandes meios de comunicação, mostrando alguns episódios sangrentos que mobilizaram a opinião pública: corpos queimados, feridos, ataques a civis. Além disso, as notícias evidenciavam a falta de orientação das tropas americanas em meio às selvas e aos campos de arroz. Mais de 2,5 milhões de soldados foram enviados à região. As justificativas para a persistência do conflito ficavam cada vez mais frágeis.

A MENINA DA FOTO

Entre as imagens de guerra mais icônicas do mundo, a da menina vietnamita nua, fugindo de uma bomba lançada durante a Guerra do Vietnã, é uma das mais conhecidas e chocantes. Kim Phuc Phan Thi tinha nove anos quando foi atingida por napalm em 8 de junho de 1972 e teve o corpo parcialmente queimado pelo ataque químico. Correndo das bombas lançadas pelas tropas americanas, acabou clicada pelo fotógrafo Nick Ut, da agência Associated Press, que ganhou o Pulitzer com a imagem.

Ao completar dezesseis anos, ela mesma quis fugir do Vietnã. A estudante tentou três vezes sair do país em barcos improvisados, mas não teve sucesso. Ela relata isso na autobiografia *A menina da foto — Minhas memórias: Do horror da guerra ao caminho da paz* (editora Mundo Cristão): "Durante o pior dos períodos no Vietnã, o sentimento comum que ecoava pelas diversas províncias era: 'Se os postes tivessem pés, até eles sairiam correndo daqui'. Isso explica por que tantos de nós estavam dispostos a arriscar tudo, até mesmo a própria vida, para partir".

Na ocasião do lançamento de seu livro no Brasil, em 2018, Kim morava como refugiada no Canadá (desde a década de 1990), com o marido e dois filhos, era embaixadora da boa vontade da Organização das Nações Unidas (ONU) e comandava a Kim Foundation International, uma ONG de auxílio a crianças em áreas de guerra. Em entrevista para a revista *Veja*, ela disse sobre a foto que a deixou famosa: "Naquele momento, eu estava no lugar errado e na hora errada. Mas agora estou no lugar certo e na hora certa. Eu encontrei meu propósito".

1972   Em 18 de dezembro, o presidente americano Richard Nixon ordenou uma série de bombardeios, um dos episódios mais violentos do conflito.

1973   O fim da guerra foi decretado em 27 de janeiro, por meio de um acordo assinado pelo Vietnã do Norte, pelo Vietnã do Sul e pelos EUA, que retiraram suas tropas. No entanto, o conflito só terminou de vez em 1975, com a queda de Saigon.

Não houve sossego

O fim da guerra iniciou um novo episódio na história do Vietnã, com a unificação comunista. Todos os anos anteriores de guerra, somados a novos confrontos com países vizinhos e a uma política que acentuou a pobreza da população, fizeram com que muitos tentassem escapar do regime.

1 milhão de sulistas foram enviados a campos de reeducação, onde realizavam trabalhos forçados.

1978 O Vietnã invadiu o Camboja.

1979 O país entrou em guerra com a China.

3 milhões de indochineses procuraram refúgio em outros países de 1975 a 1995, sendo que **840 mil** eram vietnamitas que fugiram e chegaram vivos a países do Sudeste Asiático. Destes, 750 mil foram reinstalados em outras regiões do mundo, especialmente os EUA.

110 mil eram *boat people* que chegaram a outros países do Sudeste Asiático somente de 1975 a 1978. Nesse intervalo de tempo, foram socorridos 186 barcos por navios de 31 nações, inclusive do Brasil.

+ de 177 mil *boat people* vietnamitas aportaram nos países de primeiro asilo no Sudeste Asiático já nos sete primeiros meses de 1979. O aumento do fluxo foi seguido da redução no socorro: somente 47 embarcações foram salvas, e metade delas por navios de três países apenas. Com a interferência do ACNUR, o auxílio às *boat people* aumentou — nos últimos cinco meses de 1979, foram salvos 81 barcos, com 4031 pessoas.

O termo foi usado para designar as pessoas que se lançavam ao mar em barcos improvisados, fugindo de seus países. Muitos morriam em alto-mar. O movimento apareceu no Vietnã e em Cuba na mesma década.

200 mil a 400 mil *boat people* podem ter morrido durante a travessia em alto-mar.

7% eram crianças não acompanhadas — algumas tinham se separado da família durante os anos de guerra ou se perdido dos pais no mar durante a fuga; outras eram enviadas pela família na esperança de terem uma educação melhor. Algumas fugiam dos pais.

Fonte: ACNUR.

País de origem: VIETNÃ
Data de nascimento: 20/12/1960
REFUGIADO

"Quando eu cheguei aqui, tinha uma calça, duas camisetas, um dicionário e cinco dólares, de um trabalho em Cingapura. Agora tenho uma família bem unida, meus filhos estudam bem, tenho funcionários, casa própria. Sou um refugiado que venci no Brasil, com coragem e muito trabalho."

VU TIEN DUNG

No pequeno bote, 28 vietnamitas* seguiam sem esperança. Uma tempestade em alto-mar os havia tirado do caminho das Filipinas. Estavam havia três dias à deriva. Sem água, comida nem combustível suficientes para chegar ao destino, a maioria já havia adoecido e esperava pela morte. Apenas dois passageiros conseguiam ficar de pé e pilotar o barco. Foi então que a salvação surgiu à sua frente. Um navio brasileiro da Petrobras encontrou a embarcação perdida no Mar da China Meridional, a leste do Vietnã, e a resgatou, levando os passageiros para Cingapura. Foi assim que, sem nunca ter planejado vir ao Brasil, o vietnamita Vu Tien Dung decidiu aceitar a ajuda do governo brasileiro e pedir abrigo aqui, numa época em que o país ainda não acolhia refugiados. Os cerca de 150 vietnamitas ficaram então conhecidos como os primeiros refugiados a chegar ao nosso território. Eram todos boat people, fugindo em botes improvisados dos horrores do regime comunista e das guerras que assolaram a Indochina.

O ano era 1979. Dung tinha apenas dezenove anos e a coragem de buscar uma vida sem perseguições ou o risco de ser preso ou morto. Como ele, muitos jovens e às vezes até famílias inteiras tentaram escapar do Vietnã, do Laos e do Camboja, países onde o avanço comunista, em choque com os interesses dos Estados Unidos numa época tensa da

---

* Embora algumas reportagens publicadas nos jornais da época e alguns relatórios lançados mais tarde revelem uma oscilação entre 26 e 29, Dung é categórico ao informar que havia 28 pessoas no barco.

Guerra Fria, resultou em conflitos e muitas mortes. Mais de 3 milhões de indochineses procuraram refúgio em outros países de 1975 a 1995 — desse total, estima-se que aos menos 840 mil fossem vietnamitas. O fluxo de fuga foi mais acentuado em 1979, provocando uma grande crise humanitária.

A maioria dos que saíram de suas terras acabou indo parar em campos de concentração de refugiados no Sudeste Asiático, abertos em Hong Kong, Indonésia, Filipinas, Malásia, Cingapura e Tailândia. Esses países não eram signatários da Convenção das Nações Unidas relativa ao Estatuto dos Refugiados, conhecida como Convenção de Genebra de 1951, nem do Protocolo de 1967 (leia mais na p. 22). Portanto, só concediam o que chamavam de primeiro asilo, até que os refugiados pudessem ir para os países de reinstalação — como Estados Unidos, Canadá, Austrália, França, Alemanha e Reino Unido. Apenas os EUA reinstalaram cerca de 750 mil vietnamitas, dos quais cerca de 400 mil eram *boat people* — somando esse número ao de imigrantes que chegaram de outras formas e em outros períodos, o país abrigava em 2017 mais de 1,3 milhão de vietnamitas.

No entanto, uma parte significativa dos fugitivos não teve a mesma sorte: acabou morrendo em alto-mar, vítima do improviso dos barquinhos, do cálculo errado de comida, água e combustível, de doenças, das intensas tempestades e ventos provenientes das monções, e dos violentos piratas — que não só roubavam, mas raptavam, estupravam e assassinavam os passageiros interceptados, algumas vezes danificando os barcos para que afundassem e, em outras, desferindo facadas ou machadadas. Só para se ter ideia da violência, dos 452 barcos que chegaram à Tailândia em 1981, 349 tinham sido atacados em média três vezes. Além disso, era comum que outros barcos e os governos dos países da região ignorassem os pedidos de socorro — refugiados em um barco que chegou às Filipinas em julho de 1984 relatam que, nos 32 dias em que estiveram no mar, passaram por quarenta navios e não obtiveram auxílio. Não há como saber quantos morreram. O ACNUR tem publicações que falam em até 400 mil mortes no mar.

Quando não morriam, as *boat people* quase sempre traziam más lembranças das viagens. Entre as práticas mais desesperadas que foram registradas está a de necrofagia dos próprios passageiros, quando algum deles morria de sede, fome ou doenças — há relatos, inclusive, de crianças mortas que serviram a esse fim. No entanto, nem sempre a fuga era realizada em botes inapropriados. Contrabandistas chegavam a fretar navios cargueiros para fazer o transporte e despejar até 2,5 mil pessoas na praia de uma só vez.

Mesmo sabendo dos perigos, Dung preferiu correr os riscos. A vida em Qui Nhon tinha se tornado insuportável para ele. A cidade onde cresceu é, geograficamente, um paraíso: ostenta um porto, é próxima de praias paradisíacas de águas cristalinas exploradas pelo turismo e conta com temperaturas sempre acima dos dezoito graus. Dung nasceu em 1960, quando já estava em curso a Guerra do Vietnã (1959-75). Aos oito anos, perdeu os pais e dois irmãos em um bombardeio e só escapou porque estava na escola. Apesar da tragédia, ele conta que depois disso sentiu pouco os conflitos e as ações dos vietcongues, mais concentrados nos campos e nas montanhas. "Dentro da cidade eu não vi nenhuma guerra, só longe, a mais de cem quilômetros. Onde eu morava, era tranquilo. Lembro que teve um só dia de guerra na cidade, em 1968."

Naquela época, Qui Nhon pertencia ao Vietnã do Sul, uma ditadura apoiada pelos Estados Unidos. Mas, exatamente por estar localizada mais ao norte do Vietnã do Sul, a cidade foi uma das primeiras a sentir o avanço do regime comunista do Norte, que acabou tomando a capital Saigon (hoje Ho Chi Minh) em abril de 1975 e unificando o país na República Socialista do Vietnã, em junho. Embora a ocupação tenha dado fim à longa guerra entre Norte e Sul, a região não ficou livre de conflitos e represálias.

Muitos sulistas foram executados e cerca de 1 milhão, enviados a campos de reeducação para aprender sobre marxismo, onde, na prática, eram obrigados a realizar trabalhos forçados, com pouca comida e em condições degradantes. Por isso, muitas vezes a fuga era a melhor alternativa — de barco ou mesmo a pé, atravessando o Camboja para chegar à Tailândia.

Depois da morte dos pais, Dung havia ido morar com uma irmã, casada com um oficial do Exército do Vietnã do Sul. Quando os comunistas chegaram, seu cunhado foi preso, e ele, cujo pai também tinha sido oficial do Exército, foi obrigado a abandonar os estudos e passar quatro anos em uma plantação de arroz. Caçula de uma família com quatro irmãs vivas, ele não queria continuar a viver na miséria que varreu o país depois de tantas guerras. "Saí de lá por causa do regime comunista", diz. "Você não podia comprar as coisas, era tudo contado por pessoa. Por exemplo, três quilos de arroz, um quilo de carne, cinco maços de cigarro. Era tudo contado! Se você tinha um carro, não conseguia comprar gasolina... Até conseguia, mas era tudo no câmbio negro, pagava três vezes mais caro, até carne tinha, mas também pagava três ou quatro vezes mais."

Não era a primeira vez que ele tentava escapar. Aos dezoito anos, já havia tentado fugir pelo mar, mas sua embarcação foi capturada pela guarda costeira. Preso, mentiu que tinha dezesseis anos para ser liberado. Como não portava documentos, acabou solto depois de uma semana. Nem o susto arrefeceu sua vontade de ser livre.

Assim, ele planejou uma nova fuga para as Filipinas com alguns amigos e desconhecidos. Eles estimavam que em sete ou oito dias chegariam ao destino, a leste. Com tudo preparado, na noite de 27 de maio de 1979, o grupo de 28 pessoas partiu do Vietnã no barquinho de onze metros por um metro e meio. O momento não poderia ter sido pior. Maio é quando têm início as chuvas torrenciais e os vendavais das monções.

"Em alto-mar, já muito longe, nosso barco tão pequenininho pegou um temporal muito forte, com muito vento, e as ondas ficaram bem altas. Como a onda era forte e o vento não estava a favor, a gente não ia chegar nunca. Quase acabou o combustível, comida também não tinha mais nada, quase morremos", lembra. Eles já estavam havia cinco dias no mar quando apareceu o navio-tanque *José Bonifácio*, da Petrobras, que retornava do Japão, e os salvou. Entre os resgatados havia quatro mulheres e uma criança de apenas um ano.

O grupo foi levado para um campo de refugiados em Cingapura, onde permaneceu por três meses. Segundo Dung, era o melhor campo da Ásia, pois não tinha muros nem policiais, oferecia comida à vontade e cursos de línguas. Na época, Cingapura recusava o desembarque de refugiados que não tivessem garantia de realocação em noventa dias. O Brasil não fazia parte do grupo de países reinstaladores, mas acabou negociando a acolhida de vietnamitas resgatados de três barcos. Quem tivesse parentes em outros países poderia optar por se juntar a eles. "Mas eu escolhi o Brasil." Dung não conhecia muito sobre a nação. "Na escola, aprendi que o Brasil era um país novo, como a Argentina. Que na Argentina tem tango e no Brasil, café, samba e futebol."

Em 5 de setembro de 1979, às oito horas da manhã, ele e o grupo de vietnamitas chegaram ao aeroporto de Viracopos, em Campinas (SP).

O navio que salvou Dung e seus companheiros de jornada não foi o primeiro a encontrar vietnamitas fugitivos por aqueles mares. Em outubro de 1978, o navio-tanque *Jurupema*, também da Petrobras, encontrou um barco pesqueiro com 67 pessoas, que já estavam havia quatro dias sem comida, na rota para Cingapura. Entre os resgatados estava o empresário Thái Quang Nghiã, famoso por lançar os calçados Goóc no Brasil, feitos de pneus reciclados.

"Eu pensava que São Paulo só tinha campos, porque aprendi que no Brasil tinha mais gado, café, plantação. Mas quando eu desci do avião, nossa! Que cidade grande!" Na ocasião, Campinas tinha cerca de 600 mil habitantes e a capital, mais de 8 milhões. Qui Nhon, diz ele, tinha 150 mil habitantes — e era considerada uma cidade grande.

A ajuda do governo, em conjunto com a Cáritas, incluiu curso para aprender português e, depois, colocação no mercado de trabalho. Dung começou a trabalhar na manutenção elétrica e eletrônica de uma grande montadora de carros à noite e em outra fábrica durante o dia. Com o trabalho dobrado, pôde abrir seu próprio negócio. Montou uma fábrica de macarrão instantâneo na cidade de Cascavel (PR), onde ficou por dez anos, até vender a empresa e se mudar para Balneário Camboriú (SC). Lá, abriu uma loja de importação e exportação de artigos de decoração, a Espaço Saigon, que vende vasos e esculturas vietnamitas, entre outros objetos. Ele se casou com uma brasileira e teve quatro filhos, dois homens e duas mulheres.

No começo, estranhou bastante a língua e a diferença de cultura. Feijão, por exemplo, só existia em pratos doces na sua terra. A quantidade de carne bovina consumida era outra novidade. "No Vietnã é mais peixe, frutos do mar, legumes, sopa; aqui quase não se come sopa", aponta. Além da gastronomia, a diferença nos costumes também saltou aos olhos: "As pessoas daqui são muito liberais, tem muita festa, gostam de dançar. No Vietnã, não. Dança, só no salão, e as pessoas são bem tímidas".

Apesar do choque cultural e da dificuldade com o idioma, ele estava animado. "Eu era solteiro; então, não tinha nada difícil para mim. Por exemplo, eu podia ter só uma calça, um sapato, não precisava de muito. Morava com sete ou oito pessoas e não tinha problema. Ia passear no shopping com dez reais [na época, a moeda era o cruzeiro]. Não precisava de tanto dinheiro para comprar sorvete! Eu estava superfeliz com a nova vida. E mais feliz porque consegui chegar a um país livre, que dá oportunidade e liberdade a todos, ao contrário do Vietnã, onde não podia fazer nada."

A aventura inspirou duas de suas irmãs a fugirem também. Uma delas se lançou ao mar dois anos depois dele, com o marido e os dois filhos pequenos — o barco ficou 28 dias à deriva e, sem comida, infelizmente, o mais velho não sobreviveu. Ela hoje mora na Califórnia.

Outra irmã também escapou do Vietnã quatro anos depois de Dung, com o marido e os filhos. Ela estava em um bote com mais de sessenta pessoas quando foram resgatados por um barco pesqueiro filipino e levados para um campo de refugiados. Então, foi reinstalada nos Estados Unidos e hoje também vive na Califórnia. Dung encontrou as irmãs pela primeira vez desde a fuga em 1994, em Los Angeles, bem na época da Copa do Mundo. Na emocionante final do Brasil com a Itália, ele foi entrevistado pela jornalista Fátima Bernardes, que queria entender como um vietnamita sabia sambar. "Morando em São Paulo por quinze anos!", respondeu na época.

E isso é exatamente o que ele mais gosta no Brasil. "Quem não gosta de samba bom sujeito não é…", canta, aos risos. E prossegue com a lista: "Carnaval, comida, churrasco, praia. As pessoas dão muita liberdade aqui, gosto muito da amizade com os brasileiros, de conversar, trocar ideia". Há quarenta anos vivendo aqui, ele se considera mais brasileiro do que vietnamita, apesar do sotaque ainda carregado. Por isso, não voltaria a morar no Vietnã, embora tenha saudades e já tenha visitado o país. "Voltei ao Vietnã pela primeira vez depois de vinte anos morando aqui, com passaporte brasileiro, senão não conseguiria retornar. Tenho saudades dos amigos, da escola, da cidade onde nasci, da praia onde sempre tomava banho, da comida."

Para os que chegam como refugiados no Brasil, Dung só tem um conselho: trabalho duro. "Aconselho a não esperar muita ajuda do governo,

POR QUE ELES NÃO ERAM EXATAMENTE REFUGIADOS?

O Brasil ratificou em 1960-1 a Convenção das Nações Unidas relativa ao Estatuto dos Refugiados, conhecida como Convenção de Genebra de 1951, que dispunha sobre o refúgio e os direitos das pessoas que o solicitavam. No entanto, o Brasil manteve uma cláusula de reserva geográfica, que só reconhecia como refugiados aqueles "provenientes de problemas ocorridos na Europa". Mesmo quando assinou o Protocolo de 1967, manteve a reserva geográfica (leia mais na p. 22). Assim, quando outras nacionalidades solicitavam refúgio, o país concedia apenas uma permanência temporária, até que outras nações aceitassem o refugiado via reassentamento (veja o que é na p. 18). No caso dos vietnamitas, porém, foi diferente. Eles receberam um visto temporário de estadia, mas podiam trabalhar e legalizar sua situação jurídica. O mesmo procedimento foi adotado para grupos de diferentes nacionalidades, como o caso de cinquenta famílias bahá'í, vindas do Irã, em 1986.

porque o Brasil tem milhões de pessoas com dificuldade. Vamos vencer por nossa própria força e conta, com coragem e felicidade." Ele fala com base em sua experiência. "Quando eu cheguei aqui, tinha uma calça, duas camisetas, um dicionário e cinco dólares, de um trabalho em Cingapura. Agora tenho uma família bem unida, meus filhos estudam bem, tenho funcionários, casa própria. Sou um refugiado que venci no Brasil, com coragem e muito trabalho." E é exatamente isso que refugiados e imigrantes querem: oportunidade para trabalhar e reconstruir a vida.

QUARENTA ANOS DEPOIS: MEDITERRÂNEO E SUA VALA COMUM

Mais de 19 mil pessoas. Esse é o número de imigrantes que o mar Mediterrâneo sepultou entre 2014 e dezembro de 2019, todos vítimas de travessias fracassadas para chegar à Europa em barcos improvisados e inadequados. Todos *boat people*, o termo que surgiu nos anos 1970 com a fuga desesperada de vietnamitas e cubanos pelo mar. Hoje, são sobretudo afegãos, sírios, marroquinos, iraquianos, palestinos, congoleses, malineses e guineenses que se arriscam em travessias perigosas. Ao menos 2 milhões de pessoas chegaram vivas ao continente europeu nesse período, a grande maioria pelo mar.

Apesar da gravidade da situação no Mediterrâneo, os países da União Europeia acolheram uma parte relativamente pequena dos atuais 70,8 milhões de deslocados que havia no mundo até o final de 2018, segundo o relatório Tendências Globais. Uma pessoa foi obrigada a se deslocar a cada dois segundos durante aquele ano. Entre os 25,9 milhões de refugiados, mais de 80% estavam em países em desenvolvimento — e não em solo europeu — e 52% eram crianças. A Turquia, com 3,7 milhões de refugiados, era o país com maior afluxo.

ENTRADA DE REFUGIADOS NA EUROPA		
ANO	CHEGADAS	MORTOS E DESAPARECIDOS NA TRAVESSIA
2019	114 719	1221
2018	141 472	2277
2017	185 139	3139
2016	373 652	5096
2015	1 032 408	3771
2014	225 455	3538

Saiba mais sobre as *boat people* na p. 47 e no glossário.

Entenda a crise

SÍRIA

Quando os sírios pegaram carona na onda de protestos que incendiou o Oriente Médio e o norte da África a partir do final de 2010, conhecida como Primavera Árabe, não podiam imaginar que haveria tanta pólvora para queimar. Desde que foram dados os primeiros gritos contra o ditador Bashar al-Assad, em março de 2011, e uma guerra se iniciou, não houve paz no país. É um dos conflitos mais letais e responsável por um dos maiores êxodos populacionais da história mundial recente.

6 MILHÕES de refugiados.

+ DE 6 MILHÕES de deslocados internos.

CERCA DE 500 MIL mortos e desaparecidos.

AO MENOS 1,5 MILHÃO de incapacitados.

Primavera Árabe

Tudo começou na Tunísia. O estopim foi a autoimolação de Mohamed Bouazizi, que teve seu carrinho de frutas confiscado e, desesperado, ateou fogo ao corpo em 17 de dezembro de 2010, na cidade de Sidi Bouzid. O ato provocou uma revolta popular contra a opressão policial, a corrupção e a falta de oportunidades, que levou à fuga do ditador Zine el-Abidine Ben Ali do país. A insurreição influenciou outros países a seguir os mesmos passos revolucionários em 2011.

TUNÍSIA → EGITO → BAHREIN E IÊMEN → LÍBIA → ARGÉLIA → MARROCOS → JORDÂNIA → SÍRIA (MARÇO 2011)

O CASO DOS CURDOS: MAIS UM VIÉS PARA ESSA GUERRA

Nesse caldeirão de conflitos e jogos de interesses, os curdos sírios, ao norte, também se opuseram ao governo Assad, pois desejam governar a si próprios. Eles receberam apoio americano para conter o Estado Islâmico, também conhecido como Daesh. Mas isso estremeceu as relações dos EUA com a Turquia, que tenta preservar suas fronteiras com a área ocupada pelos curdos, com medo de que tomem territórios para criar o Curdistão.

Uma guerra em quatro passos

1) 6 de março de 2011, **Daraa**: quinze meninos de dez a quinze anos foram presos e violentamente torturados por picharem o muro de sua escola, insinuando que agora seria a vez de Assad cair.

2) A prisão levou a população pacificamente às ruas em 15 de março, pedindo o fim da brutalidade policial.

3) Depois de ser recebido a tiros, o protesto ecoou pelo país e virou uma grande manifestação por democracia, fim da corrupção, redução do desemprego, libertação de presos políticos e renúncia do presidente.

4) Duramente reprimido, o movimento ganhou força entre as diversas facções e seitas interessadas em tomar o poder, muitas delas de grupos extremistas financiados direta ou indiretamente por outras nações, de olho em petróleo, gás e controle da região. Logo, o conflito virou uma guerra civil.

MOMENTOS TENSOS

Assad sitiou cidades, causando a morte de civis por fome e falta de remédios. O ditador bombardeou escolas e instalações médicas. Foi acusado de usar armas químicas, mas diz que a acusação é uma farsa para justificar uma ofensiva inimiga. Um dos piores ataques desse tipo ocorreu em 21 de agosto de 2013, em **Ghouta**, ao lado da capital, Damasco, quando centenas de pessoas morreram em consequência de um bombardeio com gás tóxico sarin. Outro ataque em 2017 fez ao menos 86 vítimas na província de Idlib.

Jogos de poder

*Os dois lados usaram como pretexto o combate a grupos terroristas
e o uso de armas químicas para atacar*

ASSAD × REBELDES

Irã O primeiro país a apoiar Assad, fornecendo armas, dinheiro e homens — inclusive xiitas libaneses do **Hezbollah**, grupo extremista considerado terrorista pelos Estados Unidos e que é apoiado pelo Irã.	**EUA** Financiaram rebeldes ao longo dos anos e encabeçaram uma coalizão internacional, com França e Reino Unido, que realizou ataques aéreos na Síria.
Rússia Forneceu apoio por meio de campanha militar aérea, fundamental para o ditador virar os rumos da guerra e recuperar territórios perdidos a partir de 2015.	**Israel** Preocupado com a influência do Irã, entrou na guerra a favor dos rebeldes.
Iraque, Iêmen e Afeganistão auxiliaram com milícias xiitas.	**Turquia, Arábia Saudita, Emirados Árabes Unidos, Kuwait e Catar** Financiaram rebeldes.

Todos os países envolvidos no conflito ajudaram a incitar o ódio entre os grupos religiosos. A Síria, que tinha um **governo secular**, viu piorar as relações entre a maioria árabe **sunita** (60%), a minoria árabe alauíta (10%), os cristãos (10%), os curdos sunitas (10%), os drusos (8%) e os xiitas (2%).

Nasce o Estado Islâmico, ou Daesh

*Em meio ao conflito, abriu-se espaço para a atuação de jihadistas, como o **Daesh** e a Frente al-Nusra.*

Embora se autodenomine Estado Islâmico (EI) e seja mais conhecido no Brasil dessa forma, há uma tentativa de diversos países de substituir essa denominação por Daesh, para evitar a associação do grupo extremista a todos os que seguem a fé islâmica e, assim, reduzir a xenofobia contra os muçulmanos. Os líderes do Daesh, no entanto, não gostam desse nome.

Daesh, Estado Islâmico ou Isis (sigla em inglês para Estado Islâmico do Iraque e da Síria): grupo extremista sunita, considerado terrorista pela ONU, pelos Estados Unidos, pela União Europeia, pelo Brasil e por outros países, que surgiu de uma ala dissidente da **Al-Qaeda** no Iraque e anunciou seu **califado** em 2014 — chegou a dominar diversas áreas da Síria. São considerados violentos mesmo entre os jihadistas, promovendo decapitações e crucificações, além de cometer atentados na França e em outros países.

Frente al-Nusra: Era o braço local da Al-Qaeda, mas separou-se dela e passou a atender por Frente Fateh al-Sham.

Como ficou a Síria?

Assad conseguiu se manter no poder, mas perdeu o controle de uma parte do território rica em petróleo.

O noroeste ficou sob domínio turco; o nordeste, americano; e o sul, onde fica a capital, Damasco, enfrentou ataques de Israel em 2018. Parte dessas regiões estava sob domínio do Daesh.

O país ficou arrasado, com ao menos seis patrimônios da humanidade seriamente comprometidos, e praticamente esvaziado, por conta dos milhões de civis que fugiram da violência da guerra ou dos jihadistas, buscando refúgio principalmente no Líbano, na Jordânia e na Turquia. Grande parte dos sírios que chegaram ao Brasil é cristã e muitos já tinham alguma ligação com o país, seja por parentes ou outros imigrantes locais que se estabeleceram aqui antes.

UMA LIGAÇÃO ANTIGA: A IMIGRAÇÃO SÍRIO-LIBANESA NO BRASIL

Sírios e libaneses começaram a chegar ao Brasil de forma mais efetiva entre 1870 e 1880, e estima-se que, até o começo da Segunda Guerra Mundial, eles somassem cerca de 100 mil pessoas aqui. Embora a imigração já existisse, foi depois do convite do imperador d. Pedro II, que viajou para Síria, Líbano e Palestina em 1876, que oficialmente vieram as primeiras famílias, quatro anos depois, partindo do porto de Beirute. Em números oficiais, o censo de 1920, por exemplo, já registrava mais de 50 mil sírio-libaneses (na época, o Líbano fazia parte da Grande Síria), sendo 19 mil no estado de São Paulo, 9 mil no Rio de Janeiro e 8,6 mil em Minas Gerais.

Vieram com recursos próprios, sem subsídio do governo brasileiro, e não foram trabalhar na lavoura, como os demais imigrantes na época. A maioria eram homens, jovens, solteiros, semianalfabetos e cristãos (católico maronita, melquita, jacobita, ortodoxo oriental ou protestante), fugindo da perseguição religiosa promovida pelo Império Otomano, de maioria muçulmana, que dominava a região.

No Brasil, viraram prioritariamente mascates (vendedores ambulantes).

Muitos prosperaram, montando lojas que se transformaram em centros comerciais, e formaram uma rede solidária, trazendo amigos e parentes para trabalhar em seus negócios. Em 2017, já havia mais descendentes de libaneses vivendo no Brasil que no Líbano: 12 milhões aqui e 4,5 milhões lá. É a maior comunidade libanesa do mundo. O grande número de imigrantes, que conquistaram prestígio econômico no Brasil, explica, em parte, a escolha do país como destino para refugiados recentes, no contexto da atual guerra síria — afinal, muitos já tinham familiares ou conhecidos por aqui.

País de origem: SÍRIA
Data de nascimento: 1/3/1990
REFUGIADO

ABDULBASET JAROUR

"Ser refugiado não é uma escolha, e sim uma circunstância. Estamos aqui por uma grave e generalizada violência aos direitos humanos, nossos países não nos protegem. Os que conseguiram fugir vivem um outro tipo de guerra. Mas sigo com fé, coragem e simplicidade. Com amor e sem medo."

Seu olhar revela dor, mas também força. Em sua voz embargada, uma alegria contida. Abdulbaset Jarour contabilizou a morte de 115 amigos que também serviram na Guarda Republicana Síria, o corpo de combate de elite do Exército sírio. Quando o suicídio parecia a única saída, as palavras de coragem de sua irmã garantiram sua sobrevivência. Ele está entre os 6 milhões de sírios que fugiram do país desde 2011. Os que ainda não conseguiram escapar têm a esperança de dias melhores. Segundo o ACNUR, em 2018, após sete anos de conflito, mais de 13,1 milhões de pessoas na Síria ainda precisavam de ajuda humanitária.

Mais velho de seis filhos, Abdul cresceu entre irmãos. Nascido em 1º de março de 1990, levou uma vida tranquila com muitas oportunidades até a adolescência. Cursou administração e trabalhou na empresa dos pais, Khadouj e Munir, na área de construção imobiliária. Aos dezesseis anos, abriu seu próprio negócio, focado na venda de produtos eletrônicos, um empreendimento que rapidamente prosperou. Três anos depois, aos dezenove, se deparou com a iminência do serviço militar obrigatório na Síria. "Todos nós temos medo de falar sobre o assunto, o tratamento é muito pesado", afirma.

No final de 2010 e início de 2011, uma série de revoltas populares emergiu no Oriente Médio e no norte da África, dando início à Primavera Árabe. Pouco depois de entrar para o Exército, recebeu a notícia de que um grupo de meninos havia pichado o muro da escola em Daraa, insinuando que havia chegado a vez de Bashar al-Assad cair. Era o início de uma guerra devastadora. Segundo Jarour, que foi designado como motorista no serviço militar, o treinamento é dividido por tarefas e inclui estudos, aulas de tiro e até de administração. O posto do general para o qual trabalhava era na Qasioun, a montanha mais alta de Damasco. "Na época, o governo sírio anunciou que os jovens não poderiam mais sair do Exército até os problemas acabarem. Ficamos esperando: amanhã vai melhorar, ou depois de amanhã... Mas tudo só piorava. O Exército faz com que a gente perca a confiança na vida."

As noites na montanha foram tomadas por bombardeios, e Abdul cogitou se despedir da família, contemplando o suicídio. Desesperado, ligou para a irmã Gharam, seu "maior exemplo de vida", que implorou que pensasse nas consequências que isso traria para a matriarca da família. "Ouvi o conselho da minha irmã mais velha por respeito a ela."

As atrocidades da guerra aumentavam e, em 2013, Abdul foi gravemente ferido durante o bombardeio de um avião israelense, que entrou no país pelo sul do Líbano. "Tudo ficou coberto por um pó branco, não enxergava nada, percebi que estava em um quarto que ficou quase partido ao meio. Acordei em um hospital." Era madrugada de 5 de maio, momento que determinaria o resto de sua vida.

Ao todo, o jovem passou quatro anos no Exército e, com a ajuda de conhecidos, ainda no hospital, começou a se organizar para sair da Síria, pois já havia cumprido o tempo exigido de serviço militar em 2014. Debilitado pelos ferimentos, procurou o general e disse que esperava que o liberassem. Na Síria, uma pessoa só pode sair do Exército se tem mais de 50% do corpo machucado, e Abdul tinha cerca de 5%, mas conseguiu a liberação. "Se a polícia ou algum militar me pegassem, jamais acreditariam na minha história; foi um caso totalmente inédito."

Cinco anos depois de ter saído do país, ele revive o sentimento de liberdade que tomou conta dele ao avistar o porto de Trípoli, no norte do Líbano, um dos mais antigos do Mediterrâneo. No ponto final de uma rota de ônibus, desceu, entrou em um bar e ficou cerca de três horas relembrando os quatro anos na guerra e todos os amigos que havia perdido. "Passado esse momento inicial, no qual eu não conseguia ter nenhuma reação, liguei para a minha mãe. Ela não conseguia acreditar que eu tinha escapado, chorava de emoção, tantas amigas dela haviam perdido seus filhos na guerra. Eu estava vivo", relata.

A guerra mudou a história de sua família e separou os irmãos, que conseguiram refúgio em países diferentes. Yssara mora no Canadá; Sedra e Nur, no Líbano; Hassa, na Turquia; e Riham, no Iraque. Abdul, no Brasil. Gharam conseguiu fugir para Munique, na Alemanha. Ela estava no início de uma gravidez, em 2015, quando uma bomba explodiu perto do carro que dirigia. No hospital, ela também cogitou o suicídio, mas, com a ajuda de amigos, fugiu para a Europa de barco, passando pela Croácia e pela Áustria antes de chegar à Alemanha, onde amputaram sua perna. Até hoje, ela mora em um campo de refugiados em Munique, onde o filho nasceu, o que foi considerado um milagre pelos médicos. O ano de 2015 também marcou o desaparecimento de seu pai, Munir. Não se sabe se ele está vivo.

Por motivos de segurança, parte do depoimento de Abdul sobre sua rota de fuga não será publicada. O que se pode dizer é que, depois, em Beirute, capital do Líbano, procurando uma forma de recomeçar a vida, ele pediu emprego na loja de um conhecido. "Eu disse que faria qualquer tipo de serviço para voltar a lidar com pessoas normais e começar a esquecer meus traumas", recorda. No entanto, lidar com as memórias recentes era doloroso demais, e a ideia de viver numa terra distante parecia o único caminho para uma vida melhor. Pessoas da comunidade indicaram uma saída pelo Egito, de onde ele poderia viajar para a Itália. Além dos riscos envolvidos, os coiotes cobravam até 6 mil euros pela viagem de barco até a Europa. Segundo registros feitos pelo ACNUR, em 2014, 3538 pessoas morreram afogadas ou desapareceram no mar a caminho do continente europeu, número que saltou para 3771 no ano seguinte e 5096 em 2016, quando foi registrado o maior número de mortos.

"Estava com medo, ouvia histórias de pessoas morrendo no mar. Queria um país que me desse um visto e me tratasse como um ser humano, como o Canadá ou a Austrália." No entanto, ele recebeu respostas negativas dos consulados desses dois países. Quando as opções pareciam ter se esgotado, ele conheceu Jorge, para quem pediu carona numa estrada. "Você deveria ir para o Brasil. Já fui uma vez; você nunca mais vai querer voltar, é muito diferente daqui." O homem contou ainda que ele encontraria muitos árabes em São Paulo e no Rio de Janeiro.

Felizmente, o documento que Abdul apresentou ao consulado brasileiro no Líbano comprovava que ele tinha completado o Exército na Síria, garantindo sua saída do país. "Existe um acordo entre Líbano, Síria e Brasil que exige isso, pois muitos jovens tentam fugir para não entrar para o Exército." Depois de fazer escala no Catar e passar quase 24 horas em trânsito, Abdul chegou a São Paulo em 8 de fevereiro de 2014, pelo aeroporto de Guarulhos. O único contato que tinha no país — um libanês com quem havia trocado apenas mensagens pela internet — havia sido indicação de Jorge. Na companhia de sua mulher, ele buscou Abdul no aeroporto.

As divergências políticas e religiosas entre os dois, no entanto, rapidamente ficaram evidentes. "Ele era contra meu segmento do Islã, eu sou sunita e ele é xiita. Descobri ainda que ele é a favor do presidente Bashar al-Assad e do Hezbollah no Líbano." O trabalho que foi oferecido a ele também não agradou. Segundo Abdul, era para levar CDS piratas para serem vendidos em lojas. Depois de ver fotos de uma casa grande e vazia, da qual o homem supostamente era dono, Abdul contou a ele sobre o curso que tinha feito em marketing digital e que poderia mobiliar o espaço e alugar os quartos para os sírios que estavam chegando ao Brasil.

Lá, Abdul trabalhou incessantemente e garantiu sua moradia sem cobrança de aluguel, mas não havia nenhuma remuneração envolvida. "Eu precisava entender o país, fazer minha documentação, estava em um bairro muito simples e pensava que assim era o Brasil, entende?" Muitas vezes, seu empregador não permitia que ele saísse da casa, o que deixou Abdul em situação análoga à de trabalho escravo. Na p. 199, você pode ler sobre as diversas formas de escravidão moderna.

Aos poucos o jovem foi encontrando outras formas de sobreviver no país. Carismático, começou a fazer muitos amigos brasileiros, pessoas que ele abordava na rua. Numa ida ao supermercado, puxou conversa no caixa com o professor de matemática Silvio Cavalcante, que, por sua vez, o apresentou para sua futura "mãe e madrinha brasileira", Valdívia Oliveira. Ela foi muito questionada por considerar hospedá-lo em casa, pois as pessoas conjecturavam que ele poderia ser do Daesh. Mesmo assim, ela o acolheu no início de 2016, na Zona Leste paulistana. Mais aclimatado, Abdul passou a andar de shorts, chinelo e a torcer para o Corinthians. Com o pouco dinheiro que lhe restava das economias que trouxe de casa, ajudava os sírios que chegavam ao país sem nenhum tipo de subsídio.

A EXPERIÊNCIA DE ACOLHER UM REFUGIADO EM CASA

Conheci o Abdul em 2014 através do Silvio, que o levou para dançar com uns amigos nossos. Foi tudo estranho porque ele falava pouco português, quase não dançou e ficou só observando o movimento, espantado por ver as pessoas se beijando. Conversamos e aprendemos mais sobre a cultura dele. Desse dia em diante, começou a frequentar a casa do Silvio, conheceu a família dele e sempre saía com a gente. Ele virava a atração principal justamente por ser sírio e ter vindo da guerra.

Algumas pessoas eram preconceituosas e perguntavam se ele tinha uma bomba. Aos poucos, ele foi contando sobre seu país e mostrando que nem todos os árabes são terroristas. O primeiro Natal no Brasil ele passou com o Silvio e, na virada do ano, fomos para a Paulista. Ele ficou encantado com tudo aquilo.

Depois de descobrir que ele estava com dificuldades financeiras, resolvemos ajudar. Procuramos lugares que recebiam refugiados e soubemos que eram abrigos onde já havia muitas pessoas, inclusive moradores de rua. Ficamos preocupados porque o Abdul tinha roupas, sapatos de marca, relógios, perfumes e outros objetos que poderiam ser furtados se ele fosse para um abrigo. A essa altura, já tínhamos um carinho bem grande por ele.

Como eu morava sozinha numa casa grande, pensei em hospedá-lo. Quando comentei com meus amigos, as reações foram tanto positivas quanto negativas: de "Parabéns, que legal" até "Você é louca! E se o cara te roubar? E se te matar? E se for terrorista? E se for procurado pela Interpol? E se tiver uma bomba?". Ouvi tanta coisa que confesso que cheguei a ficar preocupada. O fato de ele morar na minha casa despertou a curiosidade e a maledicência das pessoas. Muita gente duvidou da nossa amizade e do fato de ele me considerar sua "madrinha", mas isso nunca me preocupou.

Aos poucos, não só minha família como meus amigos começaram a perceber que tudo corria bem. Quando fez as cirurgias por conta dos ferimentos, cuidei dele como se fosse um filho. Quando foi morar em casa, a ideia era que ocupasse um quarto, mas ele passou a ocupar um grande espaço na minha vida. Até comecei a me preocupar com sua falta de malícia para lidar com os brasileiros. Vi que precisava explicar como eram as coisas aqui para evitar problemas.

Eu também achava muito estranho que ele queria ir comigo para todo lugar. Na cultura dele, as mulheres não saem sozinhas de casa e, aos poucos, mostrei que no Brasil é diferente. Entendi que, na Síria, o homem cuida da mulher, e eu, como brasileira independente, não estava acostumada. Aprendi muito sobre mim mesma e a minha capacidade de doação incondicional. Sou cada dia mais interessada pelo tema do refúgio e gostaria de ter braços para ajudar mais e mais pessoas que estão na mesma situação.

Por **Valdívia Oliveira**, psicóloga, apaixonada por história e docente nas áreas de administração e negócios, marketing e vendas e gestão de pessoas do Senac.

Já haviam se passado três anos desde o ataque que deixou Abdul gravemente ferido, porém o lado esquerdo de seu corpo continuava comprometido, principalmente por um estilhaço na perna esquerda. Valdívia ajudou a cuidar da saúde física e mental do rapaz, mas o desespero (e a determinação) o levou a ficar horas sozinho na recepção de um hospital de Guarulhos, atendido pelo Sistema Único de Saúde (SUS), até que um médico aparecesse. Apresentou-se como refugiado sírio e conseguiu que um especialista o atendesse fora da agenda. Victor Espinosa, um médico cubano que chegou ao país pelo programa Mais Médicos, se comprometeu a ajudar com os exames e as cirurgias para remover o estilhaço e restaurar sua mobilidade.

Abdul não fez nenhum curso formal de português; aprendeu o idioma apenas de ouvir os outros falarem. Entre seus amigos mais próximos estão a congolesa Prudence Kalambay (sobre a qual você lê na p. 112), a moçambicana Lara Lopes (sobre a qual você lê na p. 156) e o congolês Jean Katumba, idealizador da Copa dos Refugiados (leia sobre o evento na p. 38), da qual se tornou coordenador-geral. Muitas vezes apresentado como porta-voz da mais recente comunidade síria no Brasil, ele corajosamente revisita sua história pessoal para quebrar os preconceitos e a xenofobia de muitos brasileiros, dando palestras por todo o país. "Nos anos que vivi aqui, ganhei mais experiência de vida do que nos 24 anos que passei na Síria." Trabalha também como tradutor de árabe, presta serviços administrativos e vende comidas típicas para pagar as contas do mês. Atuou ainda como consultor da Rede Globo na produção da novela *Órfãos da terra*.

"O Brasil me ajudou a entender que os seres humanos não são iguais, mas que essa diversidade é a nossa verdadeira beleza." Abdul voltou para o Oriente Médio apenas em outubro de 2018, com uma equipe de jornalistas da TV Cultura, trabalhando como intérprete e tradutor de árabe. Na ocasião, com a ajuda de agências humanitárias, conseguiu apresentar documentos que garantiram a vinda de sua mãe, Khadouj, e de Sedra, sua irmã mais nova, para o Brasil. Elas, que já haviam feito inúmeras tentativas de fugir da Síria, desembarcaram no país em 16 de dezembro de 2018. Sedra voltaria para o Líbano antes da pandemia da Covid-19.

"O mundo precisa saber o que está acontecendo. O governo recuperou Alepo, mas tem menos poder e mais maldade. Quem 'manda' na Síria é o Irã, a Rússia, os Estados Unidos e o governo, mas existem mui-

A cidade de Alepo, uma das mais antigas do mundo, é também uma das mais afetadas pelo conflito na Síria, atrás apenas de Raqa, no centro-oeste do país. Já abrigou um imenso patrimônio histórico e cultural e foi eleita Capital da Cultura Islâmica em 2006 pela Organização Islâmica Educacional, Científica e Cultural (Isesco). Localizada no cruzamento de várias rotas comerciais desde o segundo milênio antes de Cristo, Alepo foi governada por diversos povos — hititas, assírios, acadianos, gregos, romanos, omíadas, aiúbidas, mamelucos e otomanos —, que deixaram suas marcas culturais na cidade. Foi também um importante polo comercial e têxtil. "Algumas pessoas chamavam Alepo de 'segunda China'", conta Abdul. O Souk al-Madina, maior mercado fechado do mundo, está entre os seis patrimônios mundiais da Unesco na Síria que foram danificados ou reduzidos a cinzas.

tos problemas entre eles. Muitos jovens estão com medo porque foram chamados para entrar no Exército. A mídia mostra que as pessoas estão voltando para Alepo e abrindo negócios, mas é tudo propaganda; a vida é muito complicada lá, o dinheiro não vale nada. Não tem água nem energia elétrica. Nossas casas foram roubadas, quebradas, explodidas. Famílias são perseguidas. Quem perdeu a guerra foi o povo sírio. E ela não acabou." Aliás, há muitos outros combates sendo travados pelas famílias na Síria e pelas que fogem de lá.

A crise da baixa humanidade

"É hora de ter paz e união para combater a Covid-19. Voltem para casa. Peço, por favor, oração pela minha mãe." Essas palavras foram escritas por Abdul numa placa caseira amarrada ao seu corpo em 10 de maio de 2020, data em que se comemorou o Dia das Mães. Na ocasião, o jovem sírio, que sempre usou sua voz para ações de solidariedade, caminhava pelas redondezas do Hospital das Clínicas, em São Paulo, onde sua mãe enfrentava a doença. Abdul havia lutado seis anos para trazer a mãe de Alepo para São Paulo. Três dias depois desse ato, Khadouj Makzum, que se preparava para se mudar para o Líbano e se juntar à filha Sedra, morreu.

O médico Victor Dornelas, que cuidou da mãe de Abdul, conta que "diariamente falávamos com seu filho, cuja fé sustentava a todos nós. [Khadouj] Sobreviveu aos horrores da guerra, mas perdeu a batalha contra a Covid. Faleceu longe da família, do filho, longe de casa, da sua história, em um país onde muitas pessoas e, principalmente, o líder do país são indiferentes à morte, à dor e ao sofrimento. Todos nós morremos um pouquinho hoje. Todos nós perdemos. Até quando vai ser assim? Onde não existe compaixão sempre haverá guerra".

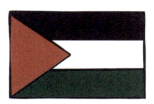

Entenda a crise

PALESTINA

O conflito entre árabes e judeus, apesar de estar no centro de debates políticos e diplomáticos atuais, tem origem milenar. Após inúmeras tentativas de acordos de paz, a situação atual ainda é de violência e impasse.

14/5/1948 é a data de criação do Estado de Israel pela ONU, o que pode ser apontado como a origem contemporânea desses confrontos.

5,5 MILHÕES de palestinos eram refugiados em 2018, representando mais de um quinto do total de pessoas nessa condição.

Fonte: Relatório Tendências Globais (ONU).

E a paz?

Já chegou muito perto de acontecer ao longo dessas décadas, mas ainda parece uma realidade distante na Palestina, região que fica entre o Mediterrâneo e o rio Jordão e é considerada sagrada para muçulmanos, judeus e cristãos. Para entender a disputa, é preciso voltar na história da ocupação dessa área.

63 a.C. O Império Romano sitiou Jerusalém e dominou a região, originalmente ocupada por israelitas (1200 a.C.), e que também passou pelo domínio de babilônios, persas, egípcios, assírios e macedônios.

70 d.C. **Diáspora** judaica: o imperador Vespasiano e seu filho Tito incendiaram o Templo de Jerusalém e massacraram a cidade, expulsando os judeus na tentativa de sufocar os movimentos pela independência. A maioria migrou para o sul da Europa, norte da África e Ásia Menor.

638 d.C.	Os árabes conquistaram Jerusalém, no contexto de expansão do islamismo.
1095 a 1291	Países cristãos europeus organizaram oito cruzadas para combater o domínio islâmico na Terra Santa e retomar Jerusalém.
Idade Média	Com o crescimento do cristianismo, os judeus se espalharam por outros territórios, chegando às Américas. Mas esse movimento foi seguido de uma onda crescente de antissemitismo ao longo dos séculos.
1517	A Palestina caiu sob domínio do Império Otomano, que manteve seu controle até o fim da Primeira Guerra Mundial (1914-8).
1895	O jornalista austro-húngaro Theodor Herzl publicou o livro *O Estado judeu*, apresentando o movimento sionista, que defendia o direito dos judeus de terem sua própria nação, apoiado em escritos bíblicos sobre o que seria a Terra de Israel (aquela prometida por Deus para Abraão, o primeiro patriarca). Herzl pregou a volta para a Terra Santa de todos que estavam espalhados pelo mundo.
Século XX	O número de judeus na Palestina cresceu progressivamente, mas de forma mais acentuada nas décadas de 1930 e 1940, por conta da perseguição imposta pelos nazistas na Segunda Guerra Mundial.

JERUSALÉM: SAGRADA PARA TODOS

Cristãos: É o lugar onde Jesus foi morto, crucificado (no monte Calvário) e sepultado.

Muçulmanos: É o terceiro local mais importante para os muçulmanos, onde Maomé teria subido aos céus, e onde fica o Monte do Templo.

Judeus: Foi capital de Israel no reinado de Davi, no século X a.C., e do reino judeu, no século II a.C. Ali foi construído um templo para guardar a Arca da Aliança, onde ficariam as tábuas dos Dez Mandamentos.

PALESTINOS × JUDEUS: UMA GUERRA SEM FIM

UMA PROPOSTA CONTROVERSA

A ONU apresenta a proposta de criação do Estado de Israel, em 1947, com a divisão do território entre judeus e palestinos, sendo que Israel ocuparia 57% da área e Jerusalém seria administrada por um regime internacional especial. Os árabes, claro, não gostaram de perder parte de seu domínio — que era ainda menor, pois muitos judeus compraram terras no lado palestino.

1973 — CONTRA-ATAQUE

Egito e Síria tentaram recuperar seus territórios na Guerra do Yom Kippur (Dia do Perdão). A paz com os egípcios viria em 1979, com a desocupação do Sinai; já a Jordânia fechou o acordo apenas em 1994.

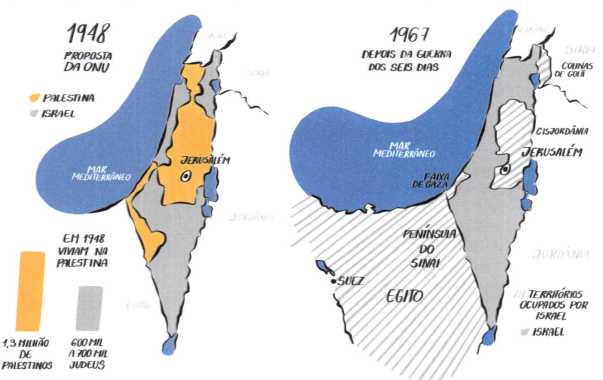

1948 — 1ª GUERRA: A CATÁSTROFE

No dia seguinte à criação de Israel, em maio de 1948, a comunidade árabe vizinha — Egito, Síria, Iraque e Jordânia — invadiu a região. Porém os judeus venceram o conflito e invadiram metade da área destinada aos palestinos, além de Jerusalém Ocidental (a Oriental ficou com a Jordânia). De 700 mil a 900 mil palestinos fugiram, e o restante ficou confinado na Cisjordânia e na Faixa de Gaza, ocupadas por tropas jordanianas e egípcias. A data é lembrada pelos árabes como o Dia da Catástrofe.

1956 — 2ª GUERRA: O CANAL

Egito e Israel voltaram a se enfrentar, na crise do Canal de Suez. Tropas israelenses, britânicas e francesas invadiram o Egito depois que o Canal, que era administrado pelos europeus, foi nacionalizado.

1967 — 3ª GUERRA: A DERROCADA

Egito, Jordânia e Síria deflagraram contra Israel a Guerra dos Seis Dias, cujos efeitos se arrastaram por décadas. Vencedor, Israel ocupou a Faixa de Gaza e a península do Sinai (do Egito), a Cisjordânia e Jerusalém Oriental (da Jordânia), bem como as Colinas de Golã (da Síria). Outros 500 mil palestinos fugiram.

Surge Yasser Arafat

Ao longo dos conflitos nos anos 1950 e 1960, várias frentes palestinas de resistência armada foram criadas, entre elas o Fatah, partido nacionalista fundado em 1959 por Yasser Arafat (1929-2004). Essas frentes se uniram para a criação da Organização para a Libertação da Palestina (OLP) em 1964, da qual Arafat virou líder em 1969.

No século XXI, o Fatah adotou uma linha mais moderada, concordando com a criação dos dois Estados para cessar as guerras.

— Arafat reuniu cerca de 40 mil combatentes (os fedayins) na Jordânia. Por medo de que criassem um Estado palestino ali, o país os expulsou em um conflito sangrento de setembro de 1970 a julho de 1971, episódio que ficou conhecido como Setembro Negro. De 2 mil a 3 mil pessoas morreram.

— O grupo Setembro Negro, formado depois do ataque sangrento e que supostamente era patrocinado pela OLP, foi responsável pelo Massacre de Munique, famoso sequestro e assassinato de onze atletas israelitas nos Jogos Olímpicos de 1972. Dois anos depois, Arafat ordenou o fim da violência da OLP fora da região.

— Arafat foi eleito presidente do Estado Palestino em 1989 e ganhou o Nobel da paz em 1994, juntamente com Yitzhak Rabin e Shimon Peres (primeiro-ministro e ministro das Relações Exteriores de Israel, respectivamente), por terem assinado os Acordos de Oslo, em 1993, para pôr fim à guerra. Essa, como outras decisões do Comitê do Prêmio Nobel ao longo dos anos, gerou bastante debate.

Uma terra sem paz

1982 **Israel invadiu o Líbano** para acabar com os ataques da OLP.

1987 **Primeira Intifada:** primeiro grande levante popular palestino contra a ocupação israelense na Cisjordânia e na Faixa de Gaza, com uso de paus e pedras. Durou seis anos e cessou com um acordo de paz entre Israel e a OLP, em Oslo, em 1993, que não foi aceito pelas organizações extremistas.

Desdobramentos:

1. AUTORIDADE NACIONAL PALESTINA:

Com maioria do Fatah, foi criada durante os Acordos de Oslo e governa a Cisjordânia. Em 2018, porém, o território ainda sofria ocupação militar israelense e tinha assentamentos de colonos judeus que, somados aos de Jerusalém Oriental, chegavam a 600 mil pessoas. O governo de Israel afirma que viviam em seu território 6,4 milhões de judeus em 2018; estima-se a população total de Israel em aproximadamente 9 milhões.

2. HAMAS:

partido político islâmico armado, que surgiu no início da Intifada e prega o fim de Israel. Desde 2007, controla Gaza, que foi desocupada apenas em 2005 por Israel — ainda que o governo israelense tenha continuado a restringir a circulação de pessoas e mercadorias no local. A tensão volta e meia piora e gera conflitos em Gaza, como os de 2008-9, 2012 e 2014. O último foi o mais sangrento desde 1967: mais de 2200 palestinos foram mortos, 11 mil feridos e 100 mil deslocados somente em 2014, além de ao menos 73 israelenses assassinados.

2000 **Segunda Intifada:** enquanto os EUA tentavam intermediar a paz, o político da extrema direita israelense Ariel Sharon visitou o Monte do Templo, local sagrado para as três religiões, inflando os ânimos palestinos. O conflito durou cinco anos e foi marcado por ataques suicidas.

2006 **Israel entrou em guerra com o Líbano** depois da morte de três soldados israelenses e do sequestro de outros dois pelo Hezbollah, a milícia xiita libanesa. Após um mês de conflito, 900 mil libaneses ficaram desabrigados, 1,2 mil morreram e ao menos 157 israelenses também perderam a vida.

2017 **O Hamas chegou a convocar uma terceira intifada** depois que o então presidente americano, Donald Trump, reconheceu Jerusalém como capital de Israel e anunciou a transferência da embaixada americana de Tel Aviv para lá — a mudança foi efetivada em 14 de maio de 2018, nas comemorações de setenta anos do Estado de Israel. A reação palestina foi a mais sangrenta desde 2014, mas não chegou a ser uma intifada.

Em que pé está

Em 2020, os palestinos ainda reivindicavam:

- A parte oriental de Jerusalém como capital de seu Estado;
- Que seu território voltasse a ser como era antes da guerra de 1967;
- A retirada dos assentamentos judaicos em terras palestinas;
- O retorno dos refugiados palestinos.

Israel, que detinha Jerusalém inteira, alegava que a cidade é indivisível e sua por direito, contrariando o entendimento da comunidade internacional.

PALESTINOS NO BRASIL

Desde dezembro de 1949, a ONU presta assistência a refugiados palestinos que vivem em 58 campos e outros locais da Síria, do Líbano, da Jordânia, de Gaza e da Cisjordânia, por meio da Agência das Nações Unidas de Assistência a Refugiados da Palestina (UNRWA). Para o Brasil, vieram muitos refugiados em processo de reassentamento, provenientes do Iraque em sua maioria, mas também da Jordânia e de outros países do Oriente Médio. A maioria dos que viviam no Iraque começou a ser perseguida por milícias, especialmente xiitas, após a queda de Saddam Hussein em 2003, pois os palestinos eram tidos como protegidos do ditador iraquiano. O grupo que chegou ao Brasil em 2007, de pouco mais de cem pessoas, havia se refugiado no campo de Ruweished, na Jordânia, a setenta quilômetros do Iraque — um lugar sujeito a infestação de escorpiões, tempestades de areia e variações climáticas.

Nacionalidade: PALESTINO LIBANÊS
Data de nascimento: 7/5/1977
REFUGIADO

"Conheço a Palestina pelos olhos dos meus pais. Se eu chegar à minha cidade, vou conhecer cada rua, cada dobrada. Mas eu não estive lá. Nunca pisei lá. Com as histórias da minha família, conheci cada esquina, entrei em cada casa. E agora é isso que tenho para o meu filho. Vamos retornar para a Palestina e vamos tê-la com força ou sem força, com paz ou sem paz, como um Estado laico ou não. Retornaremos."

BILAL GABER

Bilal Gaber é um dos 5,4 milhões de refugiados palestinos no mundo. Seu povo é considerado refugiado há cinco gerações pela ONU, que mantém um registro de palestinos. Ele é o primeiro refugiado de sua família, e seus descendentes vão herdar esse status. Seu semblante é um misto de dor e doçura, de quem já viu de tudo. Passou fome e trabalhou com contrabando para sobreviver. Ativista, Bilal segue os passos do pai, Abu Khaled Ashamali, um notório **militante** da Frente Popular para a Libertação da Palestina, acusado pelo rei Hussein (1935-99), da Jordânia, de sequestrar um navio durante o episódio que entrou para a história como Setembro Negro (leia na p. 71) e condenado à morte. "Eu não tenho um sonho para mim, mas tenho sonhos para o meu filho." Pode não ser em breve, mas assim como sua mãe, Zinab, que nutria a esperança de manter a família unida, Bilal tem a certeza de que um dia sua família vai voltar à região da Palestina, mesmo que ele não esteja mais vivo para ver.

"Você olha para o futuro e não existe luz, não existe vida", diz ele, logo de cara. Apesar de dizer não ter mais sonhos para si, Bilal passou a ver os acontecimentos com outros olhos com o nascimento de seu primeiro e único filho, Khaled, que recebeu o nome de seu avô. Emo-

cionado, ele recorda o olhar do menino no dia 26 de fevereiro de 2015, com apenas três anos, durante um protesto realizado em São Paulo em memória ao Dia da Catástrofe (leia na p. 70): "Khaled levantou a pequena bandeira que eu dei pra ele, gritando: Viva a Palestina!". O rosto de Bilal imediatamente se cobre de lágrimas. "É apenas uma criança. Imagina se não fosse o pai dele plantando ideias e contando histórias da nossa terra? A Palestina nunca vai morrer. Se eu não retornar nem ele, pode ser o meu neto."

Bilal nasceu no campo de refugiados Nahr al-Bared, a dezesseis quilômetros de Trípoli, maior cidade na região norte do Líbano. Dos seus nove irmãos, cinco nasceram lá, dois na Síria, um na Líbia e outro na Jordânia. "Parecíamos beduínos, além de refugiados. Nosso pai trabalhava na Frente Popular para a Libertação da Palestina (FPLP). Não tive infância, todo ano a gente se mudava, então não conseguia manter amigos. Corríamos de um país para o outro", lembra.

FRENTE POPULAR PARA A LIBERTAÇÃO DA PALESTINA

A FPLP, organização marxista criada em 1967, foi formada como um movimento de resistência pelo líder político palestino George Habash (1925-2008), após a ocupação da Cisjordânia por Israel. É a segunda força política dentro da Organização para a Libertação da Palestina (OLP) e a terceira no Parlamento, atrás apenas dos mais conhecidos Fatah e Hamas. Durante a década de 1970, a FPLP estabeleceu ligações com grupos militantes de esquerda em todo o mundo, incluindo a organização alemã Baader-Meinhof e o Exército Vermelho do Japão. O grupo tem forte representatividade feminina e acredita que operários e camponeses devam ocupar o lugar de agentes revolucionários, visto que são as camadas sociais mais oprimidas.

Marcelo Buzetto, doutor em ciências sociais pela PUC-SP e autor do livro *A questão palestina: Guerra, política e relações internacionais* (Expressão Popular, 2015), lembra que desde os anos 1980 a OLP possui escritório de representação diplomática em Brasília: "Hoje já tem status de embaixada, é a embaixada da Palestina no Brasil, que foi uma ação concreta de reconhecimento de vários governos brasileiros à legitimidade dessa luta por independência e libertação nacional".

Da infância, ele guarda na lembrança o que mais gostava de fazer: construir e empinar pipas. Sua imaginação voava com o brinquedo enquanto a realidade era o oposto dessa leveza. Até 1989 a família ficou no Líbano, destino da maioria dos palestinos ligados à luta armada depois do Setembro Negro. Seguiram para a Síria, onde o jovem estudou até o ensino médio. Depois, Zinab e os filhos foram para a Jordânia, onde Abu Khaled havia sido proibido de entrar e, em 1994, Bilal veio para o Brasil. Um adolescente à época, com dezessete anos, ele chegou ao país em 8 de dezembro, em um voo da companhia russa Aeroflot. Menor de idade e desacompanhado, com um passaporte falso, ele imediatamente procurou a Polícia Federal com seus documentos originais para pedir refúgio — antes mesmo de o Brasil ter uma lei específica para esses casos, que só foi promulgada em 1997 (veja mais na p. 17). "Era uma questão de sobrevivência."

De acordo com Bilal, "palestinos refugiados são considerados cidadãos de terceira classe no mundo inteiro. Qualquer fronteira que você cruza, te colocam de lado por quatro ou cinco horas. Analisam o número da sua calça, o sapato, o tamanho de tudo. Essa pessoa é palestina, refugiada, então é terrorista". Já no Brasil, ele relata outro tratamento. "Somos bem recebidos aqui. O povo não tem preconceito. Claro que existem os 10%, mas é diferente do resto do mundo, e não podemos condenar o país por causa da atitude de poucos."

O Brasil apareceu como opção de destino por causa de seu irmão Aiman, que chegou aqui um ano antes depois de estudar engenharia da computação na antiga Tchecoslováquia. Os dois optaram por morar em Pelotas, terceira cidade mais populosa do Rio Grande do Sul, onde vive o maior número de palestinos no Brasil. Mas não foram os primeiros da família a vir para cá. Um tio deles, Hussin Samara, irmão de Zinab, chegou ao continente sul-americano na década de 1950, em uma viagem de barco que levou quase três meses. Ele morava no Jaguarão, município brasileiro que faz fronteira com o Uruguai, a 140 quilômetros de Pelotas, e acabou migrando para a cidade. Hussin, no entanto, morreu em um trágico acidente de carro em 1990, deixando sua esposa e quatro filhos pequenos. O pedido para que Bilal e Aiman fossem para Pelotas partiu da própria Zinab.

A demanda de trabalho era grande, e Bilal logo conseguiu um emprego em uma empresa islâmica de importação e exportação de frango.

Mais de duas décadas depois, nos frigoríficos da região, centenas de funcionários conversam em árabe e usam os véus tradicionais da religião enquanto realizam o halal, técnica sagrada de abate descrita no Alcorão. O Brasil criou um forte vínculo com a comunidade islâmica ao exportar a carne halal para 57 países, liderando o mercado global.

Para aumentar sua renda, Bilal começou a trabalhar com contrabando de roupas e brinquedos ainda em 1994. O trabalho ilegal resultou em inúmeros processos e um atraso significativo de seu visto de refúgio, que levou mais de uma década para sair. "Não tinham como me mandar embora, porque não existia a Palestina. Para onde iam me mandar?"

Anos depois, Bilal fez duas tentativas de entrar na região da Palestina, em 2006 e 2008. Na primeira, ficou detido por doze horas na fronteira com a Jordânia, pois haviam descoberto a relação de seu pai com a Frente Popular. Depois da segunda, também fracassada, Bilal foi para o Caribe na esperança de conseguir um passaporte francês ou holandês, que possivelmente aumentaria as chances de entrar em sua terra natal. No cenário de cartão-postal, no entanto, não encontrou nenhuma ajuda humanitária e teve de dormir na rua. Por isso, voltou ao Brasil.

Em Pelotas, o palestino conheceu a advogada Nathalia Garcia Ferreira, mãe de seu filho, com a qual celebrou uma década de parceria em 2019. Bilal trabalhava para a sua futura sogra, que era comerciante, e os dois se conheceram melhor numa das muitas viagens que fizeram ao Paraguai.

O trabalho ilícito gerou ainda complicações irreversíveis. Sem poder fazer um passaporte, foi impedido de sair do país em 2012, quando o pai morreu no Líbano, e em 2015, depois da morte da mãe, na Jordânia, ambos vítimas de câncer. O enterro de Abu Khaled em 27 de março de 2012 mobilizou centenas de pessoas, que foram às ruas homenagear o ativista. Bilal diz que não é filiado à FPLP, mas se declara "muito simpatizante do partido revolucionário político". Para ele, a mídia pode até mostrar o conflito, mas não a razão pela qual palestinos lutam por um mundo melhor. "Acham que nossa luta é religiosa. É pelo nosso próprio território", resume.

Foi apenas em 2017 que Bilal e Nathalia chegaram a São Paulo, ano em que o palestino perdeu mais dinheiro com a apreensão de produtos contrabandeados, acumulando processos. Ele precisava encontrar outra maneira de sustentar o filho de dois anos e procurou o palestino-

-brasileiro Hasan Zarif, amigo de longa data e criador do espaço Al Janiah, que se posiciona como político e cultural. "Ele me estendeu a mão. Já passamos fome, trabalhamos e lutamos juntos. Temos uma carreira pela frente, então ele não pensou duas vezes. Nem eu pensei duas vezes antes de pedir ajuda." Poucos meses depois, ele assumiu a gerência do local. "Sinto o calor humano em São Paulo, adoro essa cidade." Na madrugada de 1º de setembro de 2019, o Al Janiah sofreu um ataque xenofóbico. Perto do horário de fechamento, um grupo de cinco pessoas se aproximou do local, ainda com clientes. Imagens de câmeras de segurança mostram que um dos homens portava uma faca, outro atirou uma garrafa de vidro na porta e um terceiro espirrou spray de pimenta.

Para quem já perambulou tanto pelo mundo, o mais importante para Bilal é não deixar de passar as histórias do povo palestino adiante, não importa onde estiver. "Eu tenho certeza que meu filho fará o mesmo."

NASCER, VIVER E MORRER COMO REFUGIADO: OS CAMPOS PALESTINOS

Mais de 1,5 milhão de refugiados vivem em 58 campos reconhecidos na região da Palestina, na Jordânia, no Líbano, na Síria, na Faixa de Gaza e na Cisjordânia, incluindo Jerusalém Oriental.

Os lotes nos quais os acampamentos foram montados são terras estatais ou, na maioria dos casos, áreas arrendadas de proprietários locais pelo governo. Isso significa que os refugiados não têm a posse da terra, apenas o direito de usá-la para residência.

Segundo a agência UNRWA, as condições socioeconômicas nos campos são geralmente precárias, com alta densidade populacional, más condições de vida e infraestrutura básica inadequada.

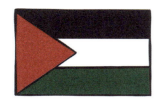

Nacionalidade: PALESTINA/ SÍRIA
Data de nascimento: 26/4/1996
REFUGIADA

"Você precisa sair, não tem opção. Em 24 horas, passei sozinha por todos os grupos de revolução do Daesh."

RAWA AL SAGHEER

Aos dezenove anos, Rawa não tinha nenhuma perspectiva de futuro no campo de refugiados palestinos onde nasceu, na Síria. Ao fugir do local, foi atacada na fronteira com a Turquia, onde ficou quarenta minutos com os olhos vendados e uma arma na cabeça. No Brasil, a cineasta, dançarina e comunicadora desconstrói estereótipos ligados às mulheres árabes.

À época de seu nascimento, a família de Rawa morava no campo de refugiados de al-Aedein, em Homs, que fica entre Damasco e Alepo. Como milhões de palestinos, seus pais foram obrigados a sair da região onde moravam por causa dos conflitos entre árabes e israelenses, que tiveram início depois da criação do Estado de Israel, em 1948, e da ocupação da Palestina. Países árabes vizinhos criaram campos onde os refugiados palestinos poderiam ser abrigados. A solução provisória, no entanto, se tornou permanente — e as condições de vida variam de campo para campo.

"Antes de 2011, estava tudo bem, normal. Eu tinha serviços básicos de graça, como todos os sírios", conta. Até que a Primavera Árabe se espalhou e chegou à Síria, com os protestos em março desse ano (leia mais na p. 56). O que se seguiu foi uma das guerras mais letais da história recente, que obrigou quase 6 milhões de pessoas a se refugiar.

No início de 2012, seus três irmãos, Oula, Rasha e Fouad, já haviam fugido para outros países. Rawa, a caçula, ficou sozinha em al-Aedein com a mãe, Mouna, e o pai, Taisir, bastante debilitado por um câncer.

No documentário *Human Flow: Não existe lar se não existe para onde ir* (Alemanha), o artista chinês Ai Weiwei documenta algumas das travessias mais emblemáticas da crise migratória, como a do mar Egeu, com destino à ilha grega de Lesbos, principal porta de entrada dos imigrantes na Europa entre 2015 e 2016.

Ao tomar a decisão de sair em busca de uma vida melhor, não havia nenhuma garantia de vê-los novamente. Segundo ela, num período sem guerra, a viagem de sua cidade até a fronteira com a Turquia levaria cerca de quatro horas. No dia em que fugiu, alternando entre trajetos a pé e de carro, levou aproximadamente 24 horas. Encontrou várias milícias do Daesh, mais conhecido no Brasil como Estado Islâmico, e, ao chegar à fronteira, teve os olhos vendados e uma arma apontada para a cabeça durante quarenta minutos. "Minha única resposta era: vou estudar em Alepo. Uma mulher, sozinha, levanta todos os tipos de suspeitas durante um percurso como o que eu fiz."

Ao chegar à Turquia, Rawa encontrou seus primos e fez uma tentativa frustrada de ir de barco para a Europa. Outra rota possível era enfrentar um trecho pela floresta, que estava ocupada por milícias, e atravessar sete países até chegar a Viena, capital da Áustria. "Fiquei com muito medo e voltei para Mersin." No total, Rawa ficou cerca de três meses na cidade portuária ao sul da Turquia, até que o irmão, Fouad, que estava na Malásia, entrou em contato com ela: "Li sobre o Brasil na internet; eles estão abrindo as portas para os refugiados, podemos tentar um visto normal e nos reencontrar lá". A ideia era trazer também a irmã Oula, seu marido e o filho, que estavam no Egito e chegaram a morar no campo de Yarmouk, em Damasco, um dos mais afetados pelo conflito sírio. "O Brasil foi a opção que encontramos para recomeçar a vida. Na maioria dos outros países, palestinos não conseguem nem documento."

Em quinze dias, Oula e a família conseguiram os documentos necessários para entrar no Brasil. Fouad obteve um visto logo em seguida. Já Rawa levou sete meses para conseguir o visto para sair da Turquia, onde

FAMÍLIAS PALESTINAS NA AMÉRICA LATINA

Dos mais de 5 milhões de refugiados palestinos no mundo, cerca de 696 mil vivem na América Latina, segundo o Bureau Palestina de Estatísticas. O país que mais recebeu refugiados foi o Chile, a ponto de a comunidade ficar conhecida como "chilestina". Essa migração remonta à Guerra da Crimeia (1853-6), mas o fluxo aumentou após a ocupação israelense em 1948, fazendo com que haja entre 300 mil e 500 mil pessoas com raízes palestinas vivendo no país atualmente.

Em seu artigo "Os imigrantes palestinos na América Latina", a pesquisadora Denise Fagundes Jardim mostra que essas pessoas costumam vir em família, ao contrário de outros refugiados.

tinha entrado ilegalmente e nem podia sair do aeroporto. "Precisava pagar uma taxa de setecentos dólares, mas consegui um documento de refúgio de 48 horas que amenizou a situação. Foi um período horrível, do qual não guardo memórias." Mouna, que havia ficado sozinha na Síria depois da morte do marido, emigrou para o Brasil no final de 2015. Até o primeiro semestre de 2019, Rasha era a única entre os familiares mais próximos que ainda morava no Oriente Médio. Os irmãos sonham em trazê-la da Jordânia.

São Paulo foi tudo, menos um amor à primeira vista. Ao desembarcar em Guarulhos em 6 de maio de 2015, Rawa disse para os irmãos que queria voltar imediatamente para o avião. No começo, o choque cultural e a visão estereotipada do Brasil (como um país repleto de armas e favelas) a aterrorizavam. Um mês depois de iniciar sua jornada para cá, ela perdeu Taisir, seu pai e melhor amigo. As noites em Guarulhos, onde os irmãos alugaram uma casa, a fizeram se sentir ainda mais desamparada. Pouco depois, se mudaram para o Patriarca, bairro da Zona Leste paulistana.

Ainda em seu primeiro ano no país, Rawa acompanhou Mouna e Fouad numa viagem a Balneário Camboriú, em Santa Catarina, onde mãe e filho abriram um bar que serve comida árabe. "Foi muito difícil fazer amizades por lá; eu trabalho com arte e não tinha nada para mim. Em pouquíssimo tempo voltei pra São Paulo." Ao retornar, em janeiro de 2017, ela produziu seu primeiro filme no país. *Fingers* [Dedos], disponível no YouTube, trata da única forma de comunicação possível quando o idioma é uma barreira: a mímica. No mesmo período, começou a trabalhar como caixa no centro cultural e político árabe Al Janiah, onde passou a dar aulas de dabkeh, uma dança tradicional árabe. Também conseguiu novas oportunidades para trabalhar com audiovisual, como o contato com a cineasta Eliane Caffé, diretora do filme *Era o Hotel Cambridge*.

Você gosta do Brasil? Como você chegou? Como aprendeu a língua? Rawa já sabe as perguntas de cor. "Eu gostaria muito de responder outras", diz. Ela sempre conduz a conversa para o momento presente e milita por outras formas de integração dos refugiados na sociedade brasileira. "As pessoas olham para essa menina que é refugiada. Querem fazer projetos sobre refugiados. Mas eu não quero ficar na frente da câmera; gosto de ficar atrás."

Sua rotina é pautada por atividades que buscam difundir a cultura palestina. Sempre que possível, ela atua para desconstruir estereótipos

No filme de ficção documental *Era o Hotel Cambridge* (Brasil), a diretora Eliane Caffé relata a história de refugiados recém-chegados ao Brasil que encontram um lar numa ocupação no centro de São Paulo, dividindo espaço com brasileiros que também lutam por moradia digna. A paraguaia Sonia Mabel Bogado Barreto e sua família estão entre esses migrantes; leia a história dela na p. 218.

associados à mulher árabe. "Minha mãe é bem religiosa, mas me deixou fumar. Ela é muçulmana, mas me respeita; cada família é diferente. Assim como aqui no Brasil também existem mulheres que sofrem por causa do machismo", diz ela, que conheceu muitas pessoas trabalhando no Al Janiah e atua no meio das artes (cinema, artes visuais e dança).

Ao receber um grupo de crianças da Ocupação Nove de Julho num espaço cultural no centro de São Paulo, ela apresenta um vídeo do campo de refugiados onde nasceu. Na tela, uma aproximação com a infância brasileira: crianças palestinas brincam de sete pedras, jogo também conhecido aqui, e improvisam uma bola de futebol com meia e papel. "Crianças que vivem outra realidade entendem a dimensão do campo, que não é uma barraca, e sim uma região inteira", explica.

Em outro dia da semana, é a vez de encarar a sala de dança, onde a jovem ensina dabkeh. A dança, um símbolo da cultura e da alegria de seu povo, ficou mais conhecida quando um vídeo de jovens palestinos viralizou, em meados de 2018. O cenário, no entanto, era a Faixa de Gaza, em meio a fumaça e soldados israelenses (a UNRWA estima que cerca de 1,4 milhão de palestinos vivam nessa região). Em apenas dois minutos, o registro em baixíssima resolução captura o espírito indomável da juventude palestina. É essa mesma energia de resistência que os alunos brasileiros de Rawa testemunham por meio dos encontros e ações que ela promove.

COMBATENDO A ISLAMOFOBIA

Logo após o ataque ao jornal humorístico francês *Charlie Hebdo* em janeiro de 2015 — quando dois mascarados assassinaram doze pessoas em Paris, em aparente vingança pela publicação de charge satirizando o profeta Maomé —, a vida de brasileiras muçulmanas foi drasticamente alterada no país. Elas passaram a sofrer diversos tipos de violência nas ruas, de cusparadas a apedrejamentos,

conforme relatou a imprensa. Esse é apenas um exemplo de como a islamofobia traz consequências terríveis a pessoas inocentes no mundo inteiro. É por isso que cabe a todas as nações combater estereótipos, preconceitos e violências contra grupos minoritários.

"A forma mais efetiva de combater a islamofobia é pela conscientização.

É por meio da informação e do diálogo que precisamos formar as novas gerações", diz o sheik Jihad Hassan Hammadeh, clérigo formado pela Universidade Islâmica de Medina (Arábia Saudita), presidente do Conselho de Ética da União Nacional das Entidades Islâmicas (UNI) e vice-presidente da Wamy-América Latina (Assembleia Mundial da

Juventude Islâmica, na sigla em inglês). O trabalho de desconstruir a imagem ruim associada a uma comunidade inteira é "de formiga", especialmente porque o problema se intensificou com episódios que ocorreram há mais de uma década.

A associação negativa ficou mais evidente depois dos ataques de 11 de setembro de 2001, quando o líder terrorista Osama bin Laden (1957-2011) se tornou mundialmente conhecido. "A partir de um atentado feito por um islâmico, sempre se conectava o indivíduo com todos que praticavam a religião", diz o sheik. Ele explica que o mesmo tipo de conexão não acontecia quando havia atentados provocados por integrantes de outras religiões — nesses casos, em geral, os criminosos eram lembrados pela justificativa do crime, que podia ser bullying, problemas psicológicos etc. Uma nova onda de islamofobia teve início com o surgimento do Estado Islâmico, "um grupo de terroristas que sequestrou a imagem de todos os muçulmanos, dando a eles uma conotação negativa", analisa.

Estamos falando de mais de 1,8 bilhão de pessoas no mundo, que acabam sendo tratadas como culpadas por atos de grupos extremistas. "Segundo o instituto americano Pew Research Center, o islamismo será a maior religião em 2070, pois é a única que cresce mais rápido do que a população global. Se não houver a desconstrução do preconceito e de estereótipos, haverá um choque de civilizações", acredita Hammadeh. "Precisamos incentivar uma geração que seja mais informada. Isso não significa islamizar as pessoas, mas permitir que elas construam uma visão pluralista. Que esses jovens estejam prontos para lidar com o diferente, conhecendo o diferente e convivendo com ele", complementa. "Em algum momento da vida você certamente terá um amigo muçulmano."

Atitudes históricas como a da primeira-ministra da Nova Zelândia, Jacinda Ardern, que em março de 2019 se recusou a citar o nome do terrorista responsável pelo atentado às mesquitas de Christchurch, quando 51 pessoas morreram e outras 49 ficaram gravemente feridas, são exemplos a ser seguidos. Como ela disse em seu discurso ao Parlamento, apenas os nomes dos que perderam a vida seriam passados para outras gerações.

"Quando associamos grupos ou indivíduos criminosos ao Islã, condenamos e criamos no imaginário popular a imagem de que os muçulmanos estão atrelados ao terrorismo, ao crime, à matança. É necessário um novo olhar para termos como 'Estado Islâmico'", diz o sheik. Em 2017, embaixadores de 25 países de maioria muçulmana iniciaram um movimento dirigido à imprensa com o pedido de substituir a expressão "Estado Islâmico" por "Daesh".

Outra forma de combater esses estereótipos, explica o sheik, é divulgar as contribuições das civilizações islâmicas para o mundo. Sempre ligadas à busca pelo conhecimento, ajudaram a construir a sociedade moderna, com legados tão diversos quanto a escova de dente, a álgebra e até mesmo as notas musicais, derivadas do alfabeto árabe.

Por fim, escutar as vozes de muçulmanas e muçulmanos comuns é um instrumento poderoso para mitigar a associação de todos os praticantes da religião a extremistas religiosos. Foi o que fez a estudante Ana Clara Sampaio em 2018, quando era aluna do ensino médio em Belo Horizonte. Aos dezessete anos, ela publicou o livro *Discursos diretos: Diálogos sobre o multiculturalismo religioso*, com depoimentos de jovens (muçulmanos ou não) de quinze países diferentes, para combater o ódio e o preconceito contra seguidores de outras religiões. Afinal, nenhum extremismo é bom, nem o religioso nem o da generalização.

Entenda a crise

AFEGANISTÃO

2001, o ano em que o Afeganistão entrou para o noticiário internacional

Osama bin Laden, líder da Al-Qaeda e homem mais procurado do mundo depois do atentado de 11 de setembro daquele ano — quando as Torres Gêmeas de Nova York foram destruídas por dois aviões sequestrados —, estaria escondido no país. Em resposta, os EUA ocuparam o Afeganistão. Mas essa briga tem no mínimo quarenta anos...

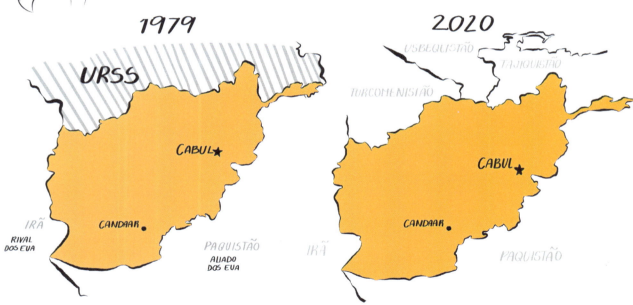

Um vizinho incômodo

Século XIX: Por medo do avanço do tsarismo russo, os britânicos invadiram o Afeganistão e só o desocuparam em 1919.

Pós-guerra: Depois da Segunda Guerra Mundial, teve início um período de tensão entre Estados Unidos (EUA) e a antiga União das Repúblicas Socialistas Soviéticas (URSS), conhecido como Guerra Fria.

1979: Os russos invadiram o Afeganistão.

1991: A URSS foi dissolvida, e países como Tajiquistão, Usbequistão e Turcomenistão, que fazem fronteira com o Afeganistão, tiveram sua independência reconhecida, o que não aliviou muito o clima por lá.

Uma guerra morna

Em 1978, a URSS apoiou a instalação do governo marxista de Nur Mohammad Taraki no Afeganistão, depois de um golpe de Estado. Isso desagradou os islamitas que haviam tomado o poder anos antes, especialmente os mais radicais, provocando uma revolta armada.

Uma guerra quente

Em 1979, o presidente Taraki foi assassinado. Assumiu o primeiro-ministro Hafizullah Amin, que, embora fosse do mesmo partido, divergia de Taraki e estava envolvido em sua morte. Mas Amin também acabou morto 104 dias depois. A CIA (agência de inteligência americana, na sigla em inglês) acusou a KGB (serviço secreto soviético) de ter eliminado Amin, por ser um nacionalista muito radical.

Verdade? Mentira?

Não há provas. Fato é que:

- **30 mil** soldados russos invadiram o Afeganistão. O contingente nos anos seguintes chegaria a 100 mil homens.
- **1 milhão** de pessoas morreram no conflito.
- **2,8 milhões** de civis fugiram para o Paquistão e 1,5 milhão para o Irã (ou seja, quase um terço de uma população de pouco mais de 13 milhões de pessoas!).

- **10 anos** foi o tempo que durou o conflito. Quando saíram, os soviéticos deixaram Babrak Karmal na presidência. Ele era da facção parcham do Partido Democrático do Povo do Afeganistão, de orientação marxista, mas menos extremista que a facção khalq, dos dois presidentes anteriores (Taraki e Amin).

Mas os MUJAHIDEEN não gostaram disso!
Quem são?
Literalmente, mujahideen são pessoas que lutam em uma jihad, ou guerra santa. Nesse caso, eram os combatentes islâmicos que lutaram contra o governo, com apoio não declarado de potências ocidentais, como os Estados Unidos. A insurreição foi tão tensa que, em 1988, Afeganistão, URSS, EUA e Paquistão (onde os mujahideen se reuniam) assinaram um acordo de paz.

Paz?!
Difícil! Os mujahideen depuseram o presidente Mohammad Najibullah, em 1992, e os confrontos entre as facções e seitas não cessaram — muitas delas eram financiadas pela plantação de ópio. É nesse contexto que...

Nasce o Talibã
A origem: Em 1994, a milícia de extremistas religiosos islâmicos sunitas que amedrontaria o mundo ocidental e oriental surgiu no sul do país. Tudo começou com a insatisfação de estudantes universitários na província de Candaar, muitos deles da etnia pachto, que é maioria no país.

O que queria: Restaurar a paz e impor uma visão linha-dura da sharia (lei islâmica), sob liderança do mulá Mohammed Omar, que havia lutado contra os soviéticos. A população, cansada de guerra, os apoiou no começo e o Paquistão chegou a financiá-los.

O que conseguiu: Tomar o controle de Cabul em 1996.

Consequências: O grupo destruiu patrimônios históricos, como os Budas de Bamiyan, estátuas de 35 e 53 metros de altura concluídas no século VI, sob o pretexto de combate à idolatria, em 2001, e instaurou no país costumes bastante rígidos.

Mulheres só podiam sair às ruas acompanhadas do pai ou marido, não podiam trabalhar, nem estudar nem descer pela porta da frente do ônibus. E tinham de usar a burca.

Homens deveriam deixar a barba crescer.

Ninguém podia dançar, ouvir música ou assistir a filmes em casa. Adúlteras e assassinos condenados podiam ser executados em público, e culpados por roubos podiam sofrer amputação.

Guerra ao terror

O Talibã virou oficialmente inimigo internacional depois do atentado de 11 de setembro de 2001, ao dar guarida à Al-Qaeda. Quando os EUA pediram a cabeça de Bin Laden e o Afeganistão se recusou a entregá-lo, uma coalizão liderada pelos americanos, chamada de Operação Liberdade Duradoura, declarou sua Guerra ao Terror em 7 de outubro, menos de um mês após os ataques.

1. O governo do Talibã foi deposto após o Onze de Setembro, mas isso não significou o fim do conflito.

2. Soldados de 39 nações foram enviados em missão da Organização do Tratado do Atlântico Norte (Otan), sendo que só os EUA chegaram a ter 100 mil homens lá em 2011.

3. Bin Laden foi morto em 2011, no Paquistão.

4. Em janeiro de 2020, os Estados Unidos e o Talibã assinaram um acordo que visava abrir o caminho para a paz no Afeganistão, após mais de dezoito anos de conflito. Poucos meses depois, o grupo político abandonou as negociações históricas e o país seguiu mergulhado em violência.

O BRASIL NA ROTA

Os afegãos que pediram refúgio no Brasil chegaram aqui em abril de 2002, logo no início da invasão americana. Mas as cinco famílias reassentadas em Porto Alegre (RS), vindas do Irã e da Índia, escaparam do Afeganistão mais por conta de problemas com o Talibã e seus costumes extremamente rígidos do que pela invasão americana propriamente dita.

Nacionalidade: AFEGANISTÃO
Data de nascimento: 2/1/1971
REASSENTADA

ROQUIA ATBAI

"Não tinha tempo, era muita guerra. A gente saiu de uma hora para outra porque conseguiu o visto indiano. Deixamos casa, cama, cozinha pronta... Tudo estragou. Um mês depois, entraram lá e levaram o que ficou."

Minissaia, vestido curto, biquíni. Às vezes, o sonho de uma vida melhor pode passar por elementos tão simples quanto esses, mas que representam uma liberdade cultural que muitas mulheres não têm. A afegã Roquia Atbai não tinha. Ela vivia numa sociedade dominada pelo machismo estrutural e costumes bastante opressores para as mulheres. Não teve muitas opções de carreira quando quis trabalhar. Também não pôde escolher seu marido — aliás, nem o conhecia quando se casou. Na relação, nunca teve a mesma voz. Jamais poderia usar as peças de roupa citadas acima, que só experimentou depois de pedir refúgio no Brasil, num processo de reassentamento, vinda da Índia, para onde tinha escapado por causa da guerra no Afeganistão. Ela fugiu para proteger a vida de sua família, mas acabou salvando muito mais do que isso: sua independência e felicidade.

Sua vida no Afeganistão só não foi mais difícil porque ela saiu antes de o grupo islâmico extremista Talibã assumir o controle do país e instaurar costumes ainda mais rígidos, proibindo meninas de estudar, mulheres de trabalhar e exigindo o uso da burca, por exemplo. Roquia, que nasceu em 1971, conseguiu estudar e se formar como professora. Mas não escapou do casamento arranjado, numa terra em que os matrimônios forçados ainda são uma prática comum, especialmente entre meninas e homens mais velhos. Casou-se aos dezessete anos e foi mãe dois anos depois.

Quando Roquia nasceu, as afegãs tinham mais direitos do que atualmente, mais de quarenta anos depois. Nos anos 1960 e 1970, as mulheres frequentavam escolas, transportes, usavam saias até os joelhos e, muitas vezes, se vestiam com roupas idênticas às ocidentais. Roquia era uma

NOVAS DEMAIS PARA CASAR

O que aconteceu com Roquia não é um fato isolado no Afeganistão. Os casamentos arranjados ainda são uma prática comum entre as famílias, que costumam combinar matrimônios de homens com meninas. Muitas delas se casam ainda adolescentes, embora a lei proíba a união de menores de dezesseis anos. Nesse tipo de arranjo, a garota muitas vezes é vendida a um homem bem mais velho que ela, especialmente se mora em aldeias ou pequenos vilarejos afastados. Para algumas famílias, vender uma filha — por valores que podem chegar a 14 mil dólares — é uma maneira de se livrar da fome e da extrema pobreza.

Um relatório do Unicef de 2018, em conjunto com o Ministério do Trabalho afegão, realizado em cinco das 34 províncias, mostrou que, em 42% dos lares, ao menos uma pessoa da família se casou antes dos dezoito anos. Quando se considera apenas a conservadora província de Badghis, no noroeste do Afeganistão, esse número chega a 55%. O pai é quem decide a união em 78% dos casos. Outro estudo, dessa vez da ONG Institute for War and Peace Reporting, realizado com dados das províncias de Balkh, Faryab e Jawzjan, situadas no norte e noroeste, mostra que a maioria das garotas se casa entre os nove e os catorze anos.

A comercialização de meninas chegou a ser denunciada em uma música da rapper afegã Sonita Alizadeh em 2014, quando ela quase passou por isso aos dezesseis anos. Assim que sua mãe falou pela segunda vez que a casaria com um homem desconhecido, Sonita, que gravava clandestinamente músicas de rap, compôs a canção "Dokhtar forooshi" ["Filhas à venda" em persa]. Embora nascida em Herat, no Afeganistão, ela e a família viviam no Irã como refugiados indocumentados desde que fugiram do Talibã, e foi lá que ela teve contato com o rap.

A música e o clipe, divulgados no YouTube, com Sonita vestida de noiva, um código de barras na testa e hematomas pintados, acabaram chamando a atenção da ONG americana Strongheart Group, que ofereceu a ela uma bolsa de estudos e a levou para os Estados Unidos em 2015. A menina aceitou e só avisou a mãe quando chegou lá, para escapar do casamento não desejado e ter um futuro diferente das mulheres de seu país. Hoje, luta para que outras meninas consigam escapar dessa violação.

Assista ao clipe em <sonita.org>.

criança quando a Rússia invadiu o Afeganistão, em 1979, para fortalecer o governo comunista que já estava no poder. O fato só piorou a tensão política, e teve início uma guerra que durou dez anos entre soviéticos e rebeldes armados, conhecidos como mujahideen ou "combatentes santos", que resultou em milhares de mortos.

Foi nesse contexto de guerra que Roquia cresceu, em Cabul, capital do país, sob um regime comunista e laico. Em 1992, o governo foi deposto e as milícias da resistência assumiram o poder, instaurando uma república islâmica. As facções rebeldes, no entanto, travaram violentas disputas e os conflitos só pioraram — abrindo espaço para o surgimento do Talibã em 1994. Ela lembra com carinho da relativa liberdade de que desfrutava durante o mandato de Mohammad Najibullah (1947-96), ex-chefe da polícia secreta que governou o país de 1986 a 1992. "Nessa época, era de boa, usava [roupa] do jeito que queria. Mas quando a guerra [entre facções] começou e mataram ele, derrubou tudo. Depois, a gente usava véu, burca... Antes se usava pouco, quando o Talibã chegou passou a se usar mais", comenta.

Com o acirramento das lutas entre os grupos rebeldes rivais, ficou perigoso sair de casa. As mulheres pararam de trabalhar e de sair às ruas, por medo de serem vítimas de bomba ou tiro. E a vida do marido de Roquia, que era oficial do Exército Nacional do Afeganistão, estava em perigo. Foi o suficiente para a família decidir se mudar às pressas para a Índia e, de lá, solicitar refúgio. "A gente pensou: na rua morrem pessoas, há bombas, essas coisas... Era muita guerra, matavam gente, avião jogava bomba em todo lugar." No conflito, Roquia perdeu dois irmãos, uma cunhada, um tio e um primo. Para não entrar nessa lista, ela e o marido providenciaram passaportes para eles e os filhos — Omar e Jayhada, que tinham respectivamente seis e cinco anos à época, e foram para o primeiro país que liberou um visto de turista para a família.

Foi tudo muito rápido. A casa, um imóvel confortável de quatro quartos, foi fechada como se a família tivesse ido ao mercado. Saíram levando poucos pertences para não chamar atenção: duas mudas de roupas, sapatos, um pouco de dinheiro. "Só esperamos o dia em que teria voo para a Índia. Depois de um mês, bandidos entraram na casa e roubaram tudo. Sabe quando você sai de casa e fala que já volta? A gente nunca voltou." Hoje, o imóvel é ocupado por familiares do marido.

Apesar de ter de abandonar todos os seus pertences, Roquia considera que sua família teve sorte. No mesmo ano em que foram para Nova Delhi, na Índia, em 1996, o Talibã assumiu o controle da maior parte do Afeganistão. "Mataram muita gente, roubaram todo mundo." O Talibã é acusado, inclusive, de assassinar o ex-presidente Najibullah em 1996.

Roquia e sua família ficaram na Índia durante seis anos sob proteção da ONU, que ajudava com os custos de moradia. A afegã aproveitou para aprender técnicas de depilação com linha e começou a trabalhar como esteticista. Lá, teve mais uma filha, Malika, em 2000. Mas o clima extremamente quente, a dificuldade de emprego para o marido e a falta de perspectiva de um futuro melhor para todos foram decisivos para que

AS MENINAS-MENINO

Dentro de casa, ela é Amena; fora, vira o menino Hamid. Fazilya veste suas roupas de garoto e se transforma em Abos. A adolescente Asiya já não esconde que é uma garota, mas se recusa a largar o futebol, os trajes e o corte de cabelo masculinos. As restrições impostas às meninas afegãs pelo extremismo religioso têm feito disseminar uma prática peculiar entre as famílias compostas só por filhas mulheres: vesti-las como garotos. Em casa, continuam sendo meninas, mas na rua ganham roupas, penteado e nome masculinos. Assim, conquistam a liberdade de ir e vir, andar desacompanhadas, estudar, trabalhar, ajudar no sustento da família e brincar. As meninas-menino são conhecidas como "bacha posh", e suas identidades só são reveladas na adolescência, quando fica difícil continuar a farsa. A prática foi registrada no documentário *She is My Son: Afghanistan's Bacha Posh, When Girls Become Boys* [Ela é meu filho: bacha posh afegãs, quando meninas viram meninos] (2016), de Alexander Avilov. Os nomes citados acima são todos de garotas reais retratadas no filme. Os pais recorrem a essa prática quando precisam trazer mais dinheiro para casa, já que apenas os homens podem trabalhar. Outras vezes, é a mãe que, sozinha, necessita de um filho para ser o homem da casa — ela precisa de um marido ou filho homem por perto e não pode sair à rua desacompanhada, por exemplo. Há também uma questão cultural, já que ter apenas filhas costuma ser considerado uma vergonha social para os patriarcas. Por fim, algumas famílias desejam proteger suas filhas de um casamento precoce.

A verdade é que, depois de uma infância inteira agindo como garotos, é difícil que as adolescentes queiram voltar atrás e sujeitar-se às imposições feitas às mulheres, cerceando sua liberdade. Assim, elas continuam usando cabelos curtos e preferindo roupas masculinas, sem véu na cabeça, ainda que as pessoas dirijam comentários maldosos a elas nas ruas. E isso não quer dizer que sejam transexuais ou lésbicas. Apenas não desejam uma existência que não respeita seus direitos como seres humanos.

(Assista ao documentário em <rtd.rt.com/films/she-is-my-son>.)

---

pedissem reassentamento em outro país. "Tinha muito refugiado, e a ONU mandava para a Europa, os EUA, o Canadá. A gente veio para o Brasil porque o país aceitou nosso caso [de um oficial do Exército]." A família pouco sabia sobre o novo destino. "A gente achava que era como os Estados Unidos, que falavam inglês, não sabia que a língua era português!", conta.

A vinda não intencional para cá em 26 de abril de 2002, no fim, mudou a vida de Roquia para muito melhor. "No Brasil é todo mundo muito bom, muito feliz, gostei muito, mais do que os outros lugares onde morei." A família foi reassentada em Porto Alegre, no Rio Grande do Sul, e recebia da ONU ajuda para alugar um apartamento de dois quartos. O começo foi complicado por causa da língua. Mas, depois de um ano, Roquia conseguiu emprego como esteticista e maquiadora, levando para a região a técnica indiana de depilação de sobrancelha com linha — era tão inusitado na época que saiu no jornal *Zero Hora* e em uma emissora de TV local. Fez clientes fiéis e muitas amizades. Gostava de ficar com as amigas em casa, na praça ou no salão de beleza.

Aos poucos, conheceu um modo de vida um tanto menos machista do que estava habituada, com a possibilidade de a mulher pedir o divórcio, por exemplo. "No Afeganistão, se tu faz isso, eles te matam, não pode!" Ela conta que a vida em seu país natal, como a da maioria das mulheres, era muito sofrida. Ela era obrigada a usar lenço com uma capa longa preta e nunca se divertia — podia participar apenas de festas de casamento, mas sempre as mulheres eram separadas dos homens.

A nova cultura abriu seus horizontes. "Agora eu uso até saia curta!" Em 2005, acabou se separando do marido, que não se habituou à cidade — trabalhou por pouco tempo em um restaurante — e voltou para o Afeganistão, depois para a Índia e se casou novamente. "Ele era muito machista, não gostava da liberdade da mulher, não gostava que eu trabalhasse. A gente não estava bem, sempre brigava. Depois, quis ir embora e eu não fui. Não tinha uma lembrança boa do Afeganistão, com a guerra. Lá era só tristeza. Fiquei no Brasil, estava muito feliz."

O medo de voltar foi vencido por saudade da mãe e das irmãs, em 2014, quando retornou a seu país natal para encontrá-las na cidade de Herat, no oeste do Afeganistão, depois de dezoito anos de separação. "Mudou tudo, a guerra destruiu tudo, acabou a capital. Estava feliz por visitá-las, mas tinha medo de morrer ou acontecer alguma coisa. Usei véu, burca, tudo fechado", conta ela, que tem um irmão vivendo em Cabul.

Apesar de gostar do Brasil, Roquia decidiu migrar novamente em busca de uma vida melhor, fugindo da crise econômica. Ela se mudou para Toronto, no Canadá, no início de 2017, onde já morava uma irmã. "Em Porto Alegre, não tinha muita segurança, e havia muita crise, pensei nos meus filhos. Mas eu não estava feliz de ir para o Canadá, gostava muito mais do Brasil. Gostava do clima maravilhoso, das pessoas de lá, que são legais e têm coração bom, da comida, de churrasco, do feijão, dos doces, de tudo", conta. De fato, o clima frio e a menor receptividade canadense trouxeram tristeza à vida de Roquia. Apenas sua filha mais velha ficou para estudar e trabalhar em Porto Alegre. "Eu não nasci no Brasil e tenho mais saudades de lá que os brasileiros! Eu vou voltar para usar biquíni, saia e vestido curto", diz ela, entre muitas risadas. E ela voltou mesmo, em março de 2020.

ÁFRICA

Entenda a crise
MARROCOS

Apesar das reformas realizadas em 2011, quando alguns poderes foram atribuídos ao Parlamento e ao primeiro-ministro, o rei permanece como autoridade máxima e o islamismo é imposto como religião oficial. Hoje, no Marrocos, os não muçulmanos são vítimas de uma perseguição velada, e ainda há os povos não árabes, oprimidos pelo Estado e marginalizados.

Amazigh (berbere) quer dizer "homem livre". Ao menos 50% da população do Marrocos tem origem berbere.

Berberes: os primeiros habitantes

O Marrocos é considerado uma das sociedades mais ocidentais do mundo árabe. Mas não dá para dizer que ele realmente pertença ao Ocidente. Muito antes da chegada dos muçulmanos, no século VII, a região era ocupada pelos berberes, um dos povos mais antigos da África, também chamados de amazigh. Ao contrário da centralização de poder que prevalece no Marrocos, os berberes se organizavam em comunidades autônomas, com conselhos democráticos próprios. E mesmo que muitos deles tenham se convertido ao islamismo, ainda mantêm suas tradições. Uma delas é a língua, amazigh, que eles lutam para preservar — e que só foi reconhecida como língua oficial pelo governo, ao lado do árabe, em 2011. Durante anos, as crianças só podiam ser registradas com nomes da tradição islâmica.

A OCUPAÇÃO DO MAGREB

Colonizado por fenícios e depois por cartagineses na Antiguidade clássica, o norte da África passou por inúmeras transformações impostas pelo homem. Conhecidos como berberes ou amazigh, os povos originários da região garantiram o desenvolvimento cultural, político, social e linguístico do território.

No começo, esses povos ocupavam grande parte do deserto do Saara, principalmente na região do Magreb, mas, por serem nômades, acabaram percorrendo uma área muito maior do deserto. Gregos e romanos também passaram por ali. No período moderno, a presença europeia, principalmente de franceses e italianos, restringiu a presença da cultura berbere.

O nacionalismo árabe começou a se espalhar pelo norte da África durante o século XX, o que impôs elementos árabes e islâmicos à identidade local. "Em qualquer mapa do século XIV ou XV, você não vai encontrar o Marrocos como um país árabe, mas desde os anos 1950 somos oficialmente um país árabe. Nosso idioma não existe mais nas escolas ou nos programas de televisão. Não podemos nos comunicar em nossa língua em estabelecimentos públicos; falam que é língua de macaco. É uma discriminação racial enorme", conta Youguertene Mouridi, refugiado que luta pela preservação dos povos autóctones de seu país por meio do movimento moderno dos berberes, fortalecido a partir de 1990 principalmente no Marrocos e na Argélia.

Breve histórico político recente

1956 O Marrocos se declarou independente, libertando-se do protetorado francês, vigente desde 1912.

1957 O sultão Mohammed se tornou rei. Mais tarde, seu governo foi acusado de diversos abusos contra os direitos humanos. Uma comissão da verdade, instalada em 2005, apontou que 592 pessoas foram mortas durante esse governo e o de seu filho Hassan II.

1961 Seu filho, Hassan II, virou rei.

1999 Mohammed VI sucedeu o pai, Hassan II, no trono.

2011 Pela primeira vez, o Partido Justiça e Desenvolvimento, da oposição, conquistou maioria no Parlamento. A população foi às ruas e pressionou o rei por reformas políticas. Para apaziguar os protestos, propôs um referendo para reformar a Constituição. O Marrocos, assim como a Tunísia e o Egito, integrou a Primavera Árabe, que eclodiu em 2010 (leia na p. 56).

2016 Uma nova onda de protestos estourou quando um vendedor de peixe morreu esmagado por um caminhão de lixo enquanto tentava recolher sua mercadoria, que havia sido confiscada. O episódio desencadeou uma série de manifestações populares na região montanhosa do Rif, ao norte. O governo decretou a prisão e permitiu a agressão de centenas de ativistas, além de repreender jornalistas que fizeram críticas à atuação do Estado.

Falta liberdade religiosa e de expressão

99% da população é composta de muçulmanos sunitas.
1% é constituído por judeus, cristãos, bahá'ís e muçulmanos xiitas.

Por um lado...

A Constituição garante a liberdade de expressão e o exercício de diversas crenças.

Por outro...

Estabelece que o islamismo sunita é a religião oficial do Estado, e o rei, seu protetor. Ela também determina que é proibido tentar converter muçulmanos a outra religião.

Em 2016, foi adotado um Código de Imprensa e Publicações, que manteve a prisão como penalidade para discursos não violentos que prejudiquem a monarquia, a figura do rei e da família real ou que ameacem a integridade territorial do país (o Saara Ocidental, por exemplo, luta há mais de quarenta anos para se tornar totalmente autônomo do Marrocos). Todos os veículos públicos, como as duas maiores redes de TV do país, a RTM e a 2M, seguem a cartilha do governo. Mas, nos últimos anos, alguns veículos particulares conseguiram trazer à tona pautas sobre episódios de corrupção no governo e outros tabus.

Prisão de 2 anos + multa

é a penalidade prevista em lei para quem criticar o Islã em qualquer plataforma pública (on-line ou impressa) ou em discursos públicos. A regra vale tanto para a imprensa quanto para membros do Parlamento e cidadãos comuns.

Prisão de 6 meses a 2 anos + multa

é a penalidade para qualquer não muçulmano que tente "abalar a fé" de muçulmanos sunitas. Apenas a conversão espontânea não recebe punição.

E isso levou...

... muitos cristãos a deixar de frequentar igrejas e começar a se reunir, quase escondidos, nas casas de outros cristãos para praticar sua fé, com medo de ser acusados de catequizadores.

... a muitas prisões de cristãos e condenações por comer ou fumar durante o Ramadã, o mês de jejum dos muçulmanos.

... muitos não muçulmanos a se sentir pressionados por autoridades do Estado, questionados em sua fé e muitas vezes reprimidos por outros motivos que mascaram a intolerância religiosa.

Fonte: Relatório sobre a Liberdade Religiosa Internacional, Marrocos, 2016, feito pelo governo dos EUA.

País de origem: MARROCOS
Data de nascimento: 6/1/1986
REFUGIADO

"Não temos um cenário de guerra, mas de ditadura. Nossa Constituição não apresenta nenhum elemento da democracia. Não existe separação dos poderes ou laicidade. O Marrocos se tornou uma fazenda da realeza, onde você é muçulmano até morrer."

YOUGUERTENE MOURIDI

Youguertene Mouridi, o Yougui, revela a localização de um bebedouro num shopping popular no centro de São Paulo quase como se falasse de um oásis. Um ano antes, ele passava fome e quase chegou a dormir nas ruas. Algo difícil de imaginar para alguém com conhecimento em sete línguas. Além do português, ele fala tamazight (sua língua nativa), darija (dialeto da região do Magreb, no noroeste da África), árabe, espanhol, inglês e francês. Defensor da liberdade religiosa, pediu refúgio no Brasil porque a religião muçulmana é uma das fontes da legislação penal do Marrocos. Desde a pré-adolescência, escrevia poemas em nome da causa berbere, ou amazigh, o povo originário do norte da África. Para melhorar suas condições de vida, precisou recomeçar em um novo país e continuou sua militância contra a arabização dos povos autóctones da região.

CURIOSIDADES SOBRE OS COSTUMES BERBERES

1. A djellaba é a vestimenta mais usada pelos berberes. O robe unissex, feito de lã ou algodão puro, é largo, comprido e com mangas amplas. Seu capuz protege tanto do sol quanto do frio.

2. Ativistas do movimento no Marrocos exigem que o Yennayer, o Ano-Novo dos amazigh, se torne um feriado nacional e público. Na Argélia, o dia 12 de janeiro celebra a data desde 2018.

3. As festividades do Yennayer são marcadas por apresentações de dança amazigh, como a ahwach, uma performance coletiva que celebra o espírito comunitário. Envolve dois grandes grupos de dançarinos, que alternam entre música, dança, poesia e percussão.

4. Todas as classes sociais celebram a entrada de ano da mesma forma e com os mesmos pratos tradicionais, como o tagola, à base de milho cozido e manteiga clarificada, e irkimen, trigo com favas secas cozidas numa sopa.

"Todo ser humano tem direito à liberdade de pensamento, consciência e religião; este direito inclui a liberdade de mudar de religião ou crença e a liberdade de manifestar essa religião ou crença, pelo ensino, pela prática, pelo culto [...] em público ou em particular." Yougui inicia sua história lembrando o 18º Artigo da Declaração Universal dos Direitos Humanos. Nascido num país onde a maioria da população é muçulmana, o código penal do Marrocos não permite a apostasia. "Você quer sair do Islã? Então feche as portas, as cortinas e fique dentro de casa", comenta. Segundo ele, essa é a realidade de seu país, contestada por mais de mil organizações independentes. "Lutamos pela laicidade, pela democracia, pela repartição equitativa das riquezas, pela nossa cultura e identidade." Para o marroquino, a luta é em nome de toda a África do Norte, que engloba Marrocos, Argélia, Tunísia, Líbia, Egito, Sudão, Mauritânia, Norte do Mali e as ilhas Canárias. "Somos a maioria, se não todo o povo da África do Norte. Temos uma grande diversidade de costumes, danças, poesias. Somos uma cultura aberta para todas as culturas", conta Yougui.

O Marrocos hoje é comandado por Mohammed VI, o 23º governante da dinastia alauíta, cujo reinado começou em meados do século XVII. Foi elevado a rei em 1999 e, desde então, pertencem a ele todos os poderes pela Constituição. Em 2011, grupos que militam pelos direitos do povo amazigh conseguiram obrigar o Estado a restituir o berbere como língua oficial do país, ao lado do árabe. "Foi pouco perto do que precisamos;

a lei maior continua mantendo o rei com poder totalitário." Enquanto isso, a maioria da elite reivindica uma monarquia parlamentar, mesmo governo de países como Espanha, Inglaterra, Suécia e Bélgica.

De acordo com o ativista, as organizações independentes que militam pela causa berbere estão dentro da lei, mas sempre sofreram repressões. Uma dessas organizações é o Tawada, que significa "a marcha" em berbere, movimento social do qual Yougui fez parte de 2013 a 2016 e que, segundo ele, aceita qualquer pessoa que acredite na democracia. Outra associação — esta com maior número de integrantes — é o MCA (Movimento Cultural Amazigh), dedicada a defender a causa dentro das universidades.

Entre as bandeiras do MCA está o combate ao pan-arabismo, o movimento que deseja unir as nações árabes, "importado" do Oriente Médio em 1930. "O pan-arabismo é um movimento racista e imperialista que quer destruir as identidades indígenas dos países da África do Norte e do Oriente Médio." Apesar de o Marrocos não se enquadrar no mesmo cenário fundamentalista dos países do Golfo, mantém muitas das leis de seu código penal baseadas na religião. "Isso é antidemocrático. Mas quando você começa a militar em nome dessas coisas, começa a ter problemas. E quando começa a ter problemas, as coisas começam a se fechar, a vida começa a ficar apertada."

Yougui já foi detido algumas vezes por policiais apenas por carregar a bandeira do grupo militante Tawada em espaço público, ou por tomar cerveja. "Os militantes berberes não reconhecem a bandeira oficial

O QUE É O PAN-ARABISMO?

O pan-arabismo ou arabismo é uma noção nacionalista de unidade política e cultural entre os países árabes, que promove a unificação das nações do norte da África e oeste da Ásia, do oceano Atlântico ao mar da Arábia, que abrangem a região conhecida como mundo árabe. Nascido nas antigas províncias do Império Otomano, defende a ideia de um povo distinto, com linguagem, história e cultura em comum. O aumento da alfabetização no final do século XIX e início do XX levou a um renascimento cultural e literário entre os árabes do Oriente Médio, gerando uma efervescência política e o desejo pela independência em relação à Europa. Sua popularidade cresceu principalmente nas décadas de 1950 e 1960. O grande defensor do pan-arabismo foi o egípcio Gamal Abdel Nasser, e a formação da Liga Árabe, em 1945, um dos eventos mais importantes para esse movimento nacionalista.

do Marrocos, trazida pelo colonizador francês e que representa o poder executivo e central, além do palácio real", explica. Nesses episódios de detenção, costumava ser tratado com brutalidade e liberado depois de algumas horas. Mas essas notícias os jornais locais quase não contam. Mídias independentes noticiam abertamente essas manifestações, mas com frequência são reprimidas. "Nas mídias oficiais, você só tem notícias sobre as realizações da monarquia e que tudo vai muito bem. Que o Marrocos é o melhor país do mundo", explica o ativista.

Ao relatar que o currículo escolar de seu país incluiu a educação islâmica de forma obrigatória, Yougui, que é agnóstico, reforça a importância de sua militância. "Temos cursos de teologia sobre o Alcorão, a Suna [meios pelos quais o profeta Maomé aplicou e ensinou o Islã]. Você percebe que tudo aquilo nunca poderia ser de Deus. Antes de Abraão, só existia o politeísmo. Depois dele, o monoteísmo, e então começaram as guerras. 'Meu Deus é melhor do que o seu', esse tipo de coisa." No Ramadã, por exemplo, quando o povo muçulmano coloca em prática um ritual de jejum, Yougui é proibido de comer mesmo não sendo muçulmano.

Quando precisou se refugiar, o Brasil não foi sua primeira escolha, até porque o marroquino já havia morado em outros países. Depois do ensino médio, estudou economia e gestão e partiu para San Francisco, na Califórnia, ao finalizar a graduação. Como o destino escolhido para estudar hotelaria não fazia jus a sua imagem cinematográfica, o jovem foi para a França, onde cursou engenharia de serviços turísticos na Universidade de Angers. Na volta ao Marrocos, no entanto, optou por trabalhar como responsável comercial em uma empresa de materiais ortodônticos, para ter uma vida mais confortável. Mas seu ativismo tornou sua existência ali insustentável.

Yougui procurou, então, países francófonos. Cogitou a Costa do Marfim e a Bélgica, onde seu irmão, Tachfine Mouridi, mora e trabalha como veterinário. Aos trinta anos, em 2016, quando o Brasil surgiu como um possível destino, decidiu vir para cá, já que o país ocupava o nono lugar no ranking do PIB naquele ano. Sem conhecer ninguém em São Paulo, desembarcou na cidade pelo aeroporto de Guarulhos em 25 de março, como turista.

As primeiras hospedagens deixaram o rapaz perplexo. "Fiquei numa pensão que era uma caverna, com condições sub-humanas", conta

Yougui. Foi a amizade com uma moça marfinense que trabalhava na área de limpeza do local que garantiu um novo caminho. "Ela perguntou se eu era francês, o que costuma acontecer com qualquer homem branco que fala a língua", lembra. Ele respondeu: "Sou africano, como você. Não tenho mais dinheiro e preciso de ajuda". Ela só estava no Brasil havia quatro meses, mas seu marido encaminhou o marroquino para a Polícia Federal.

"Se estou numa cidade como Paris, mesmo sem conhecer absolutamente nada, consigo me virar. Mas imagina em São Paulo, uma metrópole gigante, a situação de uma pessoa que vem de outra terra, do outro lado do oceano, sem saber falar português." Esse problema ele resolveu logo, aproveitando cursos gratuitos de língua portuguesa para refugiados e imigrantes. Na Cáritas, descobriu o trabalho da ONG Bibli-Aspa, que se dedica a fortalecer os laços culturais entre países da América do Sul, árabes e africanos, e conseguiu ali seu primeiro emprego como professor de francês, ganhando um salário de quinhentos reais — dos quais quatrocentos iam só para pagar o aluguel.

"Meu sonho era ter o meu próprio banheiro." Na tentativa de melhorar sua qualidade de vida, foi para Guaianases, na Zona Leste paulistana, mas acabou alugando um local inferior por um valor alto, setecentos reais. No começo de 2019, ele se mudou para "um apartamento maravilhoso de dois quartos, dentro de um condomínio seguro, com água, tudo incluso", pelo mesmo valor. Para sobreviver, tem feito também traduções para o árabe e acabou se especializando no meio gastronômico, depois de ser convidado para participar de uma parceria entre o Sesc e o Senac. Descobriu um talento para a cozinha que não imaginava ter. "Venho de um país machista e sou machista. Para nós, não faz nenhum sentido que eu cozinhe em casa. Eu deveria estar na frente da televisão. É errado, é errado. É tarde para mudar, mas eu queria, apesar de fazer parte do meu DNA."

Yougui deseja voltar ao Marrocos para visitar a família, mas só depois de garantir a nacionalidade brasileira. Seu pai, Mohamed Mouridi, apoia o berberismo e sempre incentivou a militância do filho. Mas a distância geográfica não se tornou uma barreira. Ele usa as mídias sociais para continuar promovendo sua causa e manter contato com grupos ativistas.

Entenda a crise

REPÚBLICA DEMOCRÁTICA DO CONGO

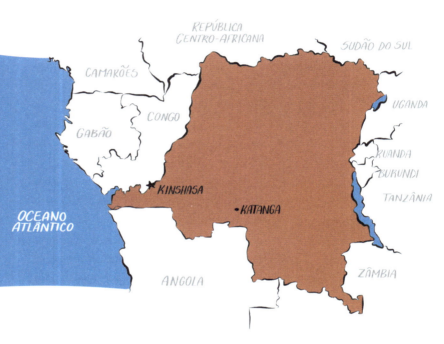

Uma guerra de proporções gigantescas, seguida pela ação de milícias, estupros, briga por minerais preciosos e recrutamento de crianças-soldado. A República Democrática do Congo (RDC) é um caldeirão de conflitos.

5,6 MILHÕES de congoleses morreram em conflitos desde 1996.

+ DE 13 MILHÕES de pessoas necessitavam de ajuda humanitária em 2018, segundo a ONU.

4,5 MILHÕES se deslocaram internamente por causa de conflitos entre grupos armados e forças do governo até 2017. No ano anterior, esse número estava em 2,2 milhões de pessoas, de acordo com a ONU.

Havia **735 MIL REFUGIADOS** congoleses em março de 2018, a maioria em países africanos, segundo a ONU.

+ DE 200 MIL casos de estupro desde 1998.

Como a situação chegou a esse ponto?

DISPUTAS ÉTNICAS + EXPLORAÇÃO DE DIAMANTE, OURO, COBRE, NIÓBIO E COBALTO + CORRUPÇÃO, MILÍCIAS, DISPUTA POR PODER + POBREZA + GUERRA MUNDIAL DA ÁFRICA*

* Foi a maior guerra já deflagrada e com maior número de vítimas desde a Segunda Guerra Mundial, a ponto de ter sido apontada como a Terceira Guerra Mundial. Conhecida oficialmente como Segunda Guerra do Congo, durou cinco anos, de 1998 a 2003, e matou **3,8 milhões** de pessoas.
* **+ de 200 mil** pessoas haviam sido mortas na Primeira Guerra do Congo (1996-7).
* **+ de 1,6 milhão** de congoleses morreram mesmo com o "fim" da Segunda Guerra do Congo.

Os caminhos para o caos

O Congo foi uma propriedade particular do rei belga Leopoldo II de 1885 a 1908. O monarca sanguinário, interessado apenas em obter borracha e marfim com trabalho de pessoas escravizadas, foi responsável pela morte de 8 milhões a 10 milhões de pessoas nesse período (o equivalente a metade da população) e ordenou uma série de amputações e saques.

1960 Logo após conquistar a independência, o país passou por uma fase tumultuada. Nas primeiras eleições, Joseph Kasavubu assumiu como presidente e Patrice Lumumba, como primeiro-ministro (foi sequestrado e morto pelo militar Joseph Mobutu um ano depois). A província da Katanga, situada no sul do país e rica em recursos minerais, iniciou um levante para se separar.

O LEGADO DE MOBUTU

Após tomar o poder, Joseph Mobutu passou a adotar o nome de Mobutu Sese Seko Kuku Ngbendu Wa Za Banga, que significa algo como "O guerreiro todo-poderoso que por sua resistência e inflexível vontade de vencer irá de conquista em conquista deixando um rastro de fogo", um indício de sua egomania. Mobutu permaneceu como chefe de Estado por 32 anos, um dos governos mais longos da África, e deixou o país ainda mais pobre e sem infraestrutura, já que não investiu em escolas, creches nem hospitais. O orçamento do Zaire em 1996 destinava 300 milhões de dólares para cobrir todos os serviços públicos. Em comparação, a verba prevista para as despesas presidenciais era de 372 milhões de dólares, designados principalmente para manter os 25 mil soldados da guarda pessoal do presidente.

1965 Em um golpe, Mobutu assumiu o poder e mudou o nome do país para Zaire.

1994 Genocídio de Ruanda: 800 mil tútsis e hútus moderados foram mortos por rebeldes hútus ao longo de cem dias de revolta, segundo a ONU. Os reflexos dessa matança mudariam a história do então Zaire, pois os rebeldes hútus responsáveis pelas mortes se esconderam nas florestas desse país e continuaram agindo a partir dali.

1996-7 Ruanda invadiu o Zaire em perseguição a um grupo de rebeldes hútus, abrindo espaço para que outros rebeldes, de etnias distintas, se levantassem contra Mobutu e o tirassem do poder. Foi a **Primeira Guerra do Congo**. Laurent Kabila, um novo ditador, assumiu o poder e mudou o nome do país para República Democrática do Congo.

CALDEIRÃO CULTURAL

Duzentos grupos étnicos distintos disputam poder e território na República Democrática do Congo. São 215 línguas nativas convivendo no terceiro maior país em extensão territorial da África. A maioria da população pertence às etnias de língua banto. Os lubas, também chamados de balubas, pertencem a esse grupo linguístico e são os mais numerosos: eram cerca de 5,5 milhões no fim do século XX. Ocupam principalmente o centro-sul do país.

1998 Teve início a **Segunda Guerra do Congo** ou Guerra Mundial da África, que mobilizou vários países da região e fez o maior número de vítimas desde a Segunda Guerra Mundial (quando morreram de 60 milhões a 85 milhões de pessoas).

OS PORQUÊS DA GUERRA

Tudo começou quando grupos de Ruanda e Uganda tentaram depor Laurent Kabila, acusando-o de incitar ações de rebeldes nos países vizinhos. Imediatamente, Angola, Zimbábue e Namíbia tomaram o partido de Kabila, enquanto Ruanda, Burundi e Uganda apoiaram, ainda que extraoficialmente, a milícia do Agrupamento Congolês para a Democracia (ACD). O envolvimento de países vizinhos no conflito foi, segundo a ONU, um pretexto para explorar as riquezas da RDC, principalmente diamantes. Durante a guerra, em 2001, Laurent morreu e foi substituído por seu filho, Joseph, que assinou o acordo de paz. Ainda assim, a matança não parou. Havia mais de 140 grupos armados nas províncias de Kivu Norte e Kivu Sul, na porção leste do país, em 2018, segundo o relatório da Human Rights Watch.

2006 Aconteceram as primeiras eleições livres e Joseph Kabila foi eleito. Ele deveria permanecer no poder até 2016. Mas, contrariando a Constituição, postergou as eleições até 2018, em um processo questionado por envolver violência, fraudes e supressão de votos. Félix Tshisekedi, da oposição, foi eleito. É a primeira transferência de poder relativamente pacífica da RDC em sessenta anos.

599 PARTIDOS POLÍTICOS ATUAVAM NA RDC EM 2018.

Um país rico

Concentra 50% das reservas de cobalto do mundo. O metal é fundamental para aparelhos eletrônicos que utilizam bateria de íons de lítio, que armazena muita energia e ao mesmo tempo é leve. É o caso de smartphones. Também há minas de ouro, diamante, cobre e coltan, de onde se extraem o nióbio e o tântalo usados em celulares e até em foguetes espaciais. Na teoria, por todos esses recursos, a RDC deveria estar entre os países mais ricos do mundo.

Quatro filmes sobre o uso de crianças na guerra:

DIAMANTE DE SANGUE (2006), de Edward Zwick

JOHNNY MAD DOG (2008), de Jean-Stéphane Sauvaire

BEASTS OF NO NATION (2015), de Cary Fukunaga

FIRST THEY KILLED MY FATHER (2017), de Angelina Jolie

Um país pobre

— A taxa de mortalidade materna está entre as dez mais altas do mundo: **693 a cada 100 mil nascidos vivos** (2015). Para comparação, o Brasil tinha 62 mortes para 100 mil no mesmo ano (em 2016, o índice brasileiro aumentou para 64,4).

— A taxa de mortalidade infantil está entre as oito mais altas do mundo: **91,1 crianças morrem antes dos cinco anos** a cada mil nascidas vivas, segundo relatório do Unicef de 2018.

— **13 milhões** de pessoas passaram fome em 2018, em comparação a 7,7 milhões em 2017.

— Havia pelo menos **4 milhões** de crianças malnutridas em 2018.

Violência sexual

5783 casos de estupro em províncias afetadas por conflitos somente em 2017.

72% desses casos foram atribuídos a grupos armados que não pertencem ao Estado, como milícias e grupos rebeldes. Porém, o número de casos atribuídos às Forças Armadas da República Democrática do Congo (FARDC) e à Polícia Nacional Congolesa aumentou.

41% das vítimas das FARDC eram crianças, assim como 42% dos estupros foram cometidos por policiais nacionais.

AS CRIANÇAS-SOLDADO

Sequestro, álcool, drogas, armas. Durante os anos de guerra e o conflito que se seguiu por minerais, poder e outras riquezas, essa foi a realidade de muitos meninos e meninas. Raptadas ou recrutadas em seus vilarejos, as crianças-soldado eram obrigadas a matar e saquear o inimigo — as meninas, especificamente, podem ser forçadas a lutar, mas também a prestar favores sexuais, fazer trabalhos domésticos, carregar armas, cuidar de bebês de outras guerrilheiras ou agir como espiãs. Não há um número preciso sobre a quantidade de menores de dezoito anos nessa situação na República Democrática do Congo — estimativas apontam para 30 mil no ano de 2011. Apenas a Missão das Nações Unidas no país (Monusco) registrou que, de janeiro de 2009 a novembro de 2015, mais de 8,5 mil deixaram de ser soldados — dos quais calcula que 30% a 40% eram meninas.

De acordo com a ONG Child Soldiers International, só em 2017 mais de 3 mil casos de recrutamento por grupos armados foram registrados no país. A ONG World Vision acredita que 60% dos guerrilheiros são menores de idade, a maioria com menos de quinze anos.

Em 2018, o Unicef estimava que existiam cerca de 300 mil crianças-soldado no mundo todo, atuantes em mais de trinta conflitos — cerca de 40% concentrados no continente africano. Desde que o Optional Protocol on the Involvement of Children in Armed Conflict (Opac, Protocolo Facultativo sobre o Envolvimento de Crianças em Conflitos Armados, em tradução livre), das Nações Unidas, entrou em vigor em 2002, mais de 115 mil meninos e meninas foram libertados. A causa é tão importante que ganhou até data comemorativa: o Dia Internacional contra o Uso de Crianças-Soldado (Red Hand Day), celebrado em 12 de fevereiro.

O sequestro de menores não é exclusividade nem invenção do Congo. Especialmente na África subsaariana, esse foi um crime muito praticado por milícias, mas há relatos expressivos de casos na América Latina (veja na p. 203).

País de origem: REPÚBLICA DEMOCRÁTICA DO CONGO
Data de nascimento: 5/12/1980
REFUGIADA

"Gostaria que a gente fosse tratado de igual para igual. É para parar de pensar que somos coitados só porque carregamos o nome de refugiado ou imigrante. Somos pessoas inteligentes, corremos atrás dos nossos sonhos, somos advogados, jornalistas, médicos, professores, somos humanos! Saímos não porque quisemos, mas pela necessidade. A culpa não é nossa."

Refugiada, africana, mulher, mãe solo, cinco filhos. Se cada uma dessas condições já concentra dificuldades para o exercício de uma vida em que os direitos humanos são respeitados, imagine reunir todas elas. A congolesa Prudence Kalambay sente na pele esse peso, o do preconceito e o de tentar conseguir uma existência digna para si mesma e para os filhos em uma terra que não é a dela, sem ajuda familiar e depois de fugir de uma guerra.

Seu passado de miss parece distante ao olhar a casa simples, de fundos, onde vive com as crianças na Zona Leste de São Paulo. Mas quando Prudence abre a boca para falar, sua voz é forte e decidida, capaz de ultrapassar barreiras. Quando a ativista de direitos humanos veste suas roupas africanas, você entende que está diante da persona de uma guerreira. E que, apesar das adversidades, sorri, agradece, não desiste, milita e se permite sonhar com uma vida bem melhor, como tantas vezes viu nas novelas brasileiras.

A vida de Prudence, aliás, daria uma novela, dessas que ela passou a acompanhar depois que fugiu de seu país, a República Democrática do Congo, para Angola. E, por ironia, ou destino mesmo, a mulher que ama televisão e se encantou com a programação brasileira acabou participando da preparação e abertura da novela *Órfãos da terra*, exibida pela TV Globo em 2019 e que trata da questão dos refugiados. "Estou muito feliz, porque eu assistia de longe, né? E, ao mesmo tempo, estou lá dentro agora, estou perto da televisão. Para mim, é uma honra."

Prudence nasceu em Kinshasa, capital da República Democrática do Congo, em 1980, e tem sete irmãos. Criada por uma tia, comerciante de quem herdou a personalidade forte, chegou ao ensino médio em um país que tinha 17,4% de sua população analfabeta em 2011, segundo dados da Unesco. Mas, em 2001, a vida de Prudence começou a tomar rumos inesperados: engravidou de um namorado e virou mãe solo. Seu sonho de se tornar aeromoça foi interrompido. Voltar a estudar era praticamente impossível — segundo ela, mulheres que abandonam os estudos para ter filhos não voltam mais à sala de aula, por preconceito em relação à nova situação e por serem consideradas "velhas" para ser estudantes. Apesar disso, a congolesa teve coragem para disputar um concurso de miss depois da maternidade. Ficou em primeiro lugar no Miss Bibile ("mulher bonita") 2004.

A experiência com o bebê a marcou de tal modo que, ainda em 2004, elaborou um projeto para ajudar mães solo em sua terra natal. O programa foi apresentado para políticos regionais e, segundo ela, tinha boas perspectivas de ser posto em prática, mas a guerra e a situação econômica a obrigaram a fugir.

A Segunda Guerra do Congo, que começou em 1998, é considerada uma das mais violentas do mundo, pois registrou o maior número de

ESTUPRO COMO ARMA DE GUERRA

A República Democrática do Congo é um dos países com mais alto número de abusos e estupros no mundo. Mais de 1,1 mil mulheres eram violentadas por dia, segundo um estudo do *American Journal of Public Health* publicado em 2011 — o relatório apontou que 30% das mulheres e 22% dos homens haviam sido vítimas desse tipo de ataque. O que já era tragédia suficiente fica ainda pior: ter uma menina ou mulher violentada é uma vergonha tão grande para a família que boa parte delas acaba expulsa de casa. E pode ser mais perverso, pois as vítimas ainda podem ter que lidar com uma gravidez indesejada ou a infecção pelo HIV. Sem acolhimento dos familiares, abandonadas à própria sorte, muitas acabam recorrendo à prostituição.

Por isso, o estupro muitas vezes é mais efetivo do que um tiro, pois abala uma família ou uma comunidade inteira, prejudicando as relações entre as vítimas e seus parentes. Tem ainda o "inconveniente" de resultar em filhos do grupo étnico rival, o que costuma ser visto também como genocídio, como ocorreu de forma expressiva em Ruanda e na ex-Iugoslávia. A antropóloga francesa Véronique Nahoum-Grappe, que se debruça sobre essa questão, costuma explicar que essas violações sistemáticas são genocidas na medida em que uma consequente gravidez elimina, no imaginário coletivo, toda a comunidade ao semear o gene da etnia agressora.

Assim, o estupro se tornou uma arma de guerra tanto das milícias como do Exército. Não à toa o Congo já foi chamado por representantes da ONU de "capital mundial do estupro". Há casos de crueldade difíceis de conceber: são colocados pedaços de pau na vagina das mulheres, há mutilação de seios e clitóris e relatos de crianças de apenas dezoito meses que tiveram seus órgãos internos destruídos pela violência.

vítimas desde a Segunda Guerra Mundial. Por isso é chamada de Holocausto Africano ou Guerra Mundial da África. "Existe uma guerra há mais de vinte anos no Congo, mas a mídia não fala. Estão morrendo muitas mulheres, estão sendo usadas como armas de guerra, crianças não estão indo para a escola. Criança não sabe o que é escola, criança sabe o que é arma, sangue", diz. Mas nem tudo é tragédia. "Tem pobreza, mas existe riqueza na minha terra. É de onde os minerais para os telefones estão saindo, além do diamante", denuncia a ativista.

Na realidade, a guerra durou oficialmente cinco anos. Mas o fato é que a rivalidade entre as etnias e a disputa por minerais preciosos — ouro, diamante, cobalto e coltan — fazem o Congo ferver até hoje. As milícias e os grupos armados que começaram a atuar na exploração desses metais espalharam o terror pela RDC, especialmente no leste do país, na fronteira com Ruanda e Burundi. Por onde passam, estupram e sequestram mulheres para torná-las escravas sexuais, matam e degolam homens e roubam crianças, para transformá-las em soldados.

Ainda que morasse na capital, muito distante do leste onde está o epicentro do conflito, Prudence lembra do medo que sentia ao andar na rua: "Ninguém saía de casa". Ela acompanhava, preocupada, no rádio e na televisão, o avanço das forças rebeldes, cada vez mais perto de Kinshasa. "A gente na cidade estava sempre atento. Era uma coisa muito forte, mas graças a Deus não chegaram jogando bomba. Isso foi mais no leste." O que não quer dizer que a ativista não presenciou os horrores da guerra de perto. "Teve pessoas morrendo, porque havia rebeldes que fingiam ser loucos, com roupas sujas, se passando por moradores de rua, mas estavam cheios de armas, pra poder exterminar, fazer guerra na capital", conta. Esse tipo de ameaça despertou na população uma reação extrema: ao avistar um desconhecido, "o povo ia atrás e matava", diz. "Eu já vi muito corpo assim, de o povo matar, queimar no pneu." A cena chocante era cada vez mais comum.

Quando decidiu fugir, com a ajuda do pai e da madrasta, pegou um ônibus até a fronteira com Angola e entrou ilegalmente no país à noite, pelo mato. Como a filha era pequena e poderia chorar enquanto fazia a travessia, Prudence deixou-a em uma Kombi que a levou para o outro lado. Apesar de não entender português, língua oficial de Angola, encantou-se pela novela brasileira *Alma gêmea* (2005-6) e quis muito aprender aquele idioma para compreender o que a televisão mostrava. Lá, também conheceu o pai de seus outros filhos, que a ajudou nesse recomeço.

O problema é que Angola era vizinha do Congo, e os presidentes na época, respectivamente José Eduardo dos Santos e Joseph Kabila, eram próximos. Como refugiada, Prudence tinha medo de ser obrigada a voltar para sua terra natal. "É tipo você sair e se esconder no quintal, atrás de casa." Vivia escondida na capital, Luanda, sem poder trabalhar. Não gosta nem de falar sobre esse período. Foi quando o Brasil surgiu como alternativa.

"Eu conheci o Brasil na escola. Ela ensina o mapa do mundo, que o Brasil faz parte da América Latina e que tem a Amazônia. Como meu país tem a segunda maior floresta equatorial depois da Amazônia, a gente já sabia da riqueza do Brasil. E, quando fui embora, conheci as novelas e me apaixonei." Além disso, a nação parecia receptiva a estrangeiros. "Primeiramente, um refugiado não escolhe o país, ele escolhe um lugar onde pode se sentir protegido. Em 2008, o histórico do Brasil era mais acolhedor, e a mídia bombava muito."

Prudence desembarcou no Rio em janeiro de 2008, com uma filha nos braços e grávida de outra, e pediu refúgio. O pai das crianças veio depois do nascimento. "Quando ele chegou, demos entrada no visto de permanência, porque, naquele momento, o papel [um documento provisório] dizia 'pedido de refúgio', e a gente não gostava, porque sofria muito preconceito." Nos sete anos em que ficou no Rio, morou em Duque de Caxias, trabalhou como caixa de supermercado, cabeleireira, fez um curso de cozinha no Senac e teve mais três filhos.

Em 2015, Prudence largou tudo o que conquistou no Rio e se mudou para São Paulo, em busca de oportunidades. "A visão de São Paulo para mim era a da Europa: o clima não era tão quente, você fazia tudo de metrô." Nesse recomeço, foi morar em uma ocupação na República, no centro (leia mais na p. 223), até conseguir pagar aluguel na Zona Leste. Com cinco crianças para cuidar, Prudence não conseguiu um trabalho fixo — faz palestras, apresentações da cultura africana e atua como modelo, mas chegou a trabalhar com faxina esporadicamente para sustentar a casa.

No início, suas palestras no Brasil falavam apenas sobre empoderamento feminino, mas ela percebeu que aqui quase ninguém conhece a tragédia que se abate sobre seu país. Na realidade, viu que há muita confusão e estereótipos quando se fala em África — uma ideia bastante frequente é acreditar que o Haiti pertence ao continente africano. "Você mora no mato, né? Tem leão? Essa é a imagem que os brasileiros têm da África. Mas a culpa não é deles, é da mídia. A gente tem que começar a mostrar que não é isso."

Depois que se separou do pai das crianças, em 2018, pagou o preço por dar fim a um casamento que já tinha acabado fazia bastante tempo. "Na África, o homem é o líder da casa. É o homem que bota a mulher para fora de casa, nunca o contrário. Como o pai dos meus filhos não quis me deixar entrar, chamei a polícia. A polícia disse: 'O que você quer?'. Quero só entrar para pegar meus pertences. Daí a polícia falou: 'Não, ele que vai sair'."

Foi logo após a separação que Prudence deu seu primeiro depoimento ao livro. Estava muito preocupada em arrumar um emprego — situação que não mudou desde então. Ninguém quer dar trabalho a uma mãe de cinco filhos, por isso, já chegou até a dizer que contava com a ajuda da mãe para ficar com as crianças. "Tenho que trabalhar em uma coisa que me permita ver meus filhos, fazer meus estudos. Porque quero estudar, quero fazer faculdade de relações internacionais. Vejo que aqui existe a oportunidade de voltar a estudar, independente da sua idade. Tenho muitos sonhos, quero voltar a realizar o projeto que tinha no Congo", contou. Enquanto isso não acontece, vai ficando cada vez mais conhecida no Brasil. Ela chegou a atuar no clipe da música "Let Me Be the One", da cantora Iza e do rapper norte-americano Maejor, lançado em 2020. O sírio Abdul (p. 60) também participou.

De casa, tem saudades. "A sua casa é sua. Ela pode ser pequena, pode ser do jeito que está, mas é sua. Quando você sai para passear, fica feliz, mas quer voltar para ela, tomar banho, dormir, descansar. Você pode dormir bem na casa de uma amiga, mas quando chega em casa, se sente em paz." Não é como um daqueles lares de novela, mas tem o acolhimento de que ela tanto sente falta. No Congo, teria mais apoio na educação dos filhos. Um ditado africano diz que é preciso uma comunidade inteira para criar uma criança. Por isso, lá os vizinhos sempre ajudam a cuidar dos filhos dos outros. "Na minha terra, a mãe da vizinha é sua mãe. Ela poderia entrar aqui para me dar conselho ou uma bronca", conta. A figura da mãe é quase sagrada. "A mãe é rainha, a mãe é líder, a mãe é tudo pra gente. Quando a mãe fala, você cala. Depois, tenta explicar. Não vai bater boca", esclarece, evidenciando uma das diferenças culturais que até hoje estranha no Brasil.

Outra é o excesso de exposição do corpo, seja pela sexualização de garotas e mulheres com roupas e danças sensuais, seja quando se expõe a barriga durante uma gravidez — a congolesa explica que, ao cobri-la, a mulher protege o bebê de energias negativas, espíritos ruins e mau-olhado. "Aqui é totalmente diferente da nossa cultura." Ela tampouco se acostumou com as exibições públicas de carinho, como beijos na rua. "Meus filhos nasceram aqui, mas nunca me viram beijando o pai deles; é uma coisa íntima." Ela sempre pensa na imagem que os filhos teriam dela: é a típica mãe leoa, orgulhosa da prole e de sua própria trajetória. Também já é avó: a filha mais velha teve um bebê em 2019, aos dezoito anos. Para eles, deseja um futuro melhor, que não passem pelo que passou. Afinal, como ela mesma diz: "Ninguém nasce refugiado ou imigrante". Quatro de seus filhos são brasileiros, "mas amanhã ninguém sabe o que pode acontecer". Eles podem sair do Brasil e virar imigrantes. E o que vão querer? O que Prudence quer hoje: tratamento digno e respeito.

País de origem: REPÚBLICA DEMOCRÁTICA DO CONGO
Data de nascimento: 1986
REFUGIADO

"Nunca na minha vida pensei que um dia estaria refugiado. Mas acontece. Hoje estamos vendo os brasileiros expulsando os venezuelanos em Pacaraima. Há cinco anos, eles não sabiam que viriam para cá. O brasileiro não sabe o que vai acontecer amanhã. Quem sabe se a situação não vai ser contrária? Por isso, o refúgio é uma questão que todo mundo tem que abraçar, além de dar condições melhores para o refugiado."

THOMAS

Quando o ativista de direitos humanos Thomas* se escondeu no navio cargueiro, não sabia onde ia parar. Acreditava que seu destino seria Angola ou Gabão. Na realidade, naquele momento não importava muito, desde que fosse para longe da República Democrática do Congo (RDC), país onde nasceu e quase morreu, depois de ter sido sequestrado duas vezes. Do último sequestro, que durou dois meses, guarda marcas de ferimentos a faca feitos na cabeça e em outras partes do corpo. Ele se recusa a falar sobre a tortura que sofreu, porque a lembrança reaviva a dor daqueles dias. Mas basta dizer que foram precisos seis meses para sair do hospital. A gota d'água foi quando sequestraram seu pai, um político da oposição, pela terceira e última vez — o patriarca nunca mais voltou. O próximo, decidiu Thomas, não seria ele. Foi assim que acabou vindo parar no Brasil no início de 2013, a mais de 7 mil quilômetros de casa.

"Minha história está muito relacionada com a história do meu país", começa a falar. Nascido em Kinshasa, capital da RDC, Thomas foi criado por um pai adotivo, na verdade um tio que tinha condições financeiras melhores que os pais biológicos, como acontece muito na região. Assim, conseguiu concluir o curso de relações internacionais em uma universi-

* A pedido do entrevistado, seu nome foi modificado por questões de segurança, e fatores que poderiam levar à sua identificação foram omitidos.

dade pública do Congo em 2009. Cresceu ouvindo o pai falar de política, mas não se interessava muito pelo assunto, e ainda hoje não consegue se ver participando de um partido. Mas foi na Espanha, país aonde foi fazer mestrado em 2010, que percebeu o quanto a história do Congo ecoava sua própria história e o quanto aquela realidade não era contada ao mundo. Começou a tomar gosto pelo **ativismo**. "Eu vim de um país que vive uma guerra há mais de vinte anos, quase minha vida inteira. Nasci durante uma ditadura militar, em 1986, e cresci em um ambiente de muita repressão e violência. A instabilidade de um país acaba refletindo na vida das pessoas." Em 2017, a RDC ocupava a posição 176 de 188 países no índice de desenvolvimento humano (IDH). Desde que a Segunda Guerra do Congo, também conhecida como Guerra Mundial Africana, foi deflagrada em 1998, entre 5 milhões e 6 milhões de pessoas já morreram — a guerra oficialmente acabou em 2003, mas a violência continua.

"Meu pai militou muito tempo num partido político da oposição e várias vezes a gente foi 'visitado' lá em casa pelas forças de inteligência do país, mas eram visitas bem violentas, sequestros. Eles entram na casa de quem atrapalha mais o governo, das pessoas que têm coragem de falar." O pai era o alvo principal, mas ele também entrou na mira após se envolver com uma ONG de direitos humanos ao retornar ao país natal em 2011. "Depois de voltar da Europa, comecei a enxergar as coisas de um jeito diferente, mais consciente, a entender realmente tudo o que meu

CONFERÊNCIA DE BERLIM: ÁFRICA DIVIDIDA

Foi o evento em que catorze países decidiram a partilha do continente africano, em discussões que ocorreram de novembro de 1884 a fevereiro de 1885. Usando um mapa de cinco metros de comprimento, os colonizadores dividiram arbitrariamente a África (já reparou que há linhas bem retas nas fronteiras entre os países?), muitos sem nunca terem pisado lá. A divisão foi realizada entre Reino Unido, França, Itália, Alemanha, Bélgica, Holanda, Portugal, Áustria-Hungria, Dinamarca, Espanha, Suécia-Noruega, Rússia, Estados Unidos e Império Otomano, sem levar em consideração os africanos que lá viviam, com suas estruturas políticas, econômicas, sociais e culturais — juntando etnias conflitantes ou separando um mesmo povo. Os países também se comprometeram a acabar com a escravidão. O Congo foi o único que teve um regime diferenciado: em vez de colônia, virou uma espécie de fazenda do rei belga Leopoldo II, o que durou até 1908. Para evitar mais tensões, os países africanos acabaram mantendo as divisões estabelecidas pelos colonizadores quando conquistaram a independência, a partir dos anos 1960.

pai sempre falava, porque vi a organização que tinha nos outros países. A gente tem tantas riquezas de minérios e a segunda maior floresta equatorial do mundo, e o povo continua a sofrer. Vive uma violência extrema, sem liberdade de expressão nem de pensamento", diz.

Conhecer a história de seu país, desde a Conferência de Berlim em 1884 e o domínio do sanguinário rei Leopoldo II (de 1885 a 1908), ajudou a compreender a onda incessante de violência que o Congo sofre há mais de um século. "Entender que tinha ocorrido um massacre e que ninguém falava sobre isso começou a mudar a minha vida. Até a gente, do Congo, não estuda isso na história do país. Então passei a pesquisar o porquê desse silêncio diante de um genocídio. Você vai a Bruxelas [capital da Bélgica] e vê toda a riqueza que o rei doou, deixando a gente na extrema pobreza", comenta.

O PRIMEIRO GENOCÍDIO

O sanguinário Leopoldo II pretendia extrair marfim e borracha do Estado Livre do Congo, que não tinha nada de livre — como tampouco tinha de democrático no século XX. O látex era uma riqueza muito valorizada na época por causa da incipiente indústria automobilística. Para conseguir seu objetivo, o rei estabeleceu uma cota de impostos e armou soldados e mercenários para serem sua força pública de repressão. Aqueles que não conseguiam entregar suas cotas poderiam ser sumariamente executados, estuprados, raptados ou ter pés e mãos amputados — às vezes, as vítimas de amputações eram crianças da família. Em vez de combater a escravidão, o rei disseminou a prática e dizimou quem ousasse desobedecer. Foi um genocídio. De 8 milhões a 10 milhões de congoleses foram mortos, um massacre que eliminou metade da população à época. O romance *O coração das trevas* (1902), de Joseph Conrad, foi inspirado no Congo de Leopoldo II.

A indignação e o sentimento patriótico fizeram com que Thomas direcionasse sua atenção para os movimentos sociais e se juntasse a uma ONG. Acompanhou a investigação da morte de ao menos cem seguidores da seita político-religiosa Bundu dia Kongo (BDK), que defendia a separação do Congo Central — eram acusados de ter tomado o poder e substituído o Estado na região de Louzi e Matadi. Os assassinatos brutais ocorreram em fevereiro de 2008, por homens da polícia e militares, que incendiaram casas, prenderam pessoas e estupraram mulheres. Essa investigação o colocou na mira do serviço secreto de inteligência.

Seu primeiro sequestro não tardou. Em 2011, ele, o pai e outros quatro homens de sua casa foram levados. Foram três dias de tortura. "Daí me envolvi mais ainda." Então veio o segundo rapto, em 2012. "Apanhei mais e sofri torturas físicas e psicológicas. Me incomodo de falar sobre isso, mas vou ser breve: sofri muito, até hoje tenho cicatrizes. Essas aqui [na cabeça] são as facas, tentando abrir meu cérebro. O resto é melhor nem falar. Além disso, tem as torturas psicológicas, a pressão de que você vai morrer, muitas palavras fortes, horríveis. E você vive num buraco escuro, não sabe como fazer para sair nem para onde fugir." Foram dois meses sequestrado, ele e a família, e seis no hospital. "O meu caso era o mais grave, por causa dos ferimentos." Então o pai foi sequestrado pela terceira vez e assassinado, no final de 2012. "As perseguições continuavam e não tinha mais como ficar no país. Fomos obrigados a fugir." Os irmãos e a mãe se espalharam pelo mundo: França, Bélgica, Congo-Brazzaville, África do Sul.

"Foi muito complicado. Eu sou uma das poucas pessoas que chegaram ao Brasil de navio." De Kinshasa, Thomas foi para a região portuária, a mais de trezentos quilômetros de distância, para tentar fugir. Um amigo da faculdade o acolheu alguns dias em casa. "O Congo tem só quarenta quilômetros de litoral e lá encontrei pessoas que estavam na mesma situação que eu, tentando fugir", explica. "Um dia, meu amigo chegou e falou que encontrou pessoas que iam para o porto, sair." O plano era entrar clandestinamente em um navio de carga, uma estratégia que foi muito utilizada para escapar da RDC no início dos anos 2000. "Na minha cabeça, a gente ia para o outro Congo, Gabão ou Angola, que são os países mais próximos. No primeiro lugar que o navio encostasse, descia. Acabou que cheguei aqui em São Paulo, no porto de Santos." Por sorte, quando os cinco passageiros clandestinos se revelaram à tripulação, não foram jogados ao mar, como Thomas já havia escutado alguns relatos. Foi só então que soube qual era o seu paradeiro: não conhecia nada do Brasil, a não ser o futebol.

A viagem durou de 30 a 35 dias. Com ele, apenas a roupa do corpo e uma mochila. A chegada se revelou um desafio, primeiro pela língua — apesar de falar espanhol e francês. Na Polícia Federal, foi encaminhado para a capital, São Paulo. "Chegamos ao Tietê, e a gente não sabia nem

> Um dos vizinhos da República Democrática do Congo (RDC), que já foi chamada de Zaire, é a República do Congo. Para diferenciar os dois países, o primeiro acaba sendo chamado também de Congo-Kinshasa e o segundo de Congo-Brazzaville, que são as duas capitais, respectivamente.

por onde começar. Dormimos lá. No dia seguinte, de manhã, encontramos uns rapazes senegaleses que voltavam de Santa Catarina, falando francês, e eles nos trouxeram à Cáritas. Aí começou a vida."

Seu primeiro trabalho aqui foi de ajudante-geral, carregando caixa e fazendo entrega. "Cheguei com uma mochila e comecei a me construir de novo aqui. O que tenho é fruto de uma luta." Apesar de ter conseguido a validação do diploma em 2017 (veja na p. 28) e de falar oito línguas, Thomas trabalha desde 2014 como recepcionista de uma rede hoteleira. Ele é grato pelo acolhimento e oportunidade, mas não deixa de pensar no seu potencial. "Sabe quando você chega num ponto em que fala: mereço mais, mas não consigo? No Brasil, não é só a barreira de ser refugiado, são as barreiras raciais também. A questão do racismo é muito forte."

Para além da falta de oportunidades, ele cita um episódio de constrangimento. Certa vez, um cliente perguntou, gritando e sem cumprimentá-lo, se ele era africano. E emendou: "Lá na África você vive nas árvores mesmo?". A resposta, depois de um longo silêncio, foi merecida: "Sim, a gente vive nas árvores. Morei nas árvores a minha vida toda. Somente aqui eu morei em uma casa e dormi numa cama. Só que eu tive oportunidade lá de ser vizinho do embaixador do Brasil. Então, a árvore em que ele morava era do lado da minha". Os demais hóspedes o parabenizaram pela resposta espirituosa e pediram desculpa pela grosseria do conterrâneo.

"O racismo no Brasil é velado e sua força reside na discrição. A pessoa racista não se acha racista. Nem na Espanha sofri tanto preconceito, talvez porque eu estava num campus, mas viajei e conheci bastantes lugares na Europa. Em nenhum deles senti o que sinto aqui. Claro, tem racismo na França, na Alemanha, em outros lugares, mas aqui parece que o negro incomoda mais. Parece que o negro não consegue nem comer num restaurante legal." Ele cita o fato de entrar em uma loja de departamentos e quase sempre ser seguido pelo segurança. Ou de ser inquirido pelo motorista do uber sobre o que faz da vida, para não estar andando de transporte público. "Atrás dessa pergunta tem a ideia de que a gente não pode pagar."

Ele gostaria muito de voltar para seu país natal, onde seus estudos têm valor e não há esse tipo de preconceito, mas sabe que essa não é uma opção — embora, garanta, se sinta um pouco em casa por aqui.

Sua mulher, uma antiga namorada congolesa que veio ao Brasil dois anos depois dele, está com os filhos do casal, de cinco e três anos, vivendo em um país europeu — o mais novo nasceu lá, depois de a mãe ir fazer um tratamento de saúde que não conseguiu fazer aqui. "O refúgio, em si, já é um problema. Mas o refugiado, quando chega a um lugar, precisa ter condições adequadas também. No Brasil, não tenho condições de cuidar bem da minha família; eu ganho pouco, não consigo dar oportunidade para meus filhos estudarem em escolas boas ou decentes." Assim como ele e a mulher possuem formação universitária, Thomas espera que os filhos também tenham essa chance.

A saudade da família, ele mata pelo celular. Foi visitar o filho mais novo quando ele nasceu, mas voltou para o Brasil para acompanhar o irmão, que veio para cá em 2016, ainda adolescente, e recentemente ganhou de um casal de clientes do hotel o pagamento de sua faculdade. Thomas trabalha voluntariamente dando palestras sobre a situação de seu país. "O que faço hoje aqui, muitos congoleses não fazem. Eles não falam do Congo, não na mesma intensidade. Todo mundo está envolvido de certa forma com esse conflito. Todo mundo usa equipamento eletrônico. Se você não tem celular, vai ter uma TV de última geração, um computador. Qualquer equipamento, na área de medicina, de defesa, tem um pouquinho de [mineral] coltan e alguns, como os carros elétricos, têm cobalto", diz.

Esses elementos, conhecidos como minerais do futuro, são abundantes na RDC e um dos principais motivos pelos quais o conflito e a violência perduram há tanto tempo — por trás da extração desses elementos há violações sistemáticas aos direitos humanos, exploração de menores, violências de todo tipo e muitas mortes. "O carro elétrico leva cobalto. A França vai tirar todos os carros com combustíveis até 2040 e deixar só os elétricos [Alemanha e Índia pretendem banir motores movidos por combustão interna a partir de 2030]. No futuro, será preciso ainda mais cobalto. E as empresas preferem que o país esteja instável para continuar comprando esses minérios", comenta Thomas. "O mundo precisa ter essa consciência de onde vem e como é feito. E a gente precisa quebrar esse silêncio sobre o conflito. Eu não sou potente, mas cada vez que trago essa mensagem, acho que consigo mudar a vida das pessoas no sentido de entenderem que existe uma guerra e o porquê de haver refugiados do Congo aqui."

Paralelo a seu trabalho como palestrante e no hotel, aproveita para estudar como funciona o sistema de transportes e o Judiciário aqui no Brasil, por exemplo — para um dia, se houver paz, voltar e poder aplicar no Congo. Enquanto esse dia não chega, luta para ter uma vida melhor. "Eu quero, como refugiado, ter mais oportunidades, como todo mundo tem, e conseguir crescer. Outro dia, atendi um brasileiro que disse que o pai dele também foi refugiado, que participou da luta armada [contra a ditadura] e foi exilado. Ele falou: 'Luta! A gente conseguiu, você vai conseguir também!'. Até agora não tirei da cabeça a maneira como aquele filho me contou sua história. Eu pensei: um dia meus filhos vão falar de mim assim."

CIDADE DAS MULHERES

O ginecologista e pastor Denis Mukwege ganhou o Nobel da paz em 2018 e o Prêmio Sakharov 2014 pelo seu trabalho. Ele estima que já tratou mais de 40 mil vítimas da violência sexual no Congo e quase pagou seu ativismo com sua própria vida, em um atentado em 2012. Por isso, é mantido sob proteção das Nações Unidas no hospital Panzi, que fundou em Bukavu, no leste da RDC, em 1999. Além do hospital, ele criou a City of Joy [Cidade da Alegria], destinada a acolher mulheres vítimas de violência sexual, devolver a elas a alegria e a autoestima e fortalecê-las, transformando-as em líderes comunitárias.

Thomas também relata histórias assombrosas de violência contra mulheres que conhecia. "A mulher no Congo, de forma geral, é usada como arma de guerra.

Conheço amigos do meu pai que também sumiram, as mulheres foram estupradas, e os filhos, obrigados a assistir. São fatos reais, mas ninguém sabe disso. A cada hora, 48 mulheres são estupradas no Congo — na região de conflito, mais ainda. Eles chegam às localidades e começam pelas mulheres. Não é um estupro comum. É uma barbaridade enorme, de ficar no hospital. Isso acaba com você." Quando teve a oportunidade de conversar com o dr. Denis Mukwege, Thomas ouviu histórias mais assustadoras, como a de meninas que precisavam passar por cirurgias complexas depois de estupros violentos e mulheres grávidas que tiveram os fetos brutalmente arrancados e descartados pelas milícias. "E ele contou outro caso que me chocou bastante: uma mulher, que tinha duas filhas de oito

e onze anos, viu as meninas serem estupradas por quinze homens cada... Essa mulher está destruída, não consegue falar, não consegue fazer nada."

No documentário *City of Joy: Onde vive a esperança* (2016), de Madeleine Gavin, que denuncia essa barbárie, a ativista e diretora da City of Joy, Christine Schuler Deschryver, comenta os danos a longo prazo da violência contra a mulher: "O estupro no Congo... não chamo mais de estupro, porque, pra mim, é terrorismo sexual. As mulheres são a força da família. Elas cuidam das crianças, dão à luz, e se destroem a mulher, destroem a comunidade".

Entenda a crise

ANGOLA

O país, que enfrentou quarenta anos de guerra quase ininterruptos, sofreu com as consequências devastadoras da pobreza e da precariedade das instituições públicas. Após a batalha por sua independência, a guerra civil (1975-2002) teve saldo de:

1,5 MILHÃO a **2 MILHÕES** de mortos.

4 MILHÕES de pessoas deslocadas internamente.

600 MIL pessoas fugiram para outros países.

1) O início do conflito
Expectativa

Após treze anos de guerra (1961-74) e a conquista da independência de Portugal em 1975, o país viveria um novo momento de paz e estabilidade.

Realidade

Os grupos que lutaram pela independência passaram a disputar o poder e o país entrou em nova guerra logo após a independência.

2) Os principais atores

	MOVIMENTO POPULAR DE LIBERTAÇÃO DE ANGOLA (MPLA)	UNIÃO NACIONAL PARA A INDEPENDÊNCIA TOTAL DE ANGOLA (UNITA)
Orientação	Partido marxista-leninista	Coalizão de movimentos de libertação
Líder	José Eduardo dos Santos	Jonas Savimbi
Apoiadores	URSS e Cuba	EUA e África do Sul

3) Os acontecimentos

1975 Após treze anos de luta pela independência, Portugal se retirou de Angola, deixando uma comissão que não conseguiu consolidar uma nova estrutura de poder. Houve diversas tentativas de formar uma coalização, mas foi o MPLA, no controle da capital, Luanda, que assumiu o comando. A Unita se estabeleceu como oposição e ocupou a cidade de Huambo, na região central do país. Assim, teve início o primeiro ciclo do conflito. Cerca de duas semanas depois de proclamada a independência, o país já contabilizava 40 mil mortos e 1 milhão de desabrigados.

1979 José Eduardo dos Santos, do MPLA, assumiu como chefe do governo.

1992 Com o armistício, instalou-se o pluralismo político e foram realizadas as primeiras eleições com o acompanhamento da ONU. José Eduardo dos Santos, do MPLA, foi eleito. Mas o resultado

NÃO É COINCIDÊNCIA

A Guerra Civil de Angola aconteceu na esteira da Guerra Fria entre as duas grandes potências que dividiam o planeta no período: os Estados Unidos e a antiga União das Repúblicas Socialistas Soviéticas (URSS). A África do Sul embarcou nesse conflito, ao lado dos americanos, com o interesse de isolar seu território de influências marxistas, como a do MPLA. Já Cuba, aliada dos soviéticos, viu uma oportunidade de fortalecer seu prestígio e ganhar mais representatividade.

foi questionado pelo concorrente, Savimbi, e os confrontos retornaram com força.

2002 Savimbi foi morto em fevereiro. Em abril, um acordo de paz foi assinado entre MPLA e Unita, marcando o fim do conflito.

2017 João Lourenço, um general aposentado que também lutou em 1975 pela independência e integra o MPLA, assumiu a presidência, após 38 anos de governo de José Eduardo dos Santos.

COMBUSTÍVEL PARA A GUERRA

O comércio ilegal de diamantes foi uma das principais fontes de financiamento da Guerra Civil angolana. A Unita dominou as áreas onde estava concentrada a maior parte das minas do país, de onde saem alguns dos mais preciosos diamantes do mundo. De acordo com um relatório da Global Witness, desde 1992 a Unita controlava de 60% a 70% da produção de diamantes, que movimentou aproximadamente 3,7 bilhões de dólares. Some-se a essa quantia bilionária o tráfico vigoroso de armamentos pesados — helicópteros, mísseis antiaéreos, carros blindados — e pronto: está aí a resposta para a longa duração do conflito e o número de mortos.

4) As consequências

Por um lado...

depois de mais de quarenta anos do fim da guerra pela independência, Angola conseguiu atingir um crescimento econômico considerável, graças à exploração de petróleo. O país é um dos maiores produtores da África.

Por outro...

40% dos angolanos ainda vivem abaixo da linha da pobreza. E até hoje convivem com as sequelas das décadas de guerra:

* **SEGURANÇA** — 80 mil pessoas foram mutiladas pelos milhões de minas espalhadas pelo país. O medo das explosões também contribuiu para a concentração de pessoas na capital, Luanda.

* **ESCOLARIDADE** — 25% da população não era alfabetizada em 2017, segundo o governo.

* **SAÚDE** — Faltam médicos, enfermeiros e hospitais. As taxas de mortalidade materna são altíssimas: 477 mortes a cada 100 mil nascidos vivos (2015). Isso porque muitas mulheres ainda dão à luz sem nenhuma ajuda ou estrutura. E as taxas de mortalidade infantil continuam entre as mais elevadas do mundo: 44 mortes por mil nascidos vivos (2011-5). Além disso, surtos de febre amarela, cólera e malária são potencializados pela má gestão de recursos públicos para a saúde.

Vale lembrar que… mesmo depois do acordo de cessar-fogo em 2002, ainda há denúncias sobre violações de direitos humanos. O MPLA é conhecido por reprimir com vigor qualquer tipo de oposição. O governo até hoje exerce amplo controle sobre mídias e meios de comunicação, principalmente o rádio, o canal mais eficiente fora da capital, Luanda.

E saber que… depois que a paz foi estabelecida, a ONU apoiou o retorno de milhares de refugiados. Só em 2015, na última operação de repatriamento voluntário realizada pelo ACNUR, cerca de 19 mil angolanos que haviam se deslocado para a República Democrática do Congo retornaram ao país de origem. O Brasil aceitou os pedidos de refúgio até o fim do conflito. Desde 2002, acata apenas alguns pedidos específicos, como os relativos ao pertencimento a determinados grupos étnicos ou sociais. No entanto, o fluxo migratório de angolanos continua. Só em 2017 o país recebeu 2036 pedidos de refúgio de angolanos, que ficaram atrás apenas de venezuelanos, cubanos e haitianos.

País de origem: ANGOLA
Data de nascimento: 15/12/1989 e 9/4/1990
VISTO DE ESTUDANTE → PERMANENTE

JACOB CACHINGA E PRUDÊNCIO TUMBIKA

"A imigração é boa, porque te tira de uma zona onde você não tem perspectiva nenhuma e te leva para um lugar que te dá uma amplitude de percepções. E você percebe que pode se tornar mais, pode se tornar útil para alguém e para você mesmo, e contribuir com a sociedade em que está e com o lugar de onde saiu."

Jacob Cachinga

"Essa mistura é que faz o Brasil ser o que é, ser esse país especial no mundo. Devemos, sim, continuar apoiando a imigração. Num mundo globalizado, como vamos ser contra? Um passaporte te privando de ir a outro lugar do mundo?"

Prudêncio Tumbika

Jacob Cachinga (de óculos, à esq.) e Prudêncio Tumbika se conheceram aos onze anos, pouco antes de entrarem em um avião, em 2001. O primeiro vinha de Moxico, província do leste de Angola; o segundo, de Luanda, capital. Sem pai, mãe ou qualquer acompanhante no voo, eles acabavam de ter seus destinos modificados para sempre: estavam a caminho do Brasil, onde viriam a criar, com outros sete integrantes, o grupo Vozes de Angola. Os meninos tinham muito mais em comum do que podiam supor. Os dois tinham deficiência visual, vitimados pelo sarampo que assolou o país africano nos anos 1990 — consequência direta da guerra civil que devastou o país de 1975 a 2002. Com eles na aeronave havia outros 22 jovens e crianças, de 7 a 29 anos, todos cegos, que ganhavam a oportunidade de se alfabetizar no Brasil, em uma iniciativa da Fundação Eduardo dos Santos (Fesa) e do governo angolano.

Mais do que a oportunidade de estudar (pois em Angola não havia suporte em sala de aula para pessoas com deficiência visual), as mães dessas crianças viram no convite uma chance de seus filhos sobreviverem, fugindo da guerra. Elas só não esperavam ficar mais de dez anos sem ter notícias deles. E as crianças, que não tinham noção da distância para o Brasil, só descobririam se os seus parentes estavam vivos a partir de 2012, quando um pastor os ajudou a reencontrá-los. "Você sabe que, para uma mãe deixar um filho pequeno se afastar dela, tem que ser algo muito forte. Como nossas mães eram analfabetas, não pensaram muito na questão do estudo, mas na fuga. Talvez nós não estivéssemos vivos hoje se continuássemos lá", comenta Jacob, que convivia com tiroteios diários. Era uma época em que a internet era de difícil acesso, cara e lenta, e famílias como a dele não conseguiam se comunicar. Cartas também não eram uma solução, pois os conflitos obrigavam as famílias a se deslocar constantemente. "Alguns do grupo que veio conosco não viviam em uma casa, porque estavam sempre se mudando, não tinham estabilidade", diz Prudêncio.

SURTOS RECENTES DE SARAMPO

O sarampo já havia sido erradicado em uma série de países, mas a recusa de muitos pais em vacinar seus filhos fez o mundo assistir a surtos da doença por todo lado, entre 2018 e 2019. Segundo a Organização Mundial da Saúde (OMS), os casos tiveram aumento de mais de 300% só em 2018. Na África, chegou a 700%; na Europa, a 300%; e nas Américas, a 60%.

Em Nova York, por exemplo, crianças não imunizadas foram proibidas de frequentar as aulas, depois que alguns condados declararam estado de emergência. Nos EUA, não havia registro de sarampo desde 2000.

Nas Filipinas, ao menos setenta pessoas morreram em 2019 vítimas da doença. No Brasil, foram 10 mil casos confirmados em 2018 — especialmente em Roraima, no Pará e no Amazonas. Os grupos de risco foram vacinados, mas houve surto no segundo semestre de 2019 em São Paulo, estado que concentrou 93% dos registros — de janeiro ao início de novembro, foram 11,8 mil casos.

Facilmente evitável, a doença pode, em casos mais graves, levar a cegueira, surdez, inflamação no cérebro e até a morte — em 2017, antes dos surtos, estima-se que 110 mil pessoas tenham

morrido no mundo. Os surtos estão relacionados a grupos antivacinação, que têm ganhado destaque nas redes sociais por não acreditarem na eficácia das vacinas, e a algumas linhas religiosas. Há também nações que não conseguem oferecer a imunização de forma adequada.

Esta é e não é uma história triste. No Brasil, esses jovens puderam fazer algo que lhes parecia impossível: sonhar. Sonhar com um futuro, sonhar que poderiam ser úteis à sociedade. Talvez seja por isso que, mesmo contando episódios difíceis, Jacob e Prudêncio riem o tempo todo, brincam, não se entregam à dor. Os dois fizeram faculdade — educação física e jornalismo, respectivamente, embora Prudêncio não tenha concluído — e venceram as limitações que a doença lhes impôs (a falta de estrutura para deficientes visuais em Angola os teria condenado a um limbo social).

"Havia essa espécie de bolsa de estudos oferecida para crianças cegas de províncias diferentes. Nós viríamos estudar no Brasil, nos formar e voltar para Angola, para ajudar quem não teve a mesma oportunidade", conta Prudêncio. A ideia era, na volta, replicar o que houvessem aprendido a outras pessoas com deficiência visual. "Incrível que nós todos achávamos que éramos os únicos cegos de Angola. E no avião percebemos que tinha muitos outros!", prossegue, rindo.

O destino inicial foi Juiz de Fora (MG), onde deveriam aprender braile, informática, orientação e mobilidade, para poderem ser independentes. Mas o que deveria ser um começo feliz foi traumático. "O patrono da associação que nos recebeu começou a nos tratar diferente por sermos negros. Sofremos maus-tratos, alguns ele botava de castigo na friagem, sem blusa; em outros ele batia, deixava sem comer." Os mais velhos se rebelaram e pediram para ir embora. Sobraram dezoito. "Os maus-tratos continuaram, só que, como éramos crianças, ficávamos com medo de dizer. Até que um voluntário descobriu, denunciou para o Ministério Público e estourou na imprensa", lembra Prudêncio. O consulado, então, procurou instituições para recebê-los. Assim, depois de quatro meses no Brasil, onze crianças que tinham de sete a catorze anos foram para Curitiba, no Instituto Paranaense de Cegos, e o restante para a Associação Catarinense para Integração do Cego (Acic), em Florianópolis.

Eram todos analfabetos. Mas esse não foi o único desafio na difícil adaptação à cidade. "O frio de Curitiba era coisa de outro mundo! Quando descemos da van, muitos estavam de bermuda. Chegamos no dia 24 de agosto, às seis da manhã. Até hoje lembro: quase morremos! Eles nos enrolaram em cobertores, levaram pra cama e foram botando cobertor por cima." O tempero da comida foi outro fator de estranhamento, e o português era muito diferente daquele que se falava em Angola. "Em

Minas, a primeira coisa que nos falaram foi para lavar o rosto na pia. Tem duas coisas que não entendemos: rosto e pia. Pia é privada lá em Angola! Ninguém lavou e deu uma confusão!", lembra Prudêncio. A palavra "bicha" (fila) também gerou mal-entendidos, e a expressão "tudo joia" fez Jacob responder que não trazia nenhuma joia da África.

O grupo, que ainda estava se conhecendo, se reunia no pátio nas horas vagas, para contar suas histórias, chorar suas saudades e, invariavelmente, acabava cantando. "Para fugir da guerra, da matança, o povo africano canta ou dança. Como passamos muita fome, e os pais de alguns morreram no conflito, a gente contava muita história e lembrava as músicas. Quando dávamos por nós, tinha muita gente assistindo e batendo palma. Saíamos, todas as crianças, correndo de vergonha", lembra Jacob. Era como eles matavam a saudade da África e da família, mas acabou se tornando um ofício. Sem entender a dimensão do que aconteceria, as onze crianças foram levadas para se apresentar no Teatro Guaíra, o principal de Curitiba, três meses depois de chegar à cidade. Nunca mais pararam. "Esse grupo abriu muitas portas e trouxe pessoas incríveis para o nosso lado. Começaram a aparecer voluntários para nos levar passear, dar aula", diz Prudêncio. Em 2002, gravaram o primeiro CD e, dois anos depois, o segundo, além de terem vencido vários concursos de música.

Tudo parecia um sonho até que eles terminaram o ensino médio, gratuito, e começaram a se preparar para o vestibular. O programa que os havia trazido não previa curso superior, muito menos pago. A Fesa decidiu que eles voltariam, mas ninguém quis fazer isso antes da faculdade, muito menos sem um plano para quando chegassem — eles haviam sido separados ainda crianças de suas famílias. Não podiam simplesmente voltar a Angola, sendo que nenhum deles havia entrado em contato com os parentes desde que tinham saído da África, nove anos antes.

A repercussão na imprensa e a resistência dos amigos curitibanos, que chegaram a pernoitar na rua para impedir que o grupo fosse levado embora, aceleraram a solução: os angolanos ficaram, com um visto que expiraria em 2015. Com a vitória, decidiram dar outro passo rumo à independência: foram morar juntos em uma casa alugada, fora do Instituto. No entanto, o pagamento irregular das bolsas atrasou a conclusão do curso da maioria deles. Assim, em 2015, poucos haviam terminado os estudos quando o visto expirou e novamente eles se viram em um embate com o governo angolano.

"Aí começaram os problemas: ficamos sem comida. Os voluntários nos davam cestas básicas, mas faltava gás. Então os amigos cozinhavam na casa deles. Daí o moço veio cortar a água, quase cortaram a luz, a imobiliária queria nos despejar...", lembra Jacob. As dificuldades renderam notícias na imprensa e uma campanha nas redes sociais, que mobilizou até pessoas famosas. A história foi parar no *Caldeirão do Huck*, programa de entretenimento da TV Globo, no qual conseguiram obter dinheiro para o aluguel. "O prêmio do Luciano Huck nos deu um respiro. Ufa! Temos uma casa. As faculdades nos cederam bolsas e perdoaram toda a dívida. Em 2016, eu e mais dois nos formamos, alguns terminaram em 2018", diz Jacob.

Com tanta mobilização, conseguiram o visto permanente, que permitia, inclusive, que trabalhassem em território brasileiro. "Emprego para deficiente visual é muito difícil, por mais que existam as cotas. Acham que vai ter de mudar toda a estrutura da empresa, da escada ao computador. Perguntam se alguém vai ter de nos levar ao banheiro, dar café na mão... As pessoas têm muito medo do desconhecido", explica Prudêncio.

Deficientes visuais, imigrantes, negros. São muitos os preconceitos contra os quais eles têm de lutar. Certa vez, Prudêncio e outro angolano foram comprar ingresso no teatro com um amigo branco e sem deficiência visual. "Compramos, e cada um segurou um braço dele, porque somos cegos. Já no carro, a polícia começou a nos seguir. No que paramos, a polícia saiu gritando: desce do carro todo mundo! 'Não, eles são cegos', respondeu o motorista. O policial botou o revólver na minha cara. Tudo porque uma moça falou que dois negros coagiram e sequestraram o cara branco, e que estavam armados. Era uma bengala!", lembra Prudêncio. Outra vez, o taxista, ao ouvir dois deles conversando no dialeto nativo, chamou a polícia, acreditando que estavam tramando algo. Uma amiga branca tentou interceder na aproximação policial. "Cala a boca. São vocês, brancos, que ligam pra gente quando esses negros fazem merda e agora querem falar o quê?", teriam ouvido. O caso chegou à imprensa. Também já houve o caso de um homem que não aceitou o namoro da filha com um dos jovens, a ponto de tirá-la do estado. E, em comentários nas redes sociais, eles já foram chamados de macacos. Apesar do choque com as palavras e ações, o grupo nunca se deixou abater e se manteve unido.

Mas quem eram aqueles meninos que se conheceram no avião?

A história de Jacob Cachinga

Filho mais velho de Maria Paula (ou Elinga, como é chamada na África), Jacob nasceu em 1989 na província de Moxico, leste de Angola, que foi uma das principais bases de operação da Unita durante a Guerra Civil. Assim, conviveu com tiroteios e violência desde muito cedo. Foi também na maior província angolana que o conflito viu seu fim, em 2002, com a morte em combate de Jonas Savimbi, da Unita, e a assinatura do acordo de paz.

Jacob enxergava perfeitamente, até que, entre dois e três anos de idade, contraiu sarampo e, como consequência, perdeu a visão. "Como o governo investia todo recurso na guerra, não tinha para saúde e educação. O sarampo vinha e cegava as crianças", diz Jacob. Da sua família, só ele perdeu a visão, duas irmãs conseguiram escapar. Mas a guerra lhe deixou outros traumas.

"Eu vivi a guerra, eu dormia com a guerra. Tinha que acordar de madrugada para fugir, me esconder. Um dia, aos sete anos, estava correndo com minha mãe de madrugada. Ela colocou minha irmã nas costas, a trouxa de roupas na cabeça e, como eu era cego, tive que pegar na blusa dela, atrás, pra correr junto. Mas caí no buraco. Os inimigos me pegaram e avaliaram se eu podia servir para eles. Minha mãe voltou chorando, falou que eu era seu filho e que era para matar ela. Eles me devolveram, falaram para ir e não olhar para trás e me deram um chute na bunda."

A deficiência já era um desafio enorme para ele, mas, quando seu pai morreu, pesou ainda mais. "Ele faleceu muito cedo. Morreu por causa de uma mina terrestre, porque todos eram obrigados a combater." Assim, sendo o mais velho e único homem, deveria tomar conta da mãe e das irmãs, como manda o costume.

"Lá o machismo é muito grande e eu teria de assumir a casa. Comecei a trabalhar com sete anos de idade, vendendo sambapito [pirulito], rebuçado [bala] e cigarro em uma banca na rua. Só que me enganavam muito por eu ser cego. Comecei a ficar frustrado, estava dando mais prejuízo que lucro. Queria estudar e não podia, porque a escola não tinha nenhuma estrutura. Vender pirulito, não conseguia. Aí saí da casa da minha mãe, porque eu era um homem ou um rato? Queria me matar. De verdade, não tinha esperança. Fui morar na rua e comecei a usar drogas." Dos nove aos onze anos, ele viveu entre meninos de rua, cheirando gasolina e torcendo pela morte. Tudo mudou com o projeto da

Fesa. "Como eu era o único cego louco lá, todo mundo me conhecia, e o governo me fez a proposta. Eu estava com o calção supersujo, sem camiseta, cheirando droga. Aceitei porque eles falaram que eu ia enxergar e depois estudar. E eu queria estudar, queria ser igual aos meus amigos, para ler poesia, escrever." No começo, na verdade, ele nem acreditou que pessoas com deficiência visual estudassem em algum lugar do mundo, mas aceitou o convite porque falaram que ele ia conhecer o Ronaldo Fenômeno. O Brasil também era conhecido por causa das novelas. "O Brasil para nós era um sonho, mas a gente não tinha essa dimensão de que ficava em outro continente."

Convencido, ele procurou sua mãe para obter a permissão legal. "Ela chorou porque voltei para casa, me deu um banho, fez comida. Ela estava resistente, porque eu só tinha onze anos. Mas, por outro lado, estava feliz porque eu ia fugir da guerra e estudar." Para Jacob, foi como fugir da morte. "Eu não tinha mais sonhos, por isso queria me matar. Meus sonhos morreram; eu não poderia estudar nem trabalhar... E o homem só vive porque tem sonhos. Minha vida ressurgiu quando vim pra cá e percebi que poderia sonhar novamente." O sonho o levou a cursar uma faculdade, fazer especialização em atividade física para populações com algum problema de saúde ou condição que possa interferir na realização do exercício, assim como em administração e finanças, e começou mestrado em bioética. Agora, sonha em comprar uma casa para a mãe em Angola, conseguir emprego para os irmãos e abrir uma faculdade em sua terra natal.

A mãe de Jacob foi a última a ser encontrada. Ele já estava decidido a viajar para procurá-la, logo que se formou na faculdade, quando um amigo contatou a Associação Nacional dos Cegos de Angola (Anca), que fez anúncios na rádio em Moxico. Por sorte, sua mãe ouviu e chegou à associação: "Sou a Maria Paula e ele é meu filho, estou procurando por ele há muito tempo", ela teria dito. Como a matriarca não tinha telefone, o contato foi feito pelo aparelho dos familiares do presidente da Anca. "Eu chorei um monte, não acreditei. E ela ficou perplexa, só perguntava: 'Você é meu filho mesmo?'. Eu não reconheci a voz dela, não lembrava nada, mas senti o amor, sabe?" Como a mãe não parava de chorar e de falar um dialeto que ele não lembrava mais, marcaram de conversar outro dia. Era outubro de 2016. Em dezembro, Jacob reuniu suas economias e foi para Angola de surpresa. O reencontro foi muito emocionante: a mãe foi ao hotel pegar um suposto presente e deu de cara com o filho. Foi sua irmã quem o reconheceu. Em Moxico, ele conheceu o irmão mais novo, na época com oito anos, que morava com a mãe em uma igreja, em troca de serviços de limpeza. Dormia em uma canga estendida no chão. Já a irmã teve de se casar cedo para ter como se sustentar. "Lá a mulher não tem autonomia para trabalhar, exceto na capital, e se vê na obrigação de se juntar com um homem para ter uma qualidade de vida melhor", explica.

"Em Angola a vida é difícil. Minha pretensão era ficar um mês, mas, como encontrei minha mãe sem casa, com o dinheiro que eu tinha, paguei seis meses de aluguel. E comprei fogão, geladeira, cama, tudo." Não só isso. Jacob tentou dar a Maria Paula um sustento e investiu o restante de seu dinheiro: comprou um freezer e frango para ela preparar e vender. Mas não contava com as interrupções frequentes no fornecimento de energia elétrica. Toda a carne apodreceu. Jacob espera encontrar outra forma de ajudar a mãe.

A história de Prudêncio Tumbika

Seus documentos dizem que ele nasceu em Lubango, na província de Huíla, ao sul de Angola, mas cresceu em Luanda, capital do país. Seu pai era militar e sonhava com um caminho semelhante para o único filho homem. Prudêncio tem mais duas irmãs de pai e mãe, uma irmã e um irmão só por parte de mãe, e dezesseis irmãs do lado do pai — em Angola, é comum o homem ter mais de uma esposa.

Apesar de ter vivido longe dos tiroteios, não conseguiu escapar da tensão que um conflito dessa magnitude impõe. "Convivi com meu pai indo pra guerra sem saber se ia voltar. Toda vez, era uma despedida final. Uma vez, ele teve um pesadelo, acordou todo mundo, abraçou e fez um discurso. A caravana dele foi atacada e ficamos dois meses sem saber se ele tinha morrido."

Quando Prudêncio tinha cinco anos, o pai foi para uma missão em outra província e, ao retornar, encontrou o filho cego pelo sarampo. "Ele nunca perdoou minha mãe, culpava ela por não ter cuidado direito de mim. Por causa disso, meus pais se separaram e a família se desmantelou. Meu pai não aceitava. Minha relação com ele nunca mais foi a mesma; na verdade, não temos uma relação. Minha mãe, de certa forma,

POLIGAMIA

Em Angola, ao menos 22% das mulheres viviam em uniões poligâmicas, segundo o Inquérito de Indicadores Múltiplos de Saúde 2015/2016, divulgado pelo Instituto Nacional de Estatística (INE) angolano em 2017.

Na capital, Luanda, verifica-se uma das porcentagens mais baixas: 14%. As províncias rurais têm números mais elevados, sendo a de Kwanza-Norte a campeã: 42 mulheres em 100 vivem com homens que têm

mais de uma companheira. Um dos casos mais emblemáticos é o de Tchikuteny ou Francisco Sabalo Pedro, que vivia na ilha do Mungongo, sul de Angola. Em 2016, aos 68 anos, ele tinha 43 mulheres e 167 filhos.

também me culpava pela desgraça. Ela me rejeitou, e meu pai também." Por conta disso, o menino foi criado pela avó paterna, Catarina, uma agricultora. Todo dia, ela acordava às quatro da manhã para trabalhar e só retornava por volta das onze da noite. Tinha muito medo de ficar doente ou morrer e deixar o menino desassistido. "Ela achava que minha vida ia ser aquilo, depender dela", conta.

O sonho de Prudêncio, nessa época, era ser narrador de futebol. A deficiência visual não lhe permitiria fazer isso, mas ele chegou bem perto ao cursar alguns anos de jornalismo. Desde pequeno era louco pelo esporte. Em 1998, quando tinha oito anos, acompanhou a Copa do Mundo na França, torcendo muito pelo Brasil e por Ronaldo Fenômeno, e chorou copiosamente quando a seleção brasileira perdeu a final para o time da casa. "Eu fiquei inconsolável. Chorei tanto que, dois dias depois, minha avó me deu um uniforme do Ronaldinho Fenômeno, número 9. Acho que gastou toda a economia dela. Até hoje lembro disso e me dá uma tristeza e uma alegria por ver o quanto ela se esforçou pra me deixar feliz. Meus primos e minhas tias falavam: 'Você é louca? Como faz isso com o dinheiro?'. E ela respondia: 'Vamos comer milho torrado uma semana se precisar, mas ele nunca vai se esquecer disso e vai ficar feliz pra sempre'. Usei esse uniforme um mês!" Hoje, um de seus sonhos é ir a uma partida do Corinthians no estádio de Itaquera.

O convite para vir ao Brasil veio dois anos depois da Copa. "Se eu falar que aceitei de primeira, vou estar mentindo. Por mais que eu tivesse uma vida difícil, era para ir para outro país, longe da minha avó, que sempre foi minha proteção, longe dos meus amigos. Apesar de ser cego, sempre brinquei de subir em árvore e correr. Por outro lado, era o Brasil! Aquele Brasil por quem eu chorei, do Ronaldinho." A mãe, que nunca o visitava, tentou convencê-lo a aceitar o convite. Ele teve mais raiva dela, pois pareceu mais uma rejeição. "Aí minha avó entrou em ação. Ela era analfabeta, mas muito sábia: 'Filho, vai, estou sentindo uma coisa boa'." E ele foi.

Em 2012, onze anos depois, conseguiu o telefone da família. "Era dezembro e, uma semana antes, minha avó tinha falecido. Foi muito ruim. Eu ia ouvir a voz dela se ligasse uma semana antes, sabe? Minha tia Marisa conta que, até os últimos minutos, minha avó falava que não podia morrer porque eu tinha prometido trazer panos para ela." Sua vontade de dar uma vida mais confortável para a avó também se encerrou naquele dia. Ele gostaria de ajudar seu país, mas viveu mais tempo no Brasil e aprendeu a chamá-lo de lar, por isso, não tem certeza se quer voltar.

Vozes em comum

Em território brasileiro, Prudêncio cantou com o coral Vozes de Angola até se mudar para Goiás, para morar com a namorada — hoje vive entre Minas Gerais e Goiás e se apresenta com o grupo esporadicamente. Como já tinha uma carreira solo, decidiu apostar nela — ele canta e compõe funk pop sob a alcunha de Prud Rey. "A música nos abriu muitas portas, foi nosso apoio até nos momentos mais difíceis e nos manteve unidos", diz ele. Jacob segue no coral, agora com oito integrantes e muitos amigos em Curitiba. "De algum modo, o povo brasileiro nos criou. Os amigos brasileiros abraçaram nossa dor, nossa derrota e nossa vitória."

UMA LUZ EM ANGOLA

Das dezoito crianças e adolescentes que ficaram no Brasil, ao menos um já retornou para Angola com o intuito de ensinar o que aprendeu. Wilson Madeira, ou Will Bantu, que era o mais velho do grupo de Curitiba, voltou em 2016 para fundar uma escola para deficientes visuais em Sumbe, capital da província de Kwanza-Sul, no litoral, onde está sua família. A iniciativa teve o apoio da Anca e oferece aulas para deficientes visuais de onze a cinquenta anos. A meta é que eles sejam autônomos, com aulas de braile, informática e música, além de futebol de cinco. O sonho é transformar a pequena escola improvisada em um centro com cursos profissionalizantes.

Ao contrário da maioria dos colegas que vieram ao Brasil, Will não perdeu a visão em consequência do sarampo. No seu caso, um vizinho deu uma granada para o menino, então com quatro anos, brincar com dois primos. O artefato explodiu, e os primos, de idades próximas, morreram. O homem, que era de uma tropa rebelde, provavelmente cometeu o atentado pelo fato de o pai de Will ser do Exército angolano.

AS MÃES DE ANGOLA

"Descobrimos que, no período entre dezembro de 2015 e fevereiro de 2016, entraram mais de 6 mil angolanas no Brasil", conta o ativista Paulo Illes, coordenador executivo da rede Espaço Sem Fronteiras (ESF) e, na época, coordenador de políticas para migrantes da prefeitura de São Paulo. Não bastasse o número relativamente alto, o dado chama a atenção pelo fato de que a imigração desse país costumava ser majoritariamente masculina. Essas mulheres angolanas estavam fugindo da instabilidade política e econômica, bem como de perseguições religiosas.

Na época, a Cáritas começou a pressionar a Secretaria de Direitos Humanos sobre o fluxo migratório atípico. O que essas mulheres tinham em comum? Estavam todas grávidas e chegaram ao Brasil com pelo menos mais um filho pequeno — há casos de mulheres com oito filhos. São milhares de crianças cruzando o Atlântico no colo ou na barriga de suas mães. A grande maioria delas, desacompanhadas dos maridos, entrou no país com visto de turista, tem escolaridade média e encontrou nas ocupações do centro de São Paulo uma opção de moradia minimamente acessível.

O fluxo intenso fez com que a assistência social, sem capacidade para atender tantas mulheres, procurasse o Ministério da Justiça, que oficiou o Itamaraty. "Era uma situação parecida com a do Haiti; a única diferença é que as angolanas entraram pelo Rio de Janeiro e vieram para São Paulo", lembra Paulo.

A situação dessas mulheres merece atenção especial das autoridades: "Precisamos preparar a documentação delas com urgência máxima, pois muitas deixaram parte da família em Angola, e agora [2018] tentam trazer os maridos e outros filhos que ficaram no país". Entre as milhares de angolanas nessa situação está Maria,* que mora na Ocupação Nove de Julho. "Cheguei aqui sem trabalho, muito sofrimento, com duas crianças, sem fazer nada", conta a angolana, que desembarcou no Brasil em 2016 com seu primeiro filho e grávida do segundo. Ficou um ano em um centro de acolhida, onde posteriormente encontrou trabalho. "Saí por todos os cantos distribuindo meu currículo, fiz hotelaria na Angola. Tá aqui meu diploma, veja!", conta.

"Eu saí da Angola porque meu filho nasceu gêmeo. Mas do jeito que as coisas estão lá, você tem que sair do hospital na hora. O outro bebê estava mal, já mudando de cor, ficando verde. Ficamos dois dias em casa, voltamos à maternidade, mas o bebê já tinha falecido, entendeu? Graça a Deus um sobreviveu, ou eu teria perdido tudo. Fiquei chateada, meu marido ficou chateado. A gente queria denunciar, mas como não temos direitos, o que você vai fazer? Se virar sozinha."

Na época, o contrato de trabalho de Maria havia vencido, então procurar melhores oportunidades em outro país parecia um caminho sensato. "Eu não queria mais ficar lá. Portugal não ia dar certo, melhor era vir para o Brasil. Algumas colegas minhas já viviam aqui e falaram que eu ia gostar. O momento primeiro vai ser difícil, mas depois vai melhorar."

Sua condição, no entanto, é igual à de angolanas que migraram nas mesmas circunstâncias e não conseguem trazer seus companheiros: "Eu não sei o que está acontecendo agora, mas o caso do meu marido é que ele já foi em vários lugares, já foi na Defensoria, no Ministério, na Justiça, já foi em todos os lugares... Temos todos os documentos da bebê brasileira, tem convite da empresa. Mas lá na Angola não querem dar visto para ele".

(Saiba sobre o direito de reunião familiar dos refugiados na p. 17.)

---

* Para a segurança da entrevistada, seu nome verdadeiro e algumas informações foram omitidos do relato original.

Entenda a crise

MALI

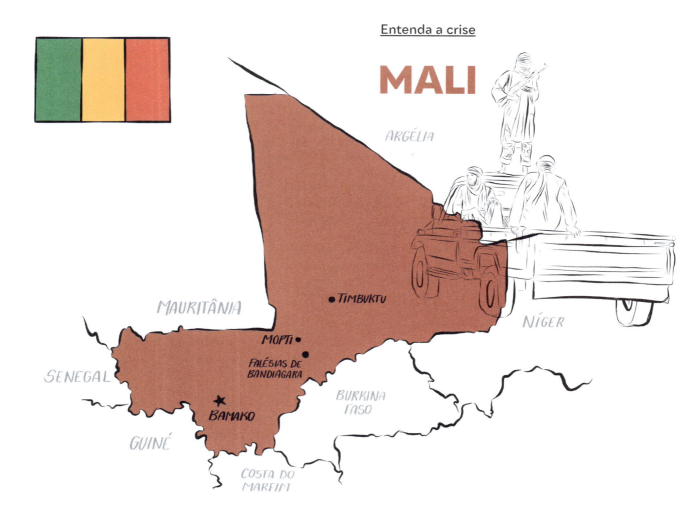

TURISTAS NA MIRA

Um dos ataques jihadistas mais famosos foi o sequestro de 170 hóspedes do hotel de luxo Radisson Blu, em **Bamako**, capital do Mali, em novembro de 2015. Foram oito horas de cerco policial. Ao todo, 27 pessoas morreram, sendo dois sequestradores. Em agosto, outro hotel, Byblos, em Sévaré, também havia sido alvo de ataque jihadista, deixando treze mortos.

O país, que durante séculos esteve no centro de rotas comerciais, na história recente se tornou palco de diversos conflitos étnicos, agravados pela ação de grupos extremistas.

Um passado ilustre...

Um dos países mais extensos do continente africano, o Mali tem um passado de glória em meio à aridez do deserto do Saara. A cidade de Timbuktu, a treze quilômetros do rio Níger, foi no século XIV um glorioso polo cultural e comercial. Era ponto de passagem das caravanas na rota transaariana de sal e ouro, centro da cultura islâmica e lar de uma universidade com 25 mil estudantes.

... e um presente conflituoso

Desde que se tornou independente da França, em 1960, o Mali enfrentou uma ditadura até o início dos anos 1990. As primeiras eleições democráticas ocorreram em 1992. O presidente eleito, Alpha Oumar Konaré, foi reeleito em seguida e, em 2002, sucedido por Amadou Toumani Touré, que também teve dois mandatos consecutivos. Sofrendo com secas e instabilidade política e econômica, mais da metade de sua população vive abaixo da linha da pobreza. E as perspectivas não são boas: as mudanças climáticas fizeram o deserto do Saara aumentar 10% de sua área nos últimos cem anos, boa parte sobre o Sahel, o cinturão que separa o Saara da savana africana e que atravessa o centro do Mali.

260 MIL PESSOAS do Mali já pediram refúgio ou se deslocaram internamente por conta dos conflitos, segundo a ONU (2019).

3,2 MILHÕES precisam de assistência humanitária, de uma população total de 18,5 milhões.

660 MIL crianças com menos de cinco anos sofrem de desnutrição aguda.

2012 — O início da crise

Milícias tuaregues do Movimento Nacional de Libertacão do Azawad (MLNA) se rebelaram no norte do país, em um movimento separatista que teve apoio da Líbia com armas e homens e o auxílio de um grupo extremista ligado à Al-Qaeda do Magreb Islâmico (veja p. 98), o Ansar Dine (que desejava impor a sharia em todo o país). Nesse cenário de instabilidade, o presidente Touré foi deposto e os rebeldes tuaregues declararam o Estado independente de Azawad. A França interveio em 2013. Desde então, tuaregues e grupos jihadistas atuam no norte e centro do país. Embora as disputas por recursos naturais e territórios sejam históricas, a entrada dos jihadistas aumentou a violência dos conflitos, com ataques a vilarejos, atentados com explosivos e homens-bomba.

O próprio governo tem cometido excessos que ferem os direitos humanos. De acordo com o relatório 2018 da Human Rights Watch, a repressão a civis que supostamente apoiam grupos jihadistas é severa. E o presidente, Ibrahim Boubacar Keïta, fechou a rádio local e proibiu manifestações durante o processo de reeleição.

Quem ocupa o território:

Tuaregues

Povo berbere de tradição nômade e seminômade. No Mali, ocupa a porção mais árida do território, ao norte, mas também está presente em países como Argélia, Líbia e Nigéria.

Dogons

Há séculos os dogons vivem nas falésias de Bandiagara, uma fratura geológica de duzentos quilômetros de extensão, situada entre o rio Níger e a savana, próxima à fronteira com Burkina Faso. Os dogons são agricultores.

Fulanis

Criadores de gado seminômades, são majoritariamente muçulmanos e estão presentes em diversos países da África Ocidental, como a Nigéria e a Guiné — estima-se que eles sejam 38 milhões pelo continente.

Dogons e fulanis se enfrentam há tempos na região central do país, Mopti. A confusão começa quando os rebanhos fulanis invadem os terrenos e plantações dos dogons, destruindo as colheitas e competindo por recursos naturais. No entanto, a partir de 2012, com a entrada de grupos extremistas no território, o conflito entre as duas etnias ganhou novas proporções. De um lado, dogons acusaram fulanis de se associar aos grupos extremistas. De outro, os dogons criaram grupos armados de "autodefesa", alegando necessidade de proteção.

A MUTILAÇÃO GENITAL FEMININA NA ÁFRICA

A mutilação genital feminina (MGF), uma violação dos direitos humanos de meninas e mulheres, continua a ser recorrente em muitas comunidades africanas, apesar de campanhas globais e leis que tentam proibir a prática desde a década de 1970. Também conhecida como circuncisão feminina, ela é bastante comum no Mali. De acordo com relatório do Departamento de Estado dos Estados Unidos sobre Mutilação Genital Feminina ou Corte Genital Feminino no Mali (2001), a violação tinha sido praticada em mais de 95% das mulheres e meninas no sul do Mali, predominantemente povoado por grupos étnicos como bambara, soninké, peul, dogon e senufo. Em Bamako

e Koulikoro, no sul do país, chegava a 95,3% e 99,3%, respectivamente. De acordo com a ONU, 68 milhões de mulheres e meninas poderão sofrer mutilação genital até 2030.

A ONG malinesa Sini Sanuman, fundada em 2002 com o objetivo de combater a excisão (operação pela qual são extraídas as partes de um órgão) e todas as formas de violência contra crianças e mulheres, estima que hoje, em todo o país, 85,2% das mulheres entre 15 e 49 anos são excisadas, prática que é apoiada por 73% da população. Desses procedimentos, 62% são realizados em crianças menores de um ano. Fazendo um recorte entre os grupos étnicos, a ONG

estima que essa seja uma realidade para 76% das meninas e mulheres dogons.

Segundo o Unicef, o número total de vítimas da MGF permanece desconhecido, mas estima-se que 200 milhões de meninas e mulheres sofreram mutilação em ao menos trinta países em 2015. Enraizados na desigualdade de gênero, os procedimentos são normalmente feitos por uma mulher, muitas vezes com instrumentos não esterilizados, e entre as razões estão a virgindade, a castidade, a limpeza, o medo da exclusão social e a similaridade do clitóris com o pênis. Muitas procuram hospitais em outros países para fazer o procedimento clandestino sem correr risco de vida.

País de origem: DOGON/ MALI
Data de nascimento: 12/5/1992
REFUGIADO

"Como ele me deixou aqui sozinho? Eu confiei e ele me traiu. Deixei o bilhete de avião de volta para o Mali, tudo com ele. No Brasil, eram só dez dias de conferência, mas nasceu a esperança de levar uma vida melhor aqui."

Allaye Gana nasceu no coração do Mali, na África Ocidental, mas faz parte de uma civilização africana milenar chamada dogon, que ocupa também parte do país vizinho, Burkina Faso. Em seu país, Allaye era um estudante que integrava a resistência pela democracia no país. Veio ao Brasil para um congresso e diz que foi abandonado no Rio de Janeiro por um empresário togolês que seguiu viagem para os Estados Unidos. A dor do abandono ele prefere transformar em sonho: o de um dia se tornar adido cultural do Mali no Brasil e assumir a missão de tratar de assuntos importantes entre os dois países.

A timidez evapora toda vez que ele fala sobre a riqueza da cultura dogon. Ao longo dos séculos, o conhecimento de seu povo foi compartilhado com pouquíssimas pessoas. Da vida pessoal nas escarpas de Bandiagara, a leste do rio Níger, onde nasceu em 1992, ele revela pouquíssimo. Pega o celular e mostra a foto de uma toguna, construção reservada para os homens discutirem questões que afetam toda a comunidade, localizada no centro da vila. O teto da toguna é muito baixo, para forçar os visitantes a sentar. Apesar do isolamento geográfico provocado pelas falésias, o conhecimento, especialmente do cosmos, é muito valorizado pelos habitantes dessa comunidade.

Dogon, peul, soninké, bambara, malinké, nigala... Allaye perdeu a conta das línguas africanas que fala fluentemente. Só os dogons falam 36 dialetos. "Passei a minha vida estudando sozinho", diz o jovem. Em sua terra natal, terminou o equivalente ao nosso ensino médio. "Eu cresci no país Dogon com alegria", diz ele, referindo-se ao seu povo como nação, embora oficialmente não exista como país. Foi para Bamako, capital do Mali, em 2009, para cursar faculdade de direito político.

Na capital malinesa, ele entrou em contato com uma realidade diferente: a rebelião que tomou o país na esteira da Primavera Árabe. O governo de Amadou Toumani Touré foi o último a cair no **mundo árabe**, em 21 de março de 2012, mas não como resultado de levantes populares ou protestos pela democracia, como aconteceu na Tunísia e no Egito. No Mali, separatistas tuaregues, que havia tempos lutavam pelo poder, aproveitaram a oportunidade, especialmente quando um golpe, da junta militar derrubou o presidente. Por sua vez, soldados malineses, insatisfeitos com a gestão dos rebeldes tuaregues, atacaram várias localidades na capital.

"Eu fui parte da resistência jovem, queriam nos colocar na cadeia." Membro da União pela República e a Democracia (URD), ele arriscou a vida participando de protestos em nome do regime de um país que já foi visto como modelo de democracia entre as nações africanas. Mas pagou o preço. "Precisei voltar para casa. Em Bamako, ficou claro que eu poderia morrer ou passar toda a minha vida na prisão." Devido ao golpe, Allaye não completou a faculdade.

De volta ao país Dogon, Allaye passou a atuar no segmento de turismo. Congo, Gana, Costa do Marfim, Senegal, Togo, Benin, África do Sul, Burkina Faso. Orgulhoso, ele mostra os carimbos de entrada em seu passaporte. "Sempre levei grupos para conhecer os países francófonos da África; os anglófonos também, como Gana e Nigéria." Nessa época, conheceu um homem togolês* que o convidou para trabalhar em uma empresa com sede nos Estados Unidos, ligada ao ramo educacional.

Ao assumir o cargo de chefe de projetos, conta Allaye, passou a organizar acampamentos de férias para estudantes conhecerem as culturas do continente africano. "Um dia, recebemos um convite para participar de uma conferência da mesma empresa no Brasil. Chegamos ao Rio de Janeiro em 8 de agosto de 2015. Ele me deixou no hotel e, no dia seguinte, foi para os Estados Unidos com meus documentos, minha passagem, meu dinheiro, tudo que eu tinha. Ele pode até ter me ajudado no começo, mas me traiu depois." Allaye diz não ter desconfiado do empresário.

Três anos depois do ocorrido, a rotina de Allaye no Brasil não poderia ser mais diferente do que em Bandiagara. Em março de 2016, começou a trabalhar como operador de máquinas em uma fábrica de produtos de

---

* Como forma de proteção ao entrevistado, alguns nomes e informações foram omitidos do depoimento.

limpeza em Carapicuíba, na Grande São Paulo. "Trabalhava das sete às cinco e morava sozinho no meu quarto", conta. Em outubro de 2018, completou um curso de gestor administrativo. Não era o que sonhava quando era estudante de direito, mas em março de 2020, Allaye, que um dia se viu completamente desamparado no Rio de Janeiro, conseguiu um emprego com carteira assinada em um banco, na área de tecnologia.

Talvez nada disso tivesse sido possível se, naquele mesmo dia, ele não tivesse sido abordado por uma brasileira em frente ao hotel onde estava hospedado. "Ela usava um traje de igreja e falava um pouco de francês." Ela o enviou de táxi para a rodoviária Novo Rio, com dinheiro para uma passagem de ida para São Paulo e um endereço na Liberdade. O rapaz foi direto para a Missão Paz.

Como não havia vaga disponível no centro de acolhimento da igreja, procurou a Cáritas por indicação de outros africanos. Na entidade, estudou português por três meses, o que abriu as portas para um futuro no Brasil. Mas não pensa em parar por aí. "Em primeiro lugar, eu amei os brasileiros e as brasileiras, que foram solidários com um refugiado e sou muito grato. Sonho com uma oportunidade melhor de trabalho. Gostaria de ser adido cultural do Mali e continuar mostrando como a nossa cultura é rica", diz Allaye em português.

DOGON: ORIGEM E SOCIEDADE

O povo dogon possui uma das culturas ancestrais africanas mais preservadas que existem, listada como Patrimônio Mundial da Unesco em 1989, e que representa cerca de 1 milhão de pessoas. Localizado nas falésias de Bandiagara, o que é chamado de país Dogon é hoje a principal atração turística e fonte de renda do Mali — todos os anos, sempre com início nos últimos dias de janeiro, acontece um grande festival em Bamako focado na cultura dogon. Bandiagara cobre uma área de 400 mil hectares — um refúgio natural de difícil acesso que protegeu os dogons contra invasões desde o século XV e também contra a influência religiosa. Desde o século XVIII, a presença de religiões como o cristianismo e o islamismo contribui para a vulnerabilidade da herança cultural dessa sociedade.

Os dogons são conhecidos por suas máscaras e arte figurativa de madeira. As obras se destacam principalmente pelas cores vermelha, preta e branca, assim como por espirais e motivos xadrez. As máscaras são usadas durante as cerimônias de dança dama — eles acreditam que o ritual cria uma ponte para o mundo sobrenatural.

Assim como para muitas populações agrícolas da África, a relação com a terra e a colheita está no centro das cerimônias religiosas. O cultivo de milheto é responsável por 90% da economia e o sorgo é outro cereal importante na produção e alimentação.

Entenda a crise

MOÇAMBIQUE

Logo após conquistar a independência de Portugal, o país embarcou em uma guerra civil de dezesseis anos. As consequências continuam ecoando: as tensões entre os envolvidos persistem, criando um cenário de constante instabilidade política. A pobreza e as sucessivas catástrofes naturais pioram as perspectivas e aumentam o êxodo.

60% DA POPULAÇÃO vivia na pobreza extrema, somando 15 milhões de pessoas, segundo o Banco Mundial (2015).

MAIS DE 80% das pessoas habitavam áreas rurais, as mais afetadas pela miséria, segundo o Mozambique Poverty Assessment (Banco Mundial), em 2015.

Moçambique ocupa a **180ª POSIÇÃO** no Índice de Desenvolvimento Humano das Nações Unidas, que avalia 189 países.

APENAS 54% DOS PARTOS são auxiliados por profissionais de saúde.

A incidência de **MALÁRIA** e **TUBERCULOSE** está entre as mais altas do continente, de acordo com a Organização Mundial da Saúde (OMS).

2,1 MILHÕES DE PESSOAS eram portadoras do vírus HIV em 2017, segundo o governo moçambicano (a população total era estimada em 28,8 milhões). Em 2016, apenas 54% tinham acesso à medicação antirretroviral, de acordo com o Programa Conjunto das Nações Unidas sobre HIV/aids (Unaids).

Quatro fatos importantes:

1. Moçambique só conquistou **sua independência em 1975,** mantendo o status de colônia portuguesa por mais de trezentos anos.

2. A **Guerra Civil durou dezesseis anos** (1976-92), mas os dois protagonistas — a Frente de Libertação de Moçambique (Frelimo), que está no governo, e a Resistência Nacional Moçambicana (Renamo), que passou de grupo rebelde a partido político — permaneceram em conflito até 2019, quando foi assinado mais um cessar-fogo. Apesar das tentativas de trégua anteriores, de acordo com o relatório da Human Rights Watch de 2017, as violações de direitos humanos — assassina-

tos, sequestros, casas e carros queimados, desaparecimentos e prisões arbitrárias — continuavam tanto por parte das Forças Armadas quanto de grupos armados ligados à Renamo. Um dos maiores focos de violência é a região nortenha de Cabo Delgado, na divisa com a Tanzânia, que concentra grande reserva de gás natural — houve cerca de 150 mortos desde 2017, mais de mil casas queimadas e algumas decapitações. A identidade dos autores dos atentados, bem como as motivações, ainda é uma incógnita, mas ao menos duzentas pessoas estão em julgamento. Coincidência ou não, os ataques começaram a ocorrer quando os investimentos para a exploração do gás tiveram início.

3. O **multipartidarismo** só foi permitido a partir de 1990. Até então, a Frelimo, que articulou a independência, era o único partido existente — e se mantém no poder desde as primeiras eleições multipartidárias, em 1994.

4. Ciclones, inundações e períodos prolongados de seca se revezam, instaurando o caos. Em 2019, por exemplo, o ciclone Idai deixou mais de seiscentos mortos no país e afetou cerca de 1 milhão de pessoas, destruindo até 85% de algumas cidades, e o ciclone Kenneth matou 45 pessoas e afetou mais de 250 mil. Além da destruição física, as epidemias que se seguem a esses fenômenos ameaçam a saúde da população. De acordo com a Global Facility for Disaster Reduction and Recovery (GFDRR), Moçambique é o terceiro país africano mais sujeito a desastres relacionados a condições climáticas.

Aliança brasileira

Em 2003, o governo brasileiro estabeleceu uma parceria com Moçambique para criar lá uma fábrica de medicamentos antirretrovirais e atender uma das populações que mais sofrem com a epidemia. Depois de um investimento de mais de 40 milhões de reais, no entanto, a indústria precisou mudar seu foco: em 2017, o antirretroviral brasileiro, produzido pela Fiocruz, ficou ultrapassado. A empresa, então, deixou de lado o combate à aids e passou a produzir remédios para diabetes, inflamações e hipertensão.

A SITUAÇÃO LGBTQI+

Em 2014, a homossexualidade deixou de ser crime em Moçambique pelo novo Código Penal. A medida passou a valer na prática em junho de 2015.

Embora não haja violência sistemática contra essa população, são frequentes os relatos de pessoas LGBTQI+ sobre discriminação no mercado de trabalho e falta de aceitação da família e da comunidade. Em visita ao país, no final de 2018, o especialista independente da ONU Victor Madrigal-Borloz disse que parece existir "um acordo social tácito para não atacar pessoas homossexuais, lésbicas, bissexuais ou de gênero diverso, desde que elas escondam sua verdadeira natureza". Ele afirmou que o governo moçambicano não havia assumido totalmente a responsabilidade de "acabar com a marginalização e garantir inclusão social plena".

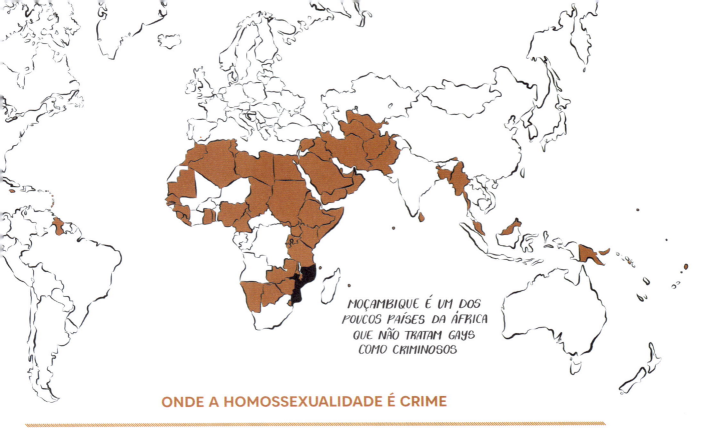

MOÇAMBIQUE É UM DOS POUCOS PAÍSES DA ÁFRICA QUE NÃO TRATAM GAYS COMO CRIMINOSOS

ONDE A HOMOSSEXUALIDADE É CRIME

70 países consideram a homossexualidade crime — 35% das 193 nações-membros da ONU. Em 44 deles, a proibição valia para os dois gêneros; nos demais, apenas para homens.

23% da população mundial vive nesses países.

A África tinha o maior número: 33 nações. Na Ásia, eram 22; nas Américas, 9; e 6 na Oceania.

89% DAS PESSOAS QUE PEDEM REFÚGIO NO BRASIL POR PERSEGUIÇÃO EM VIRTUDE DA ORIENTAÇÃO SEXUAL SÃO AFRICANAS.

7 nações aplicam a pena de morte nesses casos: Sudão, Arábia Saudita, Irã, Iêmen e algumas províncias da Nigéria e da Somália.

Últimos países a descriminalizar: Angola (2019), Índia (2018) e Trinidad e Tobago (2018).

O Chade, na África, agiu na direção contrária: criminalizou a homossexualidade em 2018. Fazia dez anos que nenhum país cometia esse retrocesso (o Burundi tinha sido o último, em 2009).

41 países impõem barreiras para ONGs com trabalhos voltados à orientação sexual.

NOTÍCIAS BOAS:

73 países têm legislação que protege contra o preconceito no ambiente de trabalho.

52 têm leis protetivas na área de saúde, educação e comércio.

4 novos países legalizaram o casamento entre pessoas do mesmo sexo em 2018: Alemanha, Austrália, Áustria e Malta. No total, 26 nações aprovam a união.

A "cura gay" foi proibida nos Estados Unidos, na Espanha e no Canadá em 2018.

Fonte: Levantamento State Sponsored Homophobia, realizado pela Associação Internacional de Lésbicas, Gays, Bissexuais, Transexuais e Intersexuais (ILGA).

País de origem: MOÇAMBIQUE
Data de nascimento: 6/2/1984
REFUGIADA

"Existe um lugar onde as pessoas homossexuais podem ser livres."

LARA LOPES

Quem diria que o amor de Jenifer e Eleonora, personagens da novela brasileira *Senhora do destino* (2004), do dramaturgo Aguinaldo Silva, se tornaria o alicerce para a nova vida de uma jovem moçambicana? Na trama, que foi ao ar no Brasil pela Rede Globo, os pais das personagens se veem obrigados a deixar o preconceito de lado e aceitar a união, celebrada ainda pela adoção de um recém-nascido. Ao assistir a essa aceitação familiar, algo nada comum em seu país, a administradora de sistemas Lara Elizabeth Baptista Cerqueira Lopes vislumbrou uma existência longe de represálias e do risco de acabar como Matilde, sua melhor amiga de infância, que foi brutalmente torturada por lutar pelo direito de viver, sem medo, como uma mulher lésbica. "Existe um lugar onde as pessoas homossexuais podem ser livres", foi o que pensou quando assistiu à novela.

As dificuldades do cotidiano em Maputo, capital conhecida ironicamente como "maningue nice", gíria local que significa "muito legal", eram dolorosas. "Minhas maneiras de vestir e falar geravam incômodo.

Conseguir emprego, conviver em sociedade, me assumir publicamente e sair sem medo jamais foram uma possibilidade", conta Lara. As agressões verbais nunca passavam despercebidas, mas ela se mantinha calada pelo simples fato de não ter a quem recorrer. "Era uma situação que poderia me levar a contemplar o suicídio", conta.

Lara e sua parceira se conheceram em 2011, no aniversário de uma amiga, e se apaixonaram. A jovem vivia no país vizinho, a África do Sul, mas, pouco tempo depois, se mudou para Maputo para morarem juntas. As desavenças familiares começaram logo após a mudança. "Os pais dela não entendem que ela gosta de uma mulher. Acham que fiz a cabeça dela", desabafa, reforçando que o cenário se mantém, mesmo sete anos depois. "É a maior dificuldade da nossa relação." Na família de Lara, que é filha única, havia uma aceitação velada. "Nunca houve uma conversa, mas existia respeito de algumas pessoas, principalmente devido ao meu silêncio. Minha preferência era por ficar no anonimato, sem debates."

Outro episódio acabou impulsionando ainda mais o desejo de mudança. Certa noite, Lara havia bebido e, sem poder dirigir, deixou a direção para sua companheira, que estava sem a carteira de habilitação. O casal foi parado por policiais, mas a primeira reação deles foi: "Essas daqui estão se comportando como um casal". Ao chegar à delegacia, foram assediadas até pelo delegado. "O africano diz que a mulher que se diz lésbica ainda não encontrou um homem que lhe desse um trato", ela conta sobre a dura realidade da qual batalhou para se distanciar.

A tristeza acabou ganhando nome e forma. "Me encontrei deprimida. Já não enxergava alegria em nada, não saía de casa." E, finalmente, se fez a pergunta: "Será que eu me arrisco e vou para o país da novela?". Sem avisar ninguém, Lara começou a pesquisar passagens. Descobriu que repúblicas poderiam ser uma opção viável de moradia. Também haveria melhores oportunidades de trabalho. A esperança pela oportunidade de refúgio começou a ganhar contornos de realidade. "A única pessoa da qual me despedi e para quem contei foi a minha mãe. Mas, na época, disse que estava indo para a África do Sul, pertinho."

Lara chegou ao Brasil em 9 de setembro de 2013. O começo, no entanto, não foi nada fácil. "Esperança, *esperança...* eu não tinha. Mas encontrei força num simples fato: a liberdade." Na época, seu maior desejo era cicatrizar as feridas de um passado recente. Pouco antes de chegar ao Brasil, era comum que ela abaixasse a cabeça para agressões verbais. Afastou-se das mídias sociais, ficando um ano sem acessar sua conta do Facebook. Já instalada no Brasil, dizia aos amigos que estava em Londres.

Antes de morar em uma república, Lara foi para um abrigo e chegou à Cáritas depois de um mês, onde recebeu novas informações que a levaram até a Polícia Federal e, eventualmente, ao Conare. Foi lá que conseguiu falar abertamente pela primeira vez sobre a razão por trás de seu pedido de refúgio. "Eu tinha saído do lugar onde nasci e cresci, mas me sentia oprimida pela legislação e pela ignorância das pessoas. E tinha chegado a um país onde as pessoas pareciam um pouco abertas. Eu ainda estava com medo." O documento de refúgio saiu em dois anos, prazo dentro da média para a maioria dos solicitantes.

Apesar das dificuldades iniciais, não faltaram oportunidades e esforços para um novo ciclo se iniciar. Como a maioria dos refugiados que chegam ao Brasil, Lara encarou uma realidade adversa no mercado de trabalho e teve dificuldades para validar seu diploma universitário (saiba mais na p. 28). Para sair do abrigo e alugar uma casa, trabalhou por um tempo como camareira em um hotel executivo da capital paulistana. Lara também atua no projeto social Estou Refugiado, importante interlocutor na inserção de seus colegas no mercado de trabalho.

Foi ainda um período de descoberta. Incentivada por Miguel Pachioni, assistente sênior de informação pública do ACNUR no Brasil, Lara entrou em contato com sua natureza ativista. "Essa não é só a minha história. É a história de muitos africanos. São muitos os refugiados LGBTQI+ que estão no Brasil e, mesmo assim, não conseguem viver em total liberdade", revela. "A comunidade africana que se formou aqui é extremamente preconceituosa." Ao visitar escolas e faculdades para contar sua trajetória, ela dá visibilidade a uma nova comunidade local e dialoga abertamente com seus conterrâneos.

"O respeito é a base de tudo. Eu vivo a minha liberdade aqui no Brasil, mas não abuso dela. Vou sempre respeitar o simples fato de você respeitar a minha escolha. Se algumas pessoas não aceitam, há outras que acolhem. Não preciso ficar beijando minha companheira em público", resume. Apesar de reconhecer pedidos de refúgio baseados em pertencimento a um grupo social, o Brasil, ironicamente, era o país com o maior número de assassinatos de pessoas transexuais no mundo em

2018, segundo a ONG Transgender Europe, e com muito a fazer para proteger e respeitar plenamente a comunidade LGBTQI+ (na p. 256, Patrícia Gorisch, pesquisadora em direitos humanos, faz uma reflexão sobre o preconceito histórico sofrido por essa população no Brasil).

Lara revela que adora frequentar as baladas black africanas, rodas de samba e ir à praia. Fica encantada com a gentileza de muitos brasileiros. Já foi para a Bahia, Fortaleza, Rio de Janeiro, Brasília. Adora feijoada, mas não curte farofa. Avalia que a Lara que chegou aqui em 2013 é muito diferente da que morava em Moçambique, pois já não abaixa mais a cabeça para nenhum tipo de agressão. "O Brasil é mais cabeça aberta. No meu país, se você não segue um padrão, está amaldiçoado."

Seu olhar revela que o passado marcado por torturas psicológicas já parece distante. Sua mãe se tornou uma visita acolhedora em seu país de refúgio. Chegou a hora de realizar seu maior sonho? "Espero encontrar uma forma de cobrir os custos e iniciar o processo de inseminação artificial. Eu quero tentar." E reforça: "Eu nunca pensei em casar com um homem para realizar meu sonho de ser mãe".

Em julho de 2019, Lara declarou em uma entrevista que já não recomenda que a população LGBTQI+ procure refúgio no Brasil. Em 18 de maio de 2020, nasceu Katriel, primeiro filho da união com sua companheira.

MOÇAMBIQUE E A ESPERANÇA DA DIVERSIDADE

"Em Moçambique, apesar de sermos um imenso mosaico de raças, religiões, etnias e orientações sexuais, por lei, somos todos iguais e temos direitos que devem ser respeitados. Infelizmente, essa ainda não é a realidade de muitos moçambicanos. Há pessoas que ainda não têm seus direitos reconhecidos e estão sujeitas à violência e à discriminação. São consideradas anormais, doentes, imorais, pelo simples fato de terem uma orientação sexual diferente. Cidadãos de segunda, por assumirem a sua identidade. A orientação sexual não é uma escolha. Stop Descriminação [sic]."

Esse desabafo em forma de manifesto fez parte da primeira campanha moçambicana contra a discriminação com base na orientação sexual e identidade de gênero, produzida pela Associação Moçambicana para a Defesa das Minorias Sexuais (Lambda) e lançada em 2014. A luta pelos direitos das minorias sexuais começou a ganhar espaço na sociedade local em 2006, quando a ONG Liga Moçambicana dos Direitos Humanos realizou um seminário inédito no país. "É a partir daí que se cristaliza a ideia de criar uma entidade focada em direitos LGBT e nasce a Lambda, que luta por seu registro oficial há mais de uma década", conta o advogado Dário de Sousa, um dos fundadores do grupo. Em termos legais, não existe fundamento para que a organização, cuja atuação é amplamente conhecida no país, não seja oficializada. "Trata-se de um silêncio do Estado", avalia.

Ainda assim, Moçambique é um dos países mais tolerantes da África Austral. O Afrobarometer, ferramenta de pesquisa pan-africana, mostra que 45% dos moçambicanos preferem a democracia a outras formas de governo. "Existem avanços sociais e legais na região. As questões começaram a ser discutidas em público e as pessoas passaram a entender a diversidade", reforça o advogado. Uma legislação aprovada pelo então presidente Armando Guebuza entrou em vigor no país em 2014, atualizando o Código Penal com a revogação da lei que autorizava a aplicação de "medidas de segurança" ao indivíduo que "se dedicava habitualmente à prática de vícios contra a natureza", entre os quais estava a homossexualidade.

EUROPA

Entenda a crise
EX-IUGOSLÁVIA

Menos de cinquenta anos depois do Holocausto e da Segunda Guerra Mundial, a Iugoslávia foi palco do maior genocídio em solo europeu e de um dos maiores deslocamentos forçados da história recente.

A religião, como elemento construtor de identidades, e o nacionalismo tiveram papel importante nas guerras separatistas que eclodiram nos Bálcãs nos anos 1990, culminando no que se chamou de "limpeza étnica".

2,2 MILHÕES de deslocados internos e externos entre 1991 e 2001.

O que aconteceu com a antiga Iugoslávia?

As raízes do conflito remontam à Idade Média e ao avanço do islamismo no século XIV, com um antagonismo contínuo entre sérvios e albaneses. Desde então, as tensões se transformaram em episódios de violência, marcados por tentativas de acordos de paz e interferências da Comunidade Europeia, da Rússia e dos Estados Unidos, cada qual com seus próprios interesses.

1914-8
ATÉ A PRIMEIRA GUERRA MUNDIAL
A Primeira Guerra tem como estopim o nacionalismo nessa região europeia, marcada pelo assassinato político do arquiduque Francisco Ferdinando, herdeiro do Império Austro-Húngaro. Seu responsável: o ativista sérvio Gavrilo Princip, membro do grupo Jovem Bósnia (que unia sérvios, croatas e bósnios), que tinha o objetivo de desmembrar as províncias eslavas da Áustria-Hungria para que fossem reunidas em uma Grande Sérvia.

1918
O REINO DOS SÉRVIOS, CROATAS E ESLOVENOS
é criado na península balcânica, a partir dos reinos da Sérvia, de Montenegro e do que costumava ser parte do território do Império Austro-Húngaro.

1929
O nome da região muda para **IUGOSLÁVIA, QUE SIGNIFICA "A TERRA DOS ESLAVOS DO SUL".**

1939-45
APÓS A SEGUNDA GUERRA MUNDIAL
A Iugoslávia foi criada como um Estado socialista composto por seis repúblicas, sob liderança de Josip Broz Tito (1892-1980). Suas fronteiras foram desenhadas de acordo com critérios históricos e étnicos. A Liga dos Comunistas da Iugoslávia era o partido que liderava o país, com um chefe de Estado e oito líderes a ele submetidos: das seis repúblicas + duas províncias autônomas da Sérvia — Kosovo e Vojvodina.

Em comum, apenas um idioma

As seis repúblicas falavam servo-croata, mas tinham identidades e crenças distintas. As hostilidades entre os grupos étnicos foram mantidas sob controle pelo regime de Tito, que promoveu "fraternidade e unidade" entre as repúblicas por 35 anos. Em 7 de abril de 1963, uma nova Constituição iugoslava o proclamou presidente vitalício do país. Quando Tito morreu, em 4 de maio de 1980, aos 87 anos, essa união começou a ruir, com o afloramento de movimentos separatistas. **O dia da sua morte é visto por muitos historiadores como o começo do fim da Iugoslávia.**

Anos 1980

ECONOMIA EM CRISE + DECADÊNCIA DO COMUNISMO AO REDOR DO MUNDO + ASCENSÃO DO NACIONALISMO = GUERRAS DA IUGOSLÁVIA

1987 — Foi aqui que a história começou

A tragédia na Iugoslávia começou quando Slobodan Milošević (**1941-2006**) ganhou protagonismo. Em 24 de abril de 1987, a mando do chefe da Liga dos Comunistas da Sérvia, foi enviado para resolver um conflito entre albaneses e sérvios nacionalistas em Kosovo. A província era considerada o coração da Iugoslávia e, fazendo fronteira com a Albânia, também a mais pobre. Milošević abraçou a causa dos sérvios em Kosovo, deixando de lado a ideologia comunista de união e fraternidade cultivada por Tito.

Sérvios de todas as partes da Iugoslávia sentiram que aquilo era um **COMANDO DE GUERRA**.

Então, protestaram e conseguiram depor os líderes de Kosovo, Vojvodina e Montenegro, que foram substituídos por aliados de Milošević. Em **1989**, o político controlava metade da Iugoslávia, e a autonomia da província do Kosovo foi abolida.

SOCIALISMO LIGHT

O titoísmo, como ficou conhecido o regime político implantado na ex-Iugoslávia, de 1945 a 1980, pelo marechal Josip Broz Tito, foi uma forma mais "leve" de socialismo, diferente do adotado por Stálin na Rússia ou Fidel Castro em Cuba. Ele previa que o socialismo deveria ser alcançado de acordo com as condições políticas, culturais, históricas e geográficas de cada país e pregava a autogestão, pela qual a sociedade deve ser autossuficiente com o próprio trabalho. O lucro não era demonizado, e muitas liberdades civis foram concedidas, o que gerou críticas de comunistas ortodoxos, que viam naquele sistema uma deturpação do socialismo. A fórmula implantada pelo carismático Tito conferiu certa democracia, com justiça social e, principalmente, pluralidade étnica. E manteve unidos sérvios, croatas, bósnios, eslovenos e todo o caldeirão de etnias que matava e morria desde antes da Primeira Guerra Mundial.

OS CAMPOS DE ESTUPRO

Usado como arma de guerra em conflitos recentes na África, o estupro em massa como "ferramenta" de genocídio aparece pela primeira vez na Guerra da Bósnia (1992-5). Uma das atrocidades cometidas em nome da limpeza étnica, a violência sexual no conflito atingiu entre 20 mil e 50 mil mulheres, a maioria muçulmanas. Era uma forma não apenas de humilhar e subjugar as mulheres de um povo e segregar as famílias, mas também de impor uma etnia com a gravidez indesejada, "controlando" a descendência. Algumas eram deliberadamente engravidadas e mantidas reféns até terem os bebês. Além de campos de concentração, foram criados campos de estupro, que funcionavam em escolas, hotéis, ginásios, serrarias ou armazéns. Ali, as mulheres podiam ficar presas por meses ou anos e ser violentadas diariamente por soldados rivais. No fim, algumas eram soltas; outras, mortas ou trocadas por prisioneiros. Só na cidade de Zenica, na Bósnia-Herzegovina, por exemplo, havia ao menos dezessete campos de estupro. Homens e crianças também foram vítimas desses crimes.

20 janeiro de 1990 — Foi aqui que o bicho pegou

É convocado o 14º (e último!) Congresso Extraordinário da Liga dos Comunistas da Iugoslávia, gerando controvérsias entre os líderes da Sérvia e da Eslovênia sobre a estrutura do país, o que resultou em eleições multipartidárias nas seis repúblicas.

Guerra da Independência da Croácia (1991-5)

A Croácia foi a primeira a caminhar para a independência. Os croatas criaram a União Democrática Croata e elegeram **Franjo Tudjman** (1922-99) como líder. Apenas 10% da população era composta de sérvios, concentrados na fronteira com a Bósnia.

A guerra propriamente dita

A Sérvia não queria deixar a Croácia se desligar da Iugoslávia e, em março de 1991, teve início o conflito. Oficialmente, a Croácia só se declarou independente em 25 de junho. Os presidentes das seis repúblicas foram chamados pela Comunidade Europeia (que, a partir de 1993, seria a União Europeia) para discutir um acordo de paz. Enquanto isso, o Exército iugoslavo, que apoiava os sérvios locais, planejava atacar a capital croata, Zagreb.

A Eslovênia e sua guerra curta

A república se declarou independente no mesmo dia em que a Croácia, em 25 de junho de 1991. A declaração levou à Guerra dos Dez Dias, com um final favorável à Eslovênia. Sendo composta majoritariamente por eslovenos, sua saída não gerava grandes ruídos.

Macedônia sai em paz

Foi a única república a se separar da Iugoslávia de forma pacífica, em janeiro de 1992.

A guerra na Bósnia (1992-5)

Após um referendo, a república da Bósnia-Herzegovina declarou sua independência em março de 1992. Começou, então, o conflito mais letal da Iugoslávia. Mais de 1 milhão de muçulmanos bósnios e croatas foram vítimas de uma limpeza étnica. A capital, Sarajevo, foi bombardeada e ficou sitiada por quase quatro anos.

Um fim incerto

A República Socialista Federativa da Iugoslávia oficialmente chegou ao fim em **27 de abril de 1992**, com a declaração de uma nova Constituição para duas das seis repúblicas, Sérvia e Montenegro, que formavam a República Federativa da Iugoslávia. Em 2003, o Estado passou a se chamar Sérvia e Montenegro, união que durou até 2006.

O Kosovo

Um conflito que durou quase todo o século XX

Em 1999, a Organização do Tratado do Atlântico Norte (Otan) bombardeou a Sérvia a fim de deter o que chamou de "campanha de terror" contra albaneses no Kosovo. O Conselho de Segurança aprovou a Resolução 1244, que deu a uma missão da ONU a responsabilidade de administrar o território, enquanto desenvolvia um governo provisório local. Em fevereiro de 2008, o Kosovo declarou unilateralmente sua independência da Sérvia, que rejeitou a ação. O território é reconhecido por 58% dos Estados-membros das Nações Unidas.

E Milošević?

Em fevereiro de 2002, ele foi julgado pelo Tribunal Penal Internacional para a ex-Iugoslávia, em Haia, sob acusação de crimes de guerra e contra a humanidade na Bósnia, na Croácia e no Kosovo, e por cometer genocídio na Bósnia. Foi o primeiro chefe de Estado a enfrentar um tribunal internacional de **crimes de guerra**.

Memória viva

Diversos monumentos em Genebra (maior sede da ONU fora dos Estados Unidos) homenageiam as vítimas da tragédia nos Bálcãs, entre eles o Memorial do Genocídio de Srebrenica (Potočari, Bósnia e Herzegovina). Na ocasião do massacre, 8372 muçulmanos foram exterminados por sérvio-bósnios, entre 11 e 21 de julho de 1995. Já a gigantesca "Cadeira quebrada", equilibrada em três pernas (a quarta violentamente arrancada por explosivos), está instalada na praça das Nações desde 1997 e representa a proibição das munições de fragmentação, banidas pelo Tratado de Oslo de dezembro de 2008.

País de origem: EX-IUGOSLÁVIA/ SÉRVIA
Data de nascimento: 12/7/1960
REFUGIADA

"Eu tive que fugir do meu país por causa da burrice das pessoas. Tive que deixar tudo e, simplesmente, sair pra me salvar. O país que eu considerava meu me obrigou a sair dele."

DRÁGICA STEFANOVIC

Uma pequena diferença na grafia de seu primeiro nome até poderia resumir uma parte da sua história. Mas "trágica" é uma forma muito simplista de explicar a vida de Drágica Stefanovic. E incompleta. Porque a mulher que foi obrigada a deixar a vida confortável que tinha nos Bálcãs às pressas por constar numa lista de extermínio, resultado do fim da Iugoslávia e da Guerra da Independência da Croácia, hoje ri quase o tempo todo. Não foi fácil superar. Quando ela chegou ao Brasil, no início dos anos 1990, com três filhas pequenas, o marido, poucos pertences e pouco dinheiro, deparou-se com uma realidade dura demais. Cozinhava para as meninas em um ferro de passar roupa, vestiu roupas de doação da igreja, foi traída e quase morta pelo marido, teve de fugir novamente e mergulhou em uma depressão profunda. No entanto, decidiu que aquela não seria sua história e começou a tecer outra narrativa. Aprendeu a falar português, fez cursos profissionalizantes, faculdade, pós-graduação, foi professora e chegou a trabalhar para uma grife de alta-costura.

Drágica nasceu em um país que não existe mais desde 1991, a Iugoslávia. Por ser de Pančevo, cidade que fica a quinze quilômetros de Belgrado, às margens do rio Tamiš, sua etnia é sérvia. Isso não fazia nenhuma diferença para ela na convivência com croatas, bósnios, albaneses, macedônios e montenegrinos. Bem que poderia ser em razão de seu nome, que significa "queridinha" (a pronúncia é "Draguitsa") em seu país, mas a verdade é que conflitos étnicos eram duramente reprimidos em nome do lema "fraternidade e unidade" do governo socialista. Terceira de quatro filhos, cresceu em uma casa com horta, animais domésticos e cerejeiras que a fazem suspirar até hoje. "Era uma vida boa." A mãe, empregada de uma fábrica de sapatos, separou-se do pai, funcionário de uma fábrica de vidro para automóveis, quando ela tinha catorze anos.

Cursou ensino técnico na área têxtil, mas não chegou a frequentar a faculdade porque, aos dezenove anos, casou-se com o vizinho, com quem namorava havia quatro anos. Por causa do casamento, dispensou o convite para desfilar como modelo e desistiu do sonho de ser aeromoça. Um ano depois, em 1979, veio a primeira filha, Vesna, depois Helena, em 1987, e Ana, em 1988. "Acho que a gente acaba perdendo os sonhos. Vive em função dos filhos e se esquece de si mesma." O marido, um engenheiro de telecomunicações, trabalhava para o Exército iugoslavo. Por causa do trabalho militar, foram morar em uma das mil ilhas e ilhotas da Croácia: Lastovo, a cinco horas de navio do continente pelo mar Adriático.

"Eu tinha uma vida de madame." Tinha em casa aparelho de micro-ondas e máquina de lavar louça, além de outros eletrodomésticos, numa época em que isso era considerado luxo (lembrando também que ela vivia em uma república socialista). A família possuía até um barco para passear pelo arquipélago nos fins de semana. Sua preocupação era cuidar das filhas e manter a casa sempre limpa e arrumada. "Todo mundo tinha casarão. Os pais do meu ex-marido, por exemplo, tinham casa de quatro quartos, três banheiros. As diferenças sociais não eram tão profundas: nem riqueza nem pobreza extrema. Não tinha mendigos na rua. Todos tinham médico e educação de graça e viajavam duas vezes por ano: quinze dias para o litoral, quinze dias para esquiar."

Foi o esqui, aliás, que redirecionou sua vida. Em uma temporada nas montanhas eslovenas em 1982, ela e o marido conheceram um casal brasileiro, com quem passaram a se corresponder esporadicamente por cartas. Era a única conexão que tinham com o Brasil quando tudo desmoronou. Na verdade, ela conta, sua ilha da fantasia começou a ruir com os movimentos separatistas e conflitos étnicos que ganharam força depois da morte do líder Josip Broz Tito, em 1980 — e especialmente depois que Slobodan Milošević pôs em marcha seu plano para criar a "Grande Sérvia". O primeiro país a se separar foi a Eslovênia, em 25 de junho de 1991, seguido pela Croácia, no mesmo ano (embora só tenha tido sua independência reconhecida em 1992). Era onde eles moravam.

Na época do conflito, o marido de Drágica havia sido transferido para Split, segunda maior cidade da Croácia, que abrigava uma importante base do Exército Popular Iugoslavo e o quartel-general da Marinha iugoslava. A tensão era grande. Ninguém mais dormia. "Meu ex me ligava para trancar as portas, colocar um móvel na frente delas, abaixar todas as venezianas. E eu tinha arma." Saber atirar era comum entre as esposas de militares. Várias vezes, sozinha com as filhas, ouviu croatas entoando canções de ódio que diziam ser melhor tomar sangue sérvio do que vinho. As ameaças só aumentaram, e a família deixou de sair de casa. O ápice do conflito em Split foi quando a Marinha iugoslava bombardeou a cidade, em novembro de 1991. Mas, para Drágica, o pior foi quando a filha mais velha chegou da escola com o olho roxo e ela descobriu que Vesna estava apanhando dos colegas por ser sérvia. "Ela estava na quinta série, eram crianças! Fiz a mala na hora e liguei para meu marido: 'Estou indo para a Sérvia; empacota o restante das coisas e manda se você conseguir'."

Com o acirramento dos conflitos, o casal havia comprado um imóvel em Debeljača, vilarejo do interior sérvio, pensando em um local para escapar. No fim, foi sorte Drágica não ter esperado para se mudar: o trem deixou de funcionar uma semana depois. "Não entrava nem saía nenhum trem para a Croácia. O último que saiu foi apedrejado, quebrado, destruído." Os móveis que deveriam chegar em onze horas, cruzando a Croácia, tiveram de ir por Montenegro, em 48 horas de travessia.

No vilarejo, a cerca de cem quilômetros da fronteira com a Croácia, ninguém falava sobre a guerra e, se não fossem as refinarias em chamas e os clarões e estouros das bombas, era possível dizer que nada estava acontecendo. "Mesmo ouvindo bomba, a gente fazia de conta que não era conosco, para tentar levar uma vida normal." Ali, viveram em relativa tranquilidade, cuidando da horta e vendendo frango e ovo caipiras. Mas não tinha como a vida ser normal naqueles dias. Em março de 1992, um mês antes do início da Guerra da Bósnia, Drágica lia o jornal quando uma notícia na seção de curiosidades a paralisou. A matéria dizia que um raio pode, sim, cair duas vezes no mesmo lugar — no caso, os raios eram bombas, e o lugar, a casa de seu pai. Uma bomba havia caído na propriedade, na Croácia, e ferido a esposa do patriarca. Ele a levou correndo ao hospital, voltou para buscar alguma coisa em casa e acabou vítima de uma segunda bomba, que o matou no quintal.

Drágica nunca foi avisada sobre a morte do pai, não sabe o que houve com o corpo e não ouviu mais falar da madrasta. Não havia comunicação por cartas nem por telefone. "A guerra é uma coisa ridícula, só serve para separar as famílias. É um sofrimento puro e desnecessário e as consequências que ela traz são piores do que o próprio ato, porque ali a pessoa morre e acaba seu sofrimento. Mas quem vem depois, os parentes, que tentam seguir, é que sofrem o pior. Desemprego, bandidagem, muita gente aposentada se suicidou."

Em agosto, o zumbido das bombas sobre sua cabeça já era diário. "Dava pavor, porque você não sabia onde ia cair." Mas a bomba que a expulsou de casa não veio pelo ar. Nos primeiros dias de setembro, seu marido recebeu o alerta de um amigo croata pelo radioamador: a família toda estava em uma lista de extermínio. "Era o mais puro pavor, que eu nunca mais senti na vida e acho que nem vou sentir. Um pavor tão profundo…"

Eles nem dormiram naquela noite, mal falaram sobre o assunto, só agiram. Puseram a casa e os bens à venda e arrumaram as malas. "De novo a gente estava armado, com medo de alguém entrar em casa. Não deixava as meninas saírem no quintal. Cada vez que ouvia um barulho estranho, pulava. Era um pavor interminável." Uma vez, haviam cogitado ir para o Canadá se a situação fugisse do controle, porque o marido e a filha falavam inglês e o país estava acolhendo refugiados. Mas, àquela altura, já havia fechado as fronteiras.

A saída foi aceitar o convite daquele casal brasileiro que, ao saber da guerra, havia oferecido ajuda. Em menos de vinte dias, venderam tudo a "preço de banana". Para os vizinhos, disseram que iam para a casa dos pais do marido. Para os familiares, só avisaram no dia do embarque. Foi a última vez que Drágica viu sua mãe. "Ela chorou muito e falou que nunca mais ia me ver. E foi mesmo. Ela morreu depois de uns dois anos."

Depois de 27 horas de voo, desembarcaram no aeroporto de Guarulhos, em São Paulo, em 29 de setembro de 1992. Tinham três malas, todas com roupas de verão, e 1,5 mil dólares no bolso. Era uma tarde gelada e chuvosa. Do alto, Drágica havia se espantado com o tamanho da cidade, esperava por mais verde. Em solo, teve um mau pressentimento. "Assim que desci do avião, veio aquele pensamento: 'Eu vim aqui pra sofrer, eu vou sofrer'. Não sei se eu chamei essa energia ruim. Enfim, sofri. Todo mundo sofreu." No caminho para a casa dos amigos, ficou chocada com a pobreza. Ela nunca tinha visto uma favela na vida, nem pela TV. "Fiquei uma semana doente, só chorava. Eu não acreditava que estava num país onde crianças dormiam na rua."

Para piorar sua primeira impressão, naquela noite, o apresentador Sérgio Chapelin anunciava no *Jornal Nacional*, da TV Globo: "A história do Brasil mudou nesta terça-feira. Pela primeira vez, a Câmara dos Deputados autoriza o julgamento de um presidente da República. Em todo o país, o povo foi às ruas. Olhos grudados na TV. Ouvidos atentos à contagem voto a voto. O que o brasileiro pedia nas ruas e praças, nas grandes cidades, 441 deputados garantiram com uma simples palavra: sim. Sim ao pedido de impeachment do presidente Collor".

Drágica não conseguia acreditar no que ouvia: "Eu chorava tanto e falava: 'Meu Deus, eu fugi de uma guerra pra vir pra outra'", lembra, rindo. Porém, logo ela conheceu a expressão "tudo acaba em pizza". Descobriu também que no Brasil pode fazer "um frio de cortar os ossos". Orientada a não trazer casacos e sem dinheiro, teve de buscar roupas de doação. "Imagina eu, dondoca, ir à igreja pegar as roupas? Chorei uma semana! Eu não me conformava que tinha deixado minhas roupas e tinha que ir na igreja", conta, gargalhando. "Eu tinha casacos lindos que costurei para mim e pras minhas filhas. Como você ia se sentir?"

Ficou na casa dos amigos nos primeiros três meses, até conseguir alugar um apartamento, logo depois de o marido ter arranjado emprego em uma multinacional de telecomunicações. Só conseguiu montar a casa com eletrodomésticos seis meses depois. Sem fogão, comeu sanduíche até na ceia do Ano-Novo de 1993. Depois, improvisou um fogão com o ferro de passar roupas. Na falta de geladeira, ia todo dia ao açougue. Ela conta e ri, mas na ocasião só conseguia chorar. Foi por essa época que teve a última notícia de seu irmão, Dragan: ele havia desertado do Exército e fugido para os Estados Unidos, mas estava com câncer no fígado.

As meninas aprenderam rápido o português. Mas Drágica mal saía de casa. Sem falar a língua, ela foi se isolando e dependia das filhas e do marido. "Aí começou o fim do meu casamento. Eu não sabia se ele estava com vergonha de mim. Viemos de um país com uma mentalidade um pouco diferente, mais tradicional. Aqui no Brasil é muito mais aberto." Nos dois primeiros anos de refúgio, enfrentou muita solidão, reclusão e depressão. "Fiquei muito doente, com a alma doente. Minhas filhas é que me davam essa necessidade de levantar da cama. Meu ex queria me internar num hospício. Não sei se você consegue imaginar: em um mês, sua vida vira. Você já não está na sua casa, não está com sua família. Você sai do seu país, daquilo a que está acostumado, e vai para um lugar onde não conhece a língua. A ficha só caiu quando chegamos aqui, por isso fiquei tão mal."

O relacionamento com o marido só piorou. "As coisas nojentas que ele me falava… Eu me sentia humilhada, jogada no canto." Não só as agressões verbais ficaram mais comuns, como os casos extraconjugais se tornaram mais evidentes. "Eu queria me jogar da janela. A gente morava no quinto andar e eu queria me matar. Esse ano foi muito triste, viu? Na verdade, todos os anos foram péssimos até eu mudar para o interior." Se em um relacionamento tóxico já é muito complicado se separar emocional e fisicamente, quando a mulher é refugiada, a dependência do companheiro pode acentuar a submissão.

Assim, a mulher que por pouco não carrega a tragédia em seu nome foi buscar um pouco de tranquilidade, por ironia, na cidade de Socorro. Distante cerca de 130 quilômetros da capital, Drágica já não via tanto o marido. E foi ali que começou a se reconstruir, mais ou menos por acaso. Costurou um vestido para a filha mais velha ir a uma festa de quinze anos e o sucesso foi tanto que a cidade inteira a procurou; precisou até contratar uma ajudante. A independência financeira trouxe a certeza da separação. Mas, a pedido do marido, reconsiderou e voltou a São Paulo. Porém ela não o amava mais e pediu o divórcio. "Ele quase me matou. Se não fosse a Helena bater na porta do quarto, ele ia me jogar da janela."

Era 1997. E ela fugiu mais uma vez, para a casa de uma amiga. No dia seguinte, prestou queixa na Delegacia da Mulher. "Eu estava toda roxa: meu pescoço, meu corpo, da maneira como ele tentou me jogar da janela." Sob proteção policial, foi morar em um abrigo com as filhas, dividindo os quartos comunitários com outras vinte mulheres. Era como perder tudo de novo. "Era uma casa cheia de pulgas e piolhos." Nos três meses em que ficaram escondidas, as meninas não foram à escola, e a filha mais velha precisou ir escoltada prestar vestibular. Um dia, o marido apareceu por lá com flores. "Ele deu 3 mil reais na época para uma delegada dizer onde eu estava." Sua fuga acabou ali. "Era desgraça atrás de desgraça."

Na Cáritas, obteve ajuda para o divórcio. O marido, que foi obrigado a sair do apartamento, acabou indo morar no mesmo prédio e, depois, na mesma rua, sempre a ameaçando. Foram inúmeras as vezes em que ela chamou a polícia. Um dia, por mistério, ele se mudou para o Sul do país e nunca mais a ameaçou.

Drágica retomou a costura noite e dia e, nos fins de semana, cozinhava em um restaurante. Inscreveu-se no curso de modelagem do Senai, mas seu português precário não permitiu que acompanhasse as aulas. Voltou para casa decidida: "A partir de hoje, ninguém mais fala nossa língua dentro de casa. Temos que falar português para eu aprender e poder entrar no mercado de trabalho".

As meninas foram suas professoras. Dois anos mais tarde, em 1999, ela voltou ao curso. Depois, começou a dar aulas. Fez faculdade de processos produtivos na área do vestuário. Com muito esforço, comprou seu apartamento em 2006. Em 2016, concluiu o mestrado em têxtil e moda da Universidade de São Paulo (USP). "Fiquei muito orgulhosa, porque não usei meu estado de refugiada. Fiz a prova de proficiência e a orientadora gostou do meu projeto", diz. Agora, se prepara para o doutorado e leciona na Faculdade Santa Marcelina e na UniDrummond, além de fazer trabalhos freelancer como modelista. "Apesar das dificuldades, nós conseguimos nos reerguer, minhas filhas e eu. Todas estudaram, se formaram, fizeram pós-graduação."

Estudar é o conselho que Drágica dá aos novos refugiados, aproveitando os cursos com vagas específicas para esse público em faculdes e instituições como o Senac. "Tem de se reerguer, lutar, estudar... Deixamos nossos países? Sim. Foi fácil? Claro que não! Mas temos a questão da sobrevivência, né? Isso é passado. Tem de focar no futuro, principalmente dos filhos. Muita gente fala que tivemos sorte, não sei até que ponto foi sorte. Minhas filhas estudavam até tarde da noite, e eu trabalhava dezesseis horas por dia. Nenhuma de nós tinha tempo para reclamar e pensar no passado, em como seria." A verdade é que elas tocaram a vida com as oportunidades que apareceram e a garra que tinham, fazendo do Brasil sua nova pátria. "Gosto de tudo aqui, é minha casa. O povo brasileiro nos acolheu, temos bons amigos. É uma terra de oportunidades para quem quer trabalhar. Adoro!"

Nos últimos anos, Drágica voltou à terra natal duas vezes para fazer outro passaporte e visitar as irmãs. "As coisas mudaram. Na verdade, não foram as coisas; eu mudei, minhas filhas mudaram, acho que por causa das dificuldades que passamos, e a vida da minha família continuou na mesma. Temos uma visão diferente do mundo, somos sobreviventes", conta. Regressar, para ela que há menos de dez anos nem cogitava essa possibilidade, foi estranho: uma sensação de não pertencer nem lá nem cá, de estar pela metade nos dois lugares. "Nós estudamos, viajamos, abriram-se os horizontes. Gosto mais da minha vida deste jeito, uma eterna luta, nada parado. Acho que o refúgio nos deu oportunidade de crescimento pessoal e profissional."

Hoje, Drágica tem a liberdade que sempre desejou: bebe seu vinho quando quer, viaja para onde deseja, compra o que quer, paga o que é preciso, ouve Pavarotti em casa, vai ao teatro com os amigos. "A Drágica que chegou aqui tinha medo da sombra. Como consegui isso que o pessoal chama de força? Não sei. Foi triste. Muitas vezes penso nas coisas que passaram e parece inacreditável. Eu simplesmente lutava para sobreviver. Mas venci. Acho que venci a mim mesma. Consegui pular a minha própria sombra."

EM BUSCA DA NACIONALIDADE PERDIDA

Quando a Iugoslávia foi finalmente dissolvida e as repúblicas independentes concederam cidadania às pessoas que viviam em cada uma delas, muita gente ficou de fora, especialmente as minorias étnicas. Na Macedônia, por exemplo, os romanis não foram reconhecidos como cidadãos e amargam um ciclo de apatridia e pobreza. Estima-se que ao menos 54 mil pessoas desse povo viviam nessa condição em 2017, mas a ONU falava em 110 mil a 260 mil.

Em termos numéricos, os apátridas mais famosos são os da minoria rohingya, de Mianmar, estimados em 600 mil. Além deles, são famosos os casos de mais de 20 mil venezuelanos que nasceram na Colômbia na migração recente; os karanas de Madagascar, que somam cerca de 20 mil apátridas; e os da tribo pemba, no Quênia, com 3,5 mil pessoas.

Segundo estimativas da ONU, há de 10 milhões a 12 milhões de apátridas no mundo. Sem cidadania, eles se veem cerceados por questões legais: podem ter negado o acesso a saúde, educação e mercado de trabalho. Mesmo abrir uma conta bancária pode virar um tormento. E a situação se perpetua com os filhos, impedidos de ser registrados como cidadãos.

No Brasil, uma iniciativa histórica ocorreu em 2018: pela primeira vez, a condição de apátrida foi reconhecida. As irmãs Maha e Souad Mamo, nascidas no Líbano, mas filhas de pais sírios, que viviam no país desde 2014, ganharam nacionalidade brasileira, resultado da nova Lei de Migração (2017).

AMÉRICA LATINA

Entenda a crise

VENEZUELA

E m meio a um cenário político incerto, a população sofre com a escassez de produtos básicos, como alimentos e remédios, e é vitimada pela violência dos conflitos entre o governo e seus opositores.

Uma crise sem precedentes

7 MILHÕES de venezuelanos (ou 24% da população) necessitavam de ajuda humanitária em março de 2019.

5 MIL pessoas deixaram a Venezuela por dia em 2018.

94% VIVIAM NA POBREZA em 2018, sendo 60% desses na extrema pobreza.

O consumo de leite **REDUZIU 77%** de 2014 a 2017.

3,7 MILHÕES de pessoas estavam desnutridas em 2018.

22% DAS CRIANÇAS com menos de cinco anos sofriam de desnutrição em 2018. Mas a tragédia pode ser pior: a Coligação de Organizações pelo Direito à Saúde e à Vida (Codevida) estima que esse número pode chegar a 55%.

A ESCASSEZ DE ÁGUA potável, entre outros fatores, fez ressurgir doenças como tuberculose, difteria, malária e hepatite A.

11 QUILOS é a média de peso que os venezuelanos perderam em 2015.

¼ DA POPULAÇÃO relata fazer duas refeições ou menos por dia.

A HIPERINFLAÇÃO DE 1 350 000% em 2018 consumiu a renda básica da população, que passava horas em filas para adquirir itens básicos, como farinha e grãos.

Fontes: ONU e Codevida.

4,9 MILHÕES de venezuelanos deixaram o país de 2014 até março de 2020. Trata-se do **maior êxodo** da história recente da América Latina. Desses, mais de 3,7 milhões foram para países da América Latina e do Caribe. A estimativa da ONU era de que no final de 2020 o êxodo venezuelano chegasse a 6,5 milhões de pessoas, mas a pandemia da Covid-19 modificou essa dinâmica migratória.

+ DE 83 MIL venezuelanos, aproximadamente, solicitaram refúgio no Brasil desde 2015. Só em 2017 foram 17 865 pedidos, o equivalente à metade do total de solicitações recebidas pela Polícia Federal naquele ano. Em 2018, foram 61 681 — ou seja, 77% do total. Com os pedidos de residência temporária, o Brasil somava, até novembro de 2019, **mais de 212 mil venezuelanos**.

Fonte: ACNUR.

Decisão histórica

Em janeiro de 2020, o governo brasileiro reconheceu 17 mil venezuelanos como refugiados. Em dezembro de 2019, já tinha sido concedido esse estatuto a outros 21 mil solicitantes de refúgio provenientes da Venezuela — somando, assim, quase 40 mil venezuelanos, o que representa quatro vezes o número total de refugiados reconhecidos desde 1997 no país.

PACARAIMA EM CHAMAS

Principal porta de entrada dos venezuelanos no Brasil, a cidade de Pacaraima, em Roraima, não estava preparada para o grande afluxo de imigrantes, principalmente a partir de 2016. Isolada a 215 quilômetros de distância da capital, Boa Vista, e com cerca de 10 mil a 15 mil habitantes, Pacaraima viu sua população flutuante explodir e entrou em vias de colapso social: cerca de **1,5 mil venezuelanos dormiam nas ruas** (pois os abrigos não são suficientes), houve aumento de 35% no número de alunos nas escolas sem acréscimo de repasse (em 2018), além de um crescimento não contabilizado na demanda por serviços públicos. A ajuda do governo federal, no entanto, demorou a chegar: só em junho de 2018 uma força-tarefa foi enviada para lá, para auxiliar na triagem e serviços de saúde e **assistência social**. A ajuda havia sido prometida em fevereiro daquele ano, pelo então presidente Michel Temer.

De **quinhentas a oitocentas pessoas cruzavam a fronteira por dia** na época.

A maioria dos imigrantes fica em Pacaraima por pouco tempo e se dirige à capital, para dali seguir para outras localidades. Mas essa estadia, ainda que curta, tem causado tensões sociais perante a ineficiência do poder público para suprir a nova demanda. Para se ter ideia, o primeiro abrigo foi inaugurado em novembro de 2017, para receber indígenas venezuelanos do povo warao — imigrantes especialmente vulneráveis. Em abril de 2018, a própria governadora de Roraima, Suely Campos, chegou a pedir o fechamento da fronteira. Em julho, moradores bloquearam uma rodovia em Pacaraima, pedindo socorro ao governo federal. O clima já estava péssimo quando, em agosto, a família de um comerciante relatou ter sido assaltada e espancada por venezuelanos. Foi a gota d'água

para a explosão: **moradores atacaram com pedras e paus os acampamentos de imigrantes**, incendiaram tendas, destruíram pertences, e cerca de **1,2 mil pessoas fugiram de volta para seu país** ou para matas próximas. Em fevereiro de 2019, por conta do apoio do Brasil a Juan Guaidó, Nicolás Maduro mandou fechar a fronteira entre os países — os poucos que cruzam a divisa desde então usam trilhas clandestinas. Isso dificultou ainda mais a situação do município: o comércio local havia se expandido para atender a demanda dos venezuelanos, porém, com o fechamento da fronteira, os negócios foram paralisados. Também há uma crise no abastecimento de combustível, que quadruplicou de preço, já que não há postos do lado brasileiro.

Uma ideia do fluxo

128 mil venezuelanos tinham entrado em Pacaraima entre janeiro de 2017 e junho de 2018. Destes, 54% não ficaram no Brasil: 31,5 mil voltaram para a Venezuela, 16 mil cruzaram outras fronteiras por via terrestre (15% por Foz do Iguaçu, no Paraná) e 21 mil, por via aérea.

Apesar de tudo isso, o número de imigrantes venezuelanos que chegaram ao Brasil é irrisório quando comparado a outros países. Segundo relatório da ONU de novembro de 2019:

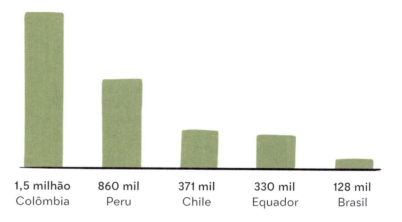

1,5 milhão Colômbia | 860 mil Peru | 371 mil Chile | 330 mil Equador | 128 mil Brasil

O petróleo e o agravamento da situação

A Venezuela tem a **maior reserva comprovada de petróleo do mundo** (17,9%)... Como foi possível chegar aos índices descritos acima?

De 2004 a 2015, o país arrecadou 750 bilhões de dólares com a venda de petróleo, que se reverteram em programas sociais e importações de bens de consumo. Chegou a ser o país com menos desigualdade social da América Latina, ao reduzir a pobreza de 49% para 26,4% nos primeiros dez anos de governo chavista, além de diminuir o desemprego. Porém não houve investimento na indústria e em outros setores, ficando cada vez mais dependente da importação de produtos estrangeiros. Em 2014, uma crise do petróleo balançou o mercado, e o preço do barril caiu — o valor, que chegou a 138 dólares em 2008, caiu para cinquenta. Como quase 96% das receitas da Venezuela vêm do petróleo, o impacto foi avassalador.

- O PIB caiu **37%** entre 2013 e 2017.
- **27%** da população deixou de ter acesso à cobertura básica de serviços de saúde.
- **81%** não tiveram acesso a serviços de saneamento no ano de 2015.
- Os gastos do governo com serviços essenciais, como saúde, não passaram de **3,1%** em 2015.

O caos político

A dependência do petróleo, aliada à instabilidade política alimentada pelas disputas de poder e pelo autoritarismo, levou ao colapso.

1974-9 Sob a presidência de Carlos Andrés Pérez, a Venezuela viveu um período de prosperidade com o preço do barril disparado em decorrência da crise do petróleo.

1989 Pérez, que havia sido eleito novamente, pediu ao Fundo Monetário Internacional (FMI) um empréstimo de 4,5 bilhões de dólares para pagar a dívida externa do país e equilibrar a perda de receitas com a queda do preço do petróleo. Mas precisou adotar um pacote econômico austero: desvalorização do câmbio, congelamento de salários, aumento de preços nos produtos de primeira necessidade, no combustível e no transporte público, além da diminuição de gastos do governo. A população se revoltou e tomou as ruas por uma semana. Houve saques a lojas, confronto com a polícia, barricadas e oficialmente trezentas mortes, no episódio que ficou conhecido como Caracazo (Caracas foi o epicentro do conflito). Isso contribuiu para o enfraquecimento dos partidos de centro-direita que ocupavam o poder.

1992 Hugo Chávez liderou uma tentativa de golpe, foi preso e condenado a vinte anos de prisão. Em novembro, seus companheiros militares tentaram tomar o poder novamente, sem sucesso. Cerca de trezentas pessoas morreram nessas rebeliões.

> Em 1973, durante a Guerra do Yom Kippur (veja na p. 70), a Organização dos Países Exportadores de Petróleo (Opep) declarou embargo no fornecimento a nações que apoiavam Israel. Com menos produto no mercado, os preços do barril chegaram a quadruplicar.

O CHAVISMO
Quando assumiu a presidência, Hugo Chávez tomou para si o título de "herdeiro" de Simón Bolívar, o herói da independência venezuelana, e batizou sua chegada ao poder de Revolução Bolivariana. Sob seu comando, de 1999 a 2013, o PIB passou de 98 bilhões de dólares para 371 bilhões, sobretudo graças à alta do petróleo. Isso permitiu que muitas medidas populares fossem tomadas, melhorando os indicadores sociais. Assim, Chávez conquistou seguidores fiéis, os chavistas, e o termo "chavismo" passou a designar características políticas adotadas por seu governo — nacionalismo, autoritarismo e estatização, por exemplo.

1993 Pérez sofreu impeachment e Rafael Caldera ganhou o pleito. Concedeu indulto a Chávez, que saiu da cadeia em 1994, sob clamor popular.

1998 Chávez foi eleito presidente com a promessa de diminuir a crise, estabilizar os ânimos e promover reformas sociais. Em 2000, foi reeleito para um mandato de seis anos, deu início a uma política de estatização de terras e empresas e aumentou a intervenção do Estado na economia, especialmente na indústria petrolífera.

2002 Um golpe tirou Chávez do poder, mas apenas por três dias.

2004 A oposição convocou um referendo para destituir Chávez do comando, mas ele ganhou, com 59% dos votos.

2006 Chávez venceu a terceira eleição presidencial e, no ano seguinte, determinou-se a estatizar a exploração do petróleo. A estatal (PDVSA), que enfrentava problemas de gestão e desvio de verbas, não investiu em infraestrutura e viu a extração de petróleo ser reduzida.

2012 Pela quarta vez, Chávez foi reeleito.

2013 Chávez morreu de câncer em março, antes de tomar posse. Novas eleições foram convocadas. Nicolás Maduro, seu vice, foi eleito.

2015 A oposição se tornou maioria na Assembleia Nacional, aumentando a pressão para derrubar Maduro.

2017 121 pessoas morreram e cerca de 2 mil ficaram feridas nos protestos que tomaram as ruas do país em 1º de abril e duraram meses, depois que o Supremo Tribunal de Justiça assumiu a Assembleia Nacional, controlada pela oposição.

2018 Maduro foi reeleito presidente, em um pleito com denúncias de fraude e resultado não reconhecido por parte da comunidade internacional. A crise política também se intensificou devido à falta de independência e transparência entre os três poderes (Legislativo, Judiciário e Executivo), dura repressão a opositores, falta de liberdade de imprensa e uso da violência. Os EUA impuseram sanções mais restritivas à Venezuela.

2019 O líder da oposição e presidente da Assembleia Nacional, Juan Guaidó, se autodeclarou presidente interino em janeiro e foi reconhecido por mais de cinquenta países, como Estados Unidos, Alemanha, França e Brasil. Maduro classificou o ato como tentativa de golpe dos EUA e conquistou o apoio de Rússia, China e Turquia. A repressão foi violenta, e ao menos quarenta pessoas morreram. Em março, uma série de blecautes levou à interrupção de energia e água e prejudicou ainda mais os setores bancário e hospitalar. Em abril, os EUA ampliaram as sanções econômicas à Venezuela.

2020 Em maio, o governo de Maduro frustrou uma tentativa de invasão marítima de um pequeno grupo de mercenários norte-americanos e venezuelanos para capturá-lo.

País de origem: VENEZUELA
Data de nascimento: 17/5/1981
VISTO TEMPORÁRIO → PEDIDO DE PERMANÊNCIA

"A perda do meu filho, ver o descaso com o ser humano e pessoas passando fome me levaram a sair do país. Se ficasse, eu morreria."

YENNIFER ZARATE

No dia em que deixou a Venezuela, Yennifer Rosalin Zarate Castillo havia saído para comprar pão pela manhã e o pouco que tinha no bolso acabou sendo roubado no caminho. Ela estava desempregada, aflita, havia perdido um bebê por causa das péssimas condições do sistema de saúde e, por pouco, não perdeu a vida. Não se despediu de ninguém, nem mesmo do marido, que não queria deixar o país. Com a roupa do corpo, em janeiro de 2018, começou sua jornada para o Brasil. Levava apenas a esperança de um futuro melhor. "Decidi deixar tudo e simplesmente cruzar a fronteira." Durante três dias, pegou carona, apanhou ônibus e andou a pé sob um sol escaldante para chegar a Roraima. Ao prosseguir viagem, vendeu seu único bem, a aliança de casamento, para chegar ao Rio de Janeiro (RJ). Passou necessidade, não foi remunerada pelo seu trabalho e ficou viúva, mas segue otimista com seu futuro no Brasil. Faria tudo de novo se fosse preciso.

"A perda do meu filho, ver o descaso com o ser humano e pessoas passando fome me levaram a sair do país. Se ficasse, eu morreria", conta Yennifer. Isso poderia ter de fato acontecido na cesariana de seu filho, Ángel Rafael Shoah Zarate, em janeiro de 2017. De acordo com o Ministério da Saúde venezuelano, a porcentagem de mulheres mortas durante o parto aumentou de forma aterrorizante em 2016: 65%. Seu primeiro e único filho, infelizmente, não passou do segundo dia de vida. A falta de balão de oxigênio e incubadora condenou o recém-nascido. O aumento alarmante da taxa de mortalidade de crianças com menos de cinco anos é outro sinal da crise. Dados do Unicef mostram que 30,9 crianças morreram para cada mil nascidas vivas em 2017, mesma taxa de 1989 (em 2011, esse número chegou a ser de dezesseis por mil).

Não só a crise hospitalar, mas a falta de alimentos e outros recursos básicos refletem o colapso da Venezuela, que já foi reconhecida por seu governo democrático e por ter sido o país mais rico da América Latina, nos anos 1970. Ainda que a situação econômica, política e social da Venezuela não seja mais assim há bastante tempo, e já não fosse ideal para boa parte dos habitantes, Yennifer descreve sua vida antes da crise desencadeada durante o governo anticapitalista de Hugo Chávez (1999-2013) como "perfeita" — ela tinha apenas dezoito anos quando ele chegou ao poder pela primeira vez, mas foi mais afetada após o terceiro mandato (a partir de 2006).

Havia conseguido comprar uma casa e um carro. Gostava de comer churrasco brasileiro, uma iguaria em seu país, e viajar. "Cresci com oportunidades. Estudei locução, desenho de roupas e fiz universidade particular de produção industrial." As lembranças de uma Venezuela democrática ainda incluíam um polo de turismo próspero (entre os destinos mais procurados, Los Roques e Isla Margarita), com vida noturna, parques e praias que "causavam inveja no mundo todo".

"A diferença mais marcante em relação aos governos anteriores é que as pessoas podiam comer; com o chavismo nos últimos anos, não. Nunca houve uma crise dessa magnitude", resume. O desabastecimento que atingiu o país afetou o acesso a alguns produtos, gerando escassez e o consequente aumento do preço dos alimentos. Para combater isso, o presidente Nicolás Maduro (2013-) tentou implantar políticas de abastecimento da população em 2016, sem resultados positivos. A realidade da Venezuela que Yennifer deixou era de um povo aflito e faminto.

Durante o regime de Chávez, Yennifer trabalhou como gerente de comercialização de uma mineradora privada e gerente de uma distribuidora de explosivos para minas de ouro. "O governo desapropriou todas as empresas privadas e, com isso, vieram o desemprego, a fome e a crise humanitária. No mesmo período, Chávez e Maduro implantaram o socialismo e as medidas anticapitalistas, prometendo que chamariam todos os trabalhadores que perdessem seus empregos novamente, mas isso não aconteceu." Aqueles postos, segundo ela, eram "bem remunerados", o que ela alega que não existe mais. As estatizações tiveram início em 2007 nos setores de petróleo, eletricidade e telecomunicações, seguindo para alimentos, instituições bancárias e exploração de minérios, especialmente em 2009. Em 2018, ela descreve sua "linda Venezuela" como um lugar de "miséria, ditadura e repressão", com "políticas ineficazes".

Seus pais e irmãos vivem em Caracas, capital do país, e, por morar no interior, ela não teve tempo de visitá-los antes de partir. "Eu não disse adeus e fui embora sem planejar nada." O marido ela já sabia que não a acompanharia: ele não queria emigrar e deixar tudo o que havia conquistado. "Implorei para ele, meu sonho era ter um filho, e na Venezuela não era possível", lembra. No dia 17 de agosto de 2018, já no Brasil, ela recebeu a notícia de que seu companheiro, com quem viveu por treze anos, havia sido baleado por bandidos que invadiram sua distribuidora de bebidas e não sobreviveu.

O trajeto de sua fuga a partir de Bolívar, onde morava, para Roraima durou três dias e foi feito a pé e de ônibus, com paradas em algumas aldeias para descansar. "Tive que andar cerca de seis quilômetros debaixo de um sol inclemente para chegar à fronteira brasileira." Ela recorda que havia mais de mil pessoas em Pacaraima, na fronteira venezuelana, que aguardavam para regularizar sua situação migratória no Brasil.

Aguardou três dias para receber uma senha da Polícia Federal. "É uma situação muito angustiante. Não tinha nenhuma certeza se conseguiria me mudar para um novo país. Todos dormiam em qualquer lugar e com muito frio e fome, sem nenhum tipo de higiene pessoal." Foi para Boa Vista, capital de Roraima, em uma carona de caminhão. A cidade recebeu parte do êxodo de venezuelanos que deixaram o país desde 2015. Diante da situação complicada no estado, ela comprou um bilhete de ônibus para Manaus.

Dois dias depois de chegar à capital do Amazonas, Yennifer se viu na região portuária, com fome e nenhum dinheiro. Um rapaz de uma barraca de limão deu para ela um salgado e um suco. Sem saber para onde ir, ficou contemplando os barcos. Um senhor, que ela conhece apenas pelo nome de Ado, se aproximou e puxou conversa, perguntando para onde ela iria. Quando soube que a moça pretendia dormir na rua, ofereceu a ela um lar. "Imediatamente pensei que ele iria se aproveitar de mim, mas, como não tinha nada a perder, aceitei." No entanto, foi um benfeitor em seu caminho. "Ele fez jantar e ofereceu sua própria cama, falando que dormiria na sala. Ficamos amigos, e ele sempre me respeitou. Me apresentou para a família como se eu fosse uma conhecida de anos e me acompanhou até a Polícia Federal para tirar os documentos necessários." Sua permanência na cidade durou dois meses. Com a papelada em mãos, vendeu o anel de casamento para ir para o Rio de Janeiro. "Arrisquei novamente."

Ainda em Manaus, entrou em contato, por meio das redes sociais, com o dono de um hostel no bairro de Copacabana, que lhe ofereceu um trabalho e "dinheiro suficiente" — ela prefere não identificar o estabelecimento. "Infelizmente, ele mentiu e me forçou a trabalhar como escrava. Me deu um quarto onde seis homens também estavam dormindo." Yennifer não foi remunerada pelos serviços de limpeza e trabalhou por quase duas semanas em condições miseráveis, sem ao menos poder trocar de roupa, pois não tinha outra. "Senti que não era ninguém na vida. Pedi meu dinheiro, mas ele disse que a cama onde eu dormia custava e eu precisava pagar com trabalho. Não podia falar com ninguém nem sair de lá. Me sentia presa."

Certa tarde, sentou-se na calçada da esquina do hostel com muita fome quando um estrangeiro se aproximou e perguntou onde ela morava. Não falavam o mesmo idioma, mas, de alguma maneira, ele entendeu suas necessidades e ofereceu uma embalagem com comida. Ela lembra de chorar e rir enquanto comia. Também recebeu ajuda de um hóspede brasileiro do hostel: "Foi generoso, me deu um pouco de dinheiro e me ajudou com palavras".

Apesar de alguns casos isolados de solidariedade, Yennifer atingiu seu limite. Em desespero, chegou a uma conclusão: "Estava com medo e raiva, e disse para mim mesma que acabaria virando prostituta. Ninguém me conhece. Ninguém vai me dar uma chance, sou apenas uma imigrante. A única coisa que tenho é o meu corpo". Mas, coisa do destino, nesse período ela conheceu uma venezuelana que explicou sobre o atendimento feito pela Cáritas. "Não sabia que isso existia." A experiência de Yennifer é exemplar das dificuldades para acessar os serviços de acolhida no país, o que deixa muitos recém-chegados totalmente desassistidos, dependentes de iniciativas da sociedade civil.

Por meio da Cáritas, com a ajuda de uma assistente social, conseguiu uma vaga para se abrigar na Associação de Apoio à Mulher Portadora de Neoplasia (AAMN), uma ONG que apoia mulheres de baixa renda em tratamento de câncer e fica no bairro de Jacarepaguá, Zona Oeste do Rio. Depois de vagar pela cidade por horas, chegou lá com apenas um pé de chinelo. Embora não seja voltada para migrantes, foi nessa casa de apoio que Yennifer encontrou o mínimo de estabilidade para sair da vulnerabilidade total e pensar em uma nova vida no Brasil. "Um paciente tirou os chinelos e deu para mim." Foi também através da Cáritas que ela soube do curso intensivo de português na Universidade do Estado do Rio de Janeiro (Uerj).

"Ainda me lembro muito do meu filho e do meu marido, mas agora é diferente. Agora eu me lembro deles com amor, e as lágrimas foram deixadas para trás", revela. Apesar dos desafios, a venezuelana é otimista em relação ao futuro. Diz ter encontrado um "ambiente seguro, estabilidade financeira, oportunidades de trabalho e qualidade de vida". Ela agora é contratada da AAMN e cuida dos pacientes da organização, que também abriga outros refugiados. Abriu uma microempresa para comercializar os artesanatos que começou a produzir. Acredita que aprender o idioma foi o passo mais importante para sua integração na sociedade e para conquistar um visto permanente. Aos brasileiros, ela deixa um recado: "Somos iguais, ninguém chega a outro país querendo roubar nada, muito menos benefícios trabalhistas. Lutamos por uma vida melhor".

O ÊXODO VENEZUELANO E A ACOLHIDA HUMANITÁRIA NO BRASIL

A Venezuela tradicionalmente recebeu muitos imigrantes. Vale destacar que, no período em que muitas nações viviam governos ditatoriais na América do Sul, ela foi um porto seguro para muitos perseguidos pelos regimes e vítimas de conflito. Esse quadro começou a mudar no final dos anos 1980, quando passou a enfrentar dificuldades econômicas e virou ponto de origem de fluxo para outras localidades.

Mesmo com essa mudança na onda migratória, os venezuelanos no Brasil sempre representaram números bastante modestos, apesar de serem países limítrofes. Essa realidade mudou a partir de 2015, quando aumentou a circulação entre os vizinhos pela fronteira em decorrência da crise econômica, social e política que atingiu a Venezuela.

Num primeiro momento, percebeu-se um aumento de movimentos pendulares, em que os venezuelanos vinham ao Brasil para obter produtos e retornavam para a Venezuela. Como a crise continuou intensa, muitos decidiram deixar de vez o país e se fixar em outras localidades, entre elas o Brasil. Desde 2016, o número de emigrantes venezuelanos para cá aumenta gradativamente, mas, apesar disso, não somos seu principal destino — Colômbia, Equador e Peru recebem muito mais pessoas.

Dada a vulnerabilidade dessas pessoas, em virtude de estarem fugindo de uma grave crise em sua terra natal — o que permite classificar esse fluxo como migração forçada —, faz-se necessário que os países ofereçam condições de acolhimento e promovam uma integração efetiva para que esses migrantes possam reconstruir suas vidas e contribuir com seu novo país.

Por João Carlos Jarochinski Silva, doutor em ciências sociais (PUC-SP) e professor do curso de relações internacionais e do mestrado em sociedade e fronteiras na Universidade Federal de Roraima (UFRR).

Entenda a crise

BOLÍVIA

País de origem da maior comunidade estrangeira em São Paulo, a Bolívia enfrentou nos últimos duzentos anos uma sucessão de golpes e ditadura, que resultaram em uma nação com elevados índices de pobreza e miséria.

38,6% da população ganhava menos de 3,20 dólares por dia em 2015.

16,8% tinham menos de 1,90 dólar por dia (extrema pobreza).

206 mães morreram a cada 100 mil bebês nascidos vivos em 2015. É uma das taxas mais altas das Américas.

39 a cada mil bebês morreram em 2016. Nas Américas, essa taxa de mortalidade só não é pior que a do Haiti.

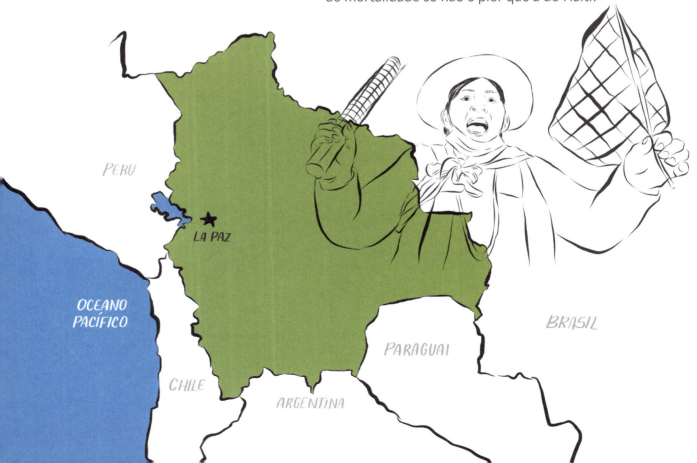

Já foi pior

Em 2005, 59,6% da população era pobre, sendo que 38,2% viviam na extrema pobreza, segundo o Instituto Nacional de Estatística da Bolívia.

Por causa da exploração de gás natural, petróleo e minerais, a Bolívia teve uma das maiores taxas de crescimento da América do Sul em 2018: 4,22%.

150 anos turbulentos

Desde que conquistou a independência, em 1825, a Bolívia viveu uma sucessão de golpes, passou por dezoito anos de ditadura e só conseguiu um regime democrático em 1982.

2006 — Um indígena na presidência

Evo Morales, o primeiro presidente indígena do país, é também o que ficou mais tempo no poder na América do Sul. Foi eleito pelo partido Movimento al Socialismo (MAS) com a promessa de realizar mudanças sociais, melhorando as condições de vida dos mais pobres e indígenas — que representam ao menos 20% da população.

Por um lado...

medidas como a nacionalização do gás natural e do petróleo, logo que Morales assumiu, impulsionaram o crescimento econômico. O país tem um dos PIBs que mais crescem desde 2012, em comparação com os vizinhos latino-americanos.

FUGINDO DA POBREZA

A maioria dos bolivianos vem ao Brasil para trabalhar em confecções têxteis, movimento que começou na década de 1970. A partir dos anos 1980, com a terceirização, e 1990, com a entrada de produtos chineses no Brasil e a tentativa de concorrência da indústria nacional, os empregados das oficinas de costura foram incorporados pelo mercado sem contratos formais de trabalho, o que contribuiu para a precarização das atividades e vulnerabilizou os direitos trabalhistas. Desde então, o perfil do imigrante boliviano começou a se consolidar: jovens, homens e mulheres solteiros, de escolaridade média, muitos de origem rural, atraídos por promessas de bons salários (que, na maioria das vezes, são falsas). Apesar disso, 13,2% dos bolivianos ainda escolhem o Brasil como destino, de acordo com o Instituto Nacional de Estatística (INE, 2012). Só em São Paulo, eles se tornaram a maior comunidade estrangeira, com cerca de 250 mil pessoas, entre indocumentados e regularizados.

Por outro...

a aproximação do líder de esquerda com o Banco Mundial e o FMI, as denúncias de corrupção, a tendência autoritária e as repetidas manobras para se perpetuar no poder ofuscaram a popularidade de Morales. Em novembro de 2019, após protestos e denúncias de fraude eleitoral no pleito que o reelegeu, Morales foi forçado a renunciar pelos comandantes militares e se asilou no México. A advogada Jeanine Áñez Chávez assumiu como presidenta interina da Bolívia em novembro de 2019 e anunciou candidatura à presidência no início de 2020. A eleição, marcada para o dia 3 de maio, foi adiada devido à pandemia da Covid-19. O Parlamento boliviano aprovou uma lei decretando que a votação deve ser realizada em agosto, mas a presidenta a rejeitou.

La oposición

Os principais grupos opositores se concentram nas províncias mais ricas, do norte, a chamada "meia-lua", que inclui Beni, Pando, Tarija e Santa Cruz. Durante a crise de 2008, as reivindicações incluíam mais autonomia aos estados e condenavam a nova Constituição, que previa medidas estatizantes. Mas o texto da lei foi aprovado em 2009, em um referendo popular.

O BRASIL NO FLUXO LATINO

O país está e sempre esteve longe de ser o principal destino de quem parte da Bolívia:

38,2% VÃO PARA A ARGENTINA

23,8% VÃO PARA A ESPANHA

Em 2000, o Brasil era o segundo país que menos recebia latino-americanos e caribenhos:

MIGRAÇÕES INTRARREGIONAIS	
7,6%	Guatemala
15,4%	Brasil
43% a 65%	Argentina, Chile, Colômbia e Uruguai
+ de 70%	Paraguai, Bolívia e Equador

Considerando imigrantes de todas as nacionalidades, Argentina e Venezuela eram os que, proporcionalmente, mais recebiam estrangeiros: 4,2% em 2000. O Brasil correspondia a apenas 0,4%, reflexo, em parte, das condições pouco atraentes para o imigrante e da dificuldade de essa população se integrar sem ser explorada. A situação, obviamente, mudou com a crise na Venezuela.

CINCO CARACTERÍSTICAS DA IMIGRAÇÃO BOLIVIANA EM SÃO PAULO

PERFIL

A presença boliviana em São Paulo começou a ser percebida no início dos anos 1950, com o intercâmbio de estudantes e outros bolivianos em busca de oportunidades. Atualmente, a inserção deles no mercado de trabalho se dá, em grande parte, no ramo da costura, no qual diferentes formas de trabalho se conjugam — assalariado e por produção. No último caso, o trabalhador ganha de acordo com a quantidade de peças costuradas. Daí a necessidade de trabalhar mais de oito horas diárias para ganhar mais, gerando situações de exploração dessa mão de obra. Há, entretanto, bolivianos que trabalham como médicos, advogados, engenheiros, comerciantes, educadores etc.

SITUAÇÃO JURÍDICA

Eles podem solicitar a permanência com base no Acordo sobre Residência do Mercosul ou, depois de dois anos, o visto permanente. A situação de indocumentação vivenciada no passado já não é mais um problema.

LÍNGUA

Como a Bolívia é um Estado multiétnico e multicultural, sua diversidade é facilmente percebida nos bairros onde vivem em São Paulo. Além do espanhol, falam o aimará e o quíchua, entre outras. Em São Paulo, há rádios que incluem na programação essa diversidade linguística, como a Mega Fox Bolivia (on-line).

RELIGIÃO

Destacam-se as festas devocionais católicas em louvor a Nossa Senhora. A primeira, dedicada a Nossa Senhora de Copacabana, padroeira nacional, é realizada em 6 de agosto, dia da independência da Bolívia. A segunda é dedicada a Nossa Senhora de Urkupiña, em 15 de agosto. Essas festas, antes realizadas na igreja Nossa Senhora da Paz, no Glicério, foram transferidas para o Memorial da América Latina em 2006, em razão do aumento de participantes. Diferentes danças e ritmos são apresentados, como a morenada, caporales, diablada, tinku, entre outros.

FESTAS

Outra festividade de cunho mágico-religioso muito comemorada, particularmente pelos bolivianos de La Paz, é a festa das Alasitas (miniaturas), realizada em 24 de janeiro, em honra ao deus andino Ekeko, da abundância. Segundo a tradição, nesse dia deve-se adquirir uma miniatura do que se deseja conseguir — por exemplo, uma casa, um carro, uma máquina de costura, um diploma, notas de dinheiro — e levá-la ao yatiri (sacerdote andino) ao meio-dia para que ele realize o ritual da Ch'alla, uma oferenda com bebidas e incenso a Ekeko e à Pachamama (Mãe-Terra), para que o desejo se realize.

Por Sidney Antônio da Silva, professor de antropologia e da pós-graduação em antropologia social da Universidade Federal do Amazonas (Ufam).

País de origem: BOLÍVIA
Data de nascimento: 1/7/1961
IMIGRANTE → VISTO PERMANENTE

"O trabalho doméstico é decente e honesto como qualquer outro, deve ser respeitado. Mas alguns maridos, filhos, sobrinhos e amigos das patroas acham que podem abusar de nós e que temos que nos calar. Eles precisam ser denunciados."

DIANA SOLIZ

No Brasil desde a década de 1990, Diana Soliz Soria de Garcia trilhou o caminho de muitos bolivianos que vieram para cá em busca de uma vida melhor e foram envolvidos em esquemas de trabalho escravo. Mas, em vez de seguir calada perante todo tipo de ameaça e medo, Diana conseguiu se manifestar. Entrou na Justiça para receber seus direitos. Sua coragem e experiência de vida a levaram a assumir, em 2017, a representação das domésticas migrantes no Sindicato dos Trabalhadores Domésticos do Município de São Paulo (STDMSP), aos 56 anos, para trabalhar "em nome da paz de todos os imigrantes, que não chegaram ao país para tirar o trabalho dos brasileiros". Ela só queria dar um futuro mais próspero para a filha, Leonor, e o neto, Diego, que nasceu aqui. E conseguiu: a filha não teve que passar pelas más condições de trabalho e pelos abusos que a mãe sofreu.

Diana e a irmã gêmea, Elffy, foram deixadas em um orfanato ainda pequenas. Seus pais, Agustina Soria Peralta e Jaime Soliz Gonzales, tiveram dezesseis filhos e não viram outra opção. Sua mãe pedia esmola na rua para sustentar a família. Já o pai, um cabeleireiro bastante conhecido nos círculos sociais de Camiri, província na região de Santa Cruz de la Sierra, onde Diana nasceu, sofria com o alcoolismo. "A bebida era mais forte e o dominava. Quando minha mãe pedia dinheiro para pagar as contas, ele a jogava no chão", revela.

O orfanato ficou na memória como "o pior lugar do mundo". Mesmo assim, acredita que sua infância foi menos sofrida do que a dos irmãos

que cresceram em casa. "Eu chorava o dia inteiro, mas lá pelo menos tinha comida, nos tratavam bem, tinha atendimento médico." No início da adolescência, decidida a sair do orfanato, Diana batalhou para conseguir seu primeiro emprego. Assim, desde os catorze anos, o trabalho doméstico tornou-se parte de sua vida — profissão que a deixou vulnerável a violências e abusos sexuais inúmeras vezes.

Os primeiros seis meses de trabalho foram suficientes para deixar marcas para o resto da vida. Em Sucre, capital política boliviana, Diana cuidou de Gabriel, um bebê que ainda não havia completado seu primeiro ano. O pai e o irmão mais velho da criança entravam todas as noites no quarto onde a adolescente dormia em um pedaço de papelão. Os dois tentavam estuprar a jovem, que não deixava que eles se aproximassem dela. Com medo de que denunciasse os abusos para a patroa, ameaçavam matar seus familiares caso ela revelasse algo. "Nunca quis que minha filha trabalhasse em casa de família, sempre tive medo de que fizessem o mesmo com ela", afirma. "O trabalho doméstico é decente e honesto como qualquer outro, deve ser respeitado. Mas alguns maridos, filhos, sobrinhos e amigos das patroas acham que podem abusar de nós e que temos que nos calar. Eles precisam ser denunciados."

Mesmo quando estava grávida de Leonor, sua única filha, Diana não ficou imune à violência sexual. Era o final da década de 1980, e o marido de uma escritora boliviana, a qual considerava "muito boa patroa", a assediava diariamente. Certa vez, ela empurrou o homem de oitenta anos para se defender e chegou a acreditar que ele havia morrido — a escritora e sua neta viram tudo e nada fizeram. "Mulher grávida, sem marido, não serve para nada", ele gritava. Ela seguiu trabalhando lá até o dia do nascimento de Leonor, em 1º de julho de 1989, data que marcou também seu aniversário de 28 anos. "Foi o maior presente da minha vida."

Diana dividia o tempo entre os cuidados com a filha, os irmãos mais novos e os quatro filhos de Elffy, que foi para o Brasil em meados da década de 1990 com uma família boliviana para trabalhar como cozinheira. A migração laboral transnacional se tornou um fenômeno estrutural e contínuo na sociedade boliviana desde essa época, especialmente para a capital paulista. O movimento era resultado de um histórico de extrema instabilidade política e econômica desde que a Bolívia declarou sua independência da Espanha, em 1825. Para se ter ideia, houve quase duzentos golpes de Estado, e o território foi reduzido à metade depois de conflitos com todos os vizinhos: Argentina, Brasil, Chile, Peru e Paraguai. Em 1985, o índice de inflação no país chegou a atingir o patamar de 8170,5%.

Assim, quando surgiu uma oportunidade de ter uma vida mais estável, Diana não pensou duas vezes. A família para a qual Elffy trabalhava a contratou para cuidar de uma menina tetraplégica de oito anos. Com o dinheiro da passagem enviado por eles, Diana chegou ao Brasil em 9 de maio de 1996 e trabalhou na mesma casa da irmã por dois anos. "Meus horários eram os mesmos dos rapazes da costura, meus patrões também costuravam", revela. A jornada era das oito da manhã à meia-noite, com paradas curtas para descanso e almoço. Embora não trabalhasse no setor têxtil, ela não escapou do destino de muitos conterrâneos submetidos a condições semelhantes à escravidão.

"Reconhecidamente, a maior comunidade de imigrantes no Brasil é a boliviana. Tiveram muitas conquistas no âmbito de organização, articulação cultural, política e social", comenta Paulo Illes, coordenador executivo da rede Espaço Sem Fronteiras (ESF) e ex-coordenador de políticas para migrantes da prefeitura de São Paulo e do **Centro de Direitos Humanos e Cidadania do Imigrante** (CDHIC). "No entanto, o contexto econômico afeta muitos bolivianos, que em grande parte atuam no setor têxtil, de serviços e comércio. Em paralelo, a precarização laboral tem forçado

TRABALHO ESCRAVO

O Ministério do Trabalho e Emprego recebe, desde os anos 1990 e de forma crescente, denúncias de violência no ambiente de trabalho relacionadas ao fluxo migratório boliviano. Em geral, dizem respeito à servidão por dívida, trabalho forçado, maus-tratos, condições precárias de segurança e saúde, assédio moral e sexual, espancamentos, jornadas de mais de dezesseis horas de trabalho e outras violações de direitos humanos. Os bolivianos, assim como outras nacionalidades, entravam de forma irregular no país, muitas vezes vítimas do tráfico de pessoas, e assim permaneciam, sofrendo calados, com medo da deportação e do retorno forçado.

É nítido que os imigrantes devem gozar da mesma proteção que os trabalhadores nacionais, devendo-se buscar ainda maior proteção quando houver vulnerabilidades adicionais, como as relacionadas a status migratório, etnia e gênero.

Por Renato Bignami, auditor fiscal do Ministério da Economia,* graduado em direito pela USP, com mestrado em direito do trabalho (USP) e doutorado em direito do trabalho e de segurança social pela Universidad Complutense de Madrid.

* Em 1º de janeiro de 2019, o Ministério do Trabalho foi oficialmente extinto pelo governo de Jair Bolsonaro, e suas funções foram incorporadas pelas pastas de Cidadania, Economia e Justiça.

muitas situações de trabalho análogo ao trabalho escravo. Essa é a principal dificuldade enfrentada por imigrantes. Como superar a precarização laboral e avançar na geração de renda com trabalho digno? Essa é a principal pergunta", provoca Illes (leia a história dele na p. 217).

Diana sofreu para sair dessa cadeia de exploração no Brasil. Mesmo trabalhando para outras famílias, enfrentou longas jornadas mal remuneradas. Um desses episódios dramáticos aconteceu entre 2008 e 2015. Sem nenhum registro e recebendo duzentos reais por mês (reajustados para quatrocentos em sete anos, sendo que o salário mínimo em 2015 era de 788), ela trabalhava das onze às dezoito numa casa de classe média alta.

Além de não ter carteira assinada e de receber abaixo do salário mínimo, Diana sofreu diversas violações a seus direitos básicos. Ela tem doença de Chagas e não pôde usufruir da licença de dois meses depois de trocar a bateria de seu marcapasso cardíaco, em 2014. Sua empregadora exigiu que ela voltasse depois de um mês. Na ocasião, Diana pediu um aumento e registro em carteira, para garantir todos os seus direitos trabalhistas, mas, como resposta, ouviu que não tinha esse direito por ser estrangeira.

Um ano depois, ao receber a notícia da morte de sua mãe, Diana pediu um adiantamento para vê-la pela última vez. Como teve o pedido negado, entrou em depressão profunda e só então procurou o fórum trabalhista da Barra Funda, que a encaminhou para o Sindicato dos Trabalhadores Domésticos. Com o auxílio do sindicato, tentou um acordo sem processo, mas a contrapartida oferecida pela ex-patroa não chegava perto do salário mínimo. O processo foi parar no tribunal e, finalmente, ela recebeu a indenização devida. Mais do que isso: aprendeu a brigar por seus direitos.

Apesar de tantas adversidades, Diana revela um sorriso largo e acolhedor. Ela é casada com o soteropolitano Francisco Garcia Pimenta, que conheceu nas ruas da Mooca quando trabalhava na casa da família boliviana que a trouxe ao Brasil. "Ele me buscava e me levava para passear", lembra carinhosamente. Seu neto, Diego Soliz, nascido em 2008, usa a camisa da seleção brasileira de futebol e corre pelos corredores do Sindicato dos Trabalhadores Domésticos, onde neto e avó ganharam um segundo lar. "Encontro força e suporte na existência dele, que me dá vida para continuar trabalhando."

Se hoje as trabalhadoras domésticas contam com direitos trabalhistas e organização sindical, muito disso se deve à atuação de Laudelina de Campos Melo (1904-91). Conheça sua história no livro *Extraordinárias: Mulheres que revolucionaram o Brasil* (Seguinte, 2017).

Diana assumiu no Brasil um dos ofícios mais importantes de sua vida, como diretora e representante das trabalhadoras domésticas imigrantes no sindicato da categoria em São Paulo. "Gosto de ajudar as pessoas e explicar para as domésticas a importância de seus direitos. Algumas patroas não pagam corretamente por elas serem imigrantes, e mesmo as brasileiras não têm seus direitos reconhecidos", comenta.

"Descobrimos que muitas domésticas imigrantes eram escravizadas. Agora temos a honra de ter Diana Soliz no nosso sindicato. O trabalho dela está transformando a realidade dessas trabalhadoras. Estamos ganhando cerca de 80% dos nossos processos", afirma Zenilda Silveira, que trabalha na organização desde 1987 e é responsável pelo departamento jurídico.

Para contribuir com as despesas da casa, Diana faz tricô, crochê e tear, enquanto Leonor, sua filha, trabalha em duas empresas de telemarketing para manter Diego em uma escola particular, com meia bolsa de estudos. Adversidades não faltam na trajetória de Leonor, que veio para o Brasil aos oito anos e não tem o apoio ou a presença do pai do filho em sua criação. Mas também foi no Brasil que sua mãe pôde pagar um curso de computação para ela, que agora sonha em fazer faculdade de recursos humanos. Juntas, mãe e filha constroem uma nova realidade para Diego e para elas mesmas, longe da exploração.

VOCÊ SABE O QUE É TRABALHO DECENTE?

O trabalho decente é o trabalho que permite satisfazer as necessidades pessoais e familiares de alimentação, educação, moradia, saúde e segurança. É também o trabalho que garante proteção social nos impedimentos ao exercício do trabalho (desemprego, doença, acidentes, entre outros), assegura renda ao chegar à época da aposentadoria e no qual os direitos fundamentais dos trabalhadores e trabalhadoras são respeitados.

Definição formulada em 1999 pela Organização Internacional do Trabalho (OIT), agência especializada da ONU.

É o oposto do que se vê em várias partes do mundo, onde trabalhadoras e trabalhadores se encontram em condições inseguras e insalubres, possuem relações de trabalho injustas, são excluídos e condenados a permanecer na miséria, ainda que sua força de trabalho seja essencial para gerar a riqueza e o progresso das sociedades onde vivem. O trabalho decente nada mais é do que um trabalho produtivo e de qualidade exercido em condições de liberdade, equidade, segurança e dignidade humanas.

Por Cyntia Sampaio, assistente social com atuação em entidades da sociedade civil e organismos internacionais como a OIT.

Entenda a crise

COLÔMBIA

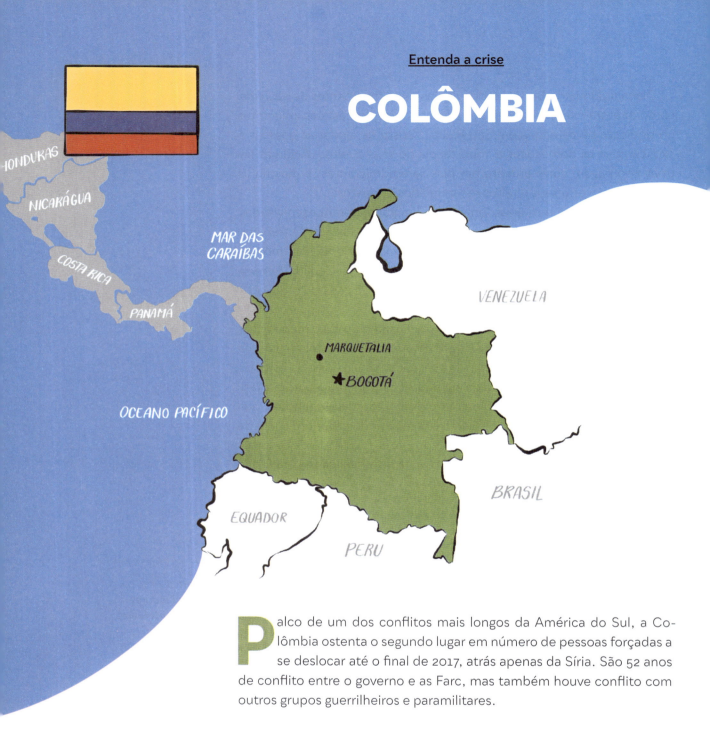

P alco de um dos conflitos mais longos da América do Sul, a Colômbia ostenta o segundo lugar em número de pessoas forçadas a se deslocar até o final de 2017, atrás apenas da Síria. São 52 anos de conflito entre o governo e as Farc, mas também houve conflito com outros grupos guerrilheiros e paramilitares.

Fontes: Observatório de Memória e Conflito, do Centro Nacional de Memória Histórica (1958-2018). Relatório Global Trends — Forced Displacement 2017, do ACNUR.

Dados da violência entre 1958 e 2018:

262 197 mortes , sendo 82% de civis.

80 514 desaparecidos.

37 094 vítimas de sequestro, a maioria pelas Farc e ELN.

15 687 vítimas de violência sexual.

17 804 crianças e adolescentes recrutados por guerrilheiros e paramilitares (2003 foi o ápice do alistamento).

7,9 MILHÕES de pessoas foram obrigadas a se deslocar desde 1985. Desses, 7,7 milhões são deslocamentos internos.

O que é Farc?

É a sigla de Forças Armadas Revolucionárias da Colômbia, grupo de guerrilha de orientação comunista, com atividade mais duradoura na América Latina.

Missão: Inicialmente, o objetivo era instalar no país um regime na linha marxista-leninista. Pretendia lutar contra a injustiça social, a má distribuição de renda e a pobreza. Seu primeiro líder, Manuel Marulanda Vélez, era combatente das guerrilhas que ocorreram na década de 1950.

Como surgiram: Em 1964, o Exército atacou a comunidade autônoma formada por agricultores ligados ao Partido Comunista, na cidade de Marquetalia, departamento de Tolima. Os 48 camponeses reagiram, sob comando de Marulanda, e esse confronto deu início ao grupo de resistência das Farc inicialmente chamado de Bloco Sulista.

A guinada: A partir dos anos 1980, no entanto, o grupo passou a almejar o poder e a se chamar Farc-EP (Exército do Povo).

Como atuaram: Ataques, sequestros, assassinatos e atuação política. Em 1986, as Farc conseguiram eleger, por meio do partido ligado à guerrilha, o União Patriótica (UP), catorze congressistas e um candidato à presidência, Jaime Pardo, que foi morto no ano seguinte.

O SEQUESTRO MAIS EMBLEMÁTICO
A ex-candidata à presidência Ingrid Betancourt permaneceu seis anos como refém em um cativeiro no meio da selva com outros catorze prisioneiros. Sequestrada em 2002, em meio à campanha eleitoral, foi liberada na Operação Xeque, na qual militares se infiltraram nas Farc e resgataram os reféns de helicóptero. Em 2016, Ingrid ajudou no processo de reconciliação pela paz na Colômbia, mas não quer voltar a se envolver com política. Outros onze deputados, sequestrados também em 2002, não tiveram a mesma sorte: foram mortos em 2007, não se sabe se sob ordem das Farc ou vítimas de confronto.

Liberais e conservadores se alternavam no poder em brigas que envolviam certa dose de violência havia muitas décadas. No entanto, com o assassinato do candidato liberal Jorge Eliécer Gaitán, em 1948, explodiram confrontos em Bogotá, que avançaram para o campo. Os dois grupos entraram em guerra, e o conflito, chamado de A Violência, deixou entre 200 mil e 300 mil mortos em dez anos.

O conflito: O governo e grupos paramilitares de direita reagiram de forma violenta, provocando uma guerra por toda a Colômbia. O combate aterrorizou a população, assim como os atos de violência extrema: Farc e paramilitares não apenas sequestravam adversários ou potenciais vítimas de resgate como arrancavam jovens de suas famílias para ser combatentes, praticavam assassinatos em série e expulsavam pessoas de suas terras.

As Farc tinham **20 mil combatentes** durante seu apogeu, nos anos 2000. Doze governos passaram por confronto com a guerrilha.

As outras forças

As Farc não foram a única facção guerrilheira da Colômbia. Combatentes de esquerda e paramilitares de extrema direita se organizaram em mais de vinte grupos armados ao longo das décadas de conflitos, um reflexo das tensões da Guerra Fria. A atuação desses grupos, somada ao aumento da repressão por parte do governo, especialmente após 1985, provocou uma escalada de violência — e de emigração de colombianos. Das 262 mil mortes, 94 754 são atribuídas aos paramilitares, as guerrilhas são responsáveis por 35 683, e os agentes do Estado, por 9 804 — as demais foram cometidas por bandoleiros, grupos de desmobilização e autores desconhecidos, segundo o Observatório de Memória e Conflito, do Centro Nacional de Memória Histórica. Veja os principais grupos:

ELN — Exército de Libertação Nacional, de esquerda, inspirado na revolução cubana e fundado em 1964.

AUC — Autodefesas Unidas da Colômbia, grupo de paramilitares de extrema direita criado em 1997, financiado por políticos, latifundiários e empresários. Acabou em 2008, com a extradição de seus líderes.

EPL — Exército Popular de Libertação, formado por dissidentes das Farc em 1967. Acabou na década de 1990.

M19 — A mais urbana das guerrilhas, existe desde 1970. Em 1985, o grupo tomou o Palácio da Justiça, em Bogotá, fazendo reféns — o Exército revidou matando mais de cem pessoas, entre sequestradores e reféns. O M19 também roubou a espada de Simón Bolívar e há suspeitas de que ela teria sido entregue a Pablo Escobar (1949-93), o maior traficante colombiano de todos os tempos. Em 1989, virou partido político, o Movimento 19 de Abril.

Movimiento Armado Quintín Lame — Criado em 1984 por indígenas, não combate mais desde 1991.

O dinheiro das drogas

Nas décadas de 1980 e 1990, as Farc começaram a cobrar uma espécie de imposto de guerra do narcotráfico nas áreas que controlavam militarmente — o que pode chegar a metade do território da Colômbia, segundo estimativas. O governo colombiano diz que os guerrilheiros também venderam segurança para os criminosos e teriam assumido o controle do tráfico de drogas quando os cartéis caíram. As Farc não foram as únicas beneficiadas pelo dinheiro ilegal: o **narcotráfico** sustentou também os paramilitares.

A caçada final

Apoiado pelos Estados Unidos, o presidente Álvaro Uribe (2002-10) fez ofensivas pesadas às Farc, com bombardeios a acampamentos e morte dos principais líderes. Contudo, o conflito não cessou em seu mandato.

45 meses e 5 dias durou a negociação do acordo de paz, bilateral e definitivo.

Em 2016, foi anunciado o cessar-fogo (outras tentativas haviam sido feitas em 1984, 1991 e 1998). Estima-se que as Farc tinham 7 mil guerrilheiros na ocasião do acordo. De guerrilha, as Farc viraram partido político: Força Alternativa Revolucionária do Comum.

46 612 MORTES VIOLENTAS são creditadas à guerra contra o narcoterrorismo entre 1983 e 1994, segundo a prefeitura de Medellín.

DE 3 MIL A 5,5 MIL PESSOAS teriam morrido no período em que o traficante Pablo Escobar atuou no Cartel de Medellín. Morriam criminosos, policiais, políticos, jornalistas, juízes e, muitas vezes, sobrava para os demais civis.

110 PESSOAS MORRERAM na explosão do voo 203 da Avianca em 1989, atentado encomendado por Escobar. O narcotráfico também usou a tática do sequestro e ameaças à população.

No Brasil

Só em 2015, um ano antes do acordo de paz com as Farc, 7653 colombianos deram entrada no Brasil — é a terceira principal nacionalidade de imigrantes no país. A maioria se faz valer do Acordo sobre Residência para Nacionais dos Estados Partes do Mercosul, do qual a Colômbia é signatária desde 2009. Quando se fala em refugiados, porém, os números são inexpressivos: apenas 316 colombianos até 2017. Para obter status de refúgio é preciso ter comprovada alguma perseguição — nesse caso, há gente que fugiu dos guerrilheiros, dos paramilitares ou dos narcotraficantes.

O SENHOR DA GUERRA NÃO GOSTA DE CRIANÇAS

O cinema, a literatura e as organizações em defesa dos direitos humanos já trouxeram à luz um dos muitos lados cruéis das guerras: a utilização de crianças-soldado. Embora 40% dos casos estejam na África, essa é uma realidade em todos os continentes, incluindo a América Latina. Na Colômbia, quase 18 mil crianças e adolescentes foram recrutados pelas guerrilhas e grupos paramilitares. É a mesma quantidade de crianças-soldado de Serra Leoa, um dos casos mais estudados. A mestre em relações internacionais Patrícia Nabuco Martuscelli se debruçou sobre a questão na dissertação *Crianças-soldado na Colômbia: A construção de um silêncio na política internacional*, de 2015.

Usadas como combatentes, cozinheiras, espiãs, informantes e na instalação de minas, as crianças se tornaram parte de um círculo vicioso e estrutural de deslocamento forçado. O silenciamento da situação foi "patrocinado pelo próprio governo [colombiano], que não queria trazer atenção para essa violação internacional de direitos humanos e direito humanitário". Diferentemente do conflito na África, com forte componente étnico, na Colômbia, marcada por lutas pela terra, as crianças mais vulneráveis ao recrutamento são as de grupos economicamente mais desassistidos, em especial afro-colombianos e indígenas (as últimas correspondem a 29%).

Quanto mais grave a pobreza, mais recrutamentos aconteciam — 69% das crianças eram de zonas rurais, 58% tinham um familiar ou amigo em algum grupo, a maioria estava desnutrida e havia perdido algum parente para a violência. Em 2012, as crianças tinham em média 12,1 anos quando recrutadas. Oitenta por cento delas dizem que se juntaram voluntariamente aos grupos — embora haja menores levados por paramilitares como parte de taxas que as famílias são obrigadas a pagar. No caso das meninas, que chegavam a metade do contingente em alguns grupos, era uma forma de empoderamento diante dos abusos sofridos dentro de casa. Nas guerrilhas, não há diferença de tratamento por gênero; já entre os paramilitares, as garotas cozinhavam, limpavam e eram mais suscetíveis a ser usadas como objetos sexuais.

O FLUXO MIGRATÓRIO COLOMBIANO

O professor Gustavo da Frota Simões, da Universidade Federal de Roraima (UFRR), esclarece os pontos principais:

PANORAMA HISTÓRICO

- De 1997 até 1º de dezembro de 2013 foram registrados 5 185 206 deslocados internos, com um impacto maior entre a população afro-colombiana e as comunidades indígenas, segundo o ACNUR.

- 51% dos deslocados internos residiam nas 25 principais cidades da Colômbia.

SAÍDA PARA O EXTERIOR

- Os principais países de destino são Espanha, Itália e Chile. Somente na Espanha, o número de imigrantes colombianos chegou a 42 166 em 2008, caindo consideravelmente depois, sobretudo por conta da crise econômica que afetou a Europa.

- Nas Américas, Equador, Venezuela e Peru receberam contingentes significativos de colombianos e, em menor escala, EUA, Brasil e Canadá.

- Além da violência generalizada desde a década de 1960 (por conta dos conflitos entre grupos guerrilheiros, o governo e facções paramilitares), o país sofreu uma crise econômica nos anos 1980 e 1990, a exemplo de outras nações latino-americanas, o que fez muitas pessoas procurarem melhores oportunidades em outros países.

INVERSÃO DE FLUXO

Nos últimos anos, a Colômbia vem passando por um processo de construção da paz com diálogo e a desmilitarização em curso. Nesse sentido, as violências ocorridas nas décadas de 1980, 1990 e início dos anos 2000 arrefeceram, e o país apresenta bons índices de desenvolvimento econômico e social. Por outro lado, as crises econômicas do norte global, sobretudo Europa e EUA, e, principalmente, o colapso econômico-político-social pelo qual vem passando a Venezuela fizeram com que muitos cidadãos colombianos retornassem nos últimos anos. Aliado a esse retorno, a Colômbia experimenta de forma inédita o fluxo migratório de venezuelanos para lá, sendo o principal destino desses cidadãos. Por tudo isso, o perfil migratório da Colômbia aos poucos vai mudando de um país expulsor para um país receptor de pessoas.

Por Gustavo da Frota Simões, professor da Universidade Federal de Roraima (UFRR) e autor do livro *Refugiados colombianos no Brasil e no Canadá: Narrativas e estruturas de acolhimento* (Appris, 2018).

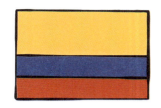

País de origem: COLÔMBIA
Data de nascimento: 26/11/1992
REFUGIADA

"Nesse tipo de situação, você não se planeja muito, não tem muita escolha e não pode demorar. O mais trabalhoso foi organizar nossa vinda para o país; éramos quatro meninas a caminho de um novo lar."

JUANITA SOLANO

A tivista nata, a colombiana Juanita Hernández Solano deseja fazer da sua experiência como refugiada um instrumento para contribuir com um mundo mais tolerante, empático e instruído. A luta pelos direitos humanos está em seu DNA. Foi justamente por isso que sua família veio parar no Brasil, fugindo da perseguição das Forças Armadas Revolucionárias da Colômbia (Farc) quando era criança.

Seus pais, Leonor e David, ministravam projetos em comunidades indígenas na região de Botatierra, na Colômbia rural, dedicando-se a ações que zelavam pelos direitos humanos de uma população marcada por conflitos sangrentos. Foram 52 anos de guerras civis, o mais longo confronto do continente americano. Nem mesmo a soma da Primeira e da Segunda Guerras Mundiais, da Guerra Civil da Rússia, da Guerra Civil Espanhola, da Guerra do Vietnã, da Guerra do Golfo

e da Guerra da Bósnia consegue atingir a mesma marca de tempo. Um balanço do governo colombiano, divulgado no final de 2018, mostra que o conflito armado no país deixou 262 mil mortos em quase seis décadas. Desse total, 82% eram civis, de acordo com o Centro Nacional de Memória Histórica (CNMH). A maioria dos assassinatos é atribuída a grupos paramilitares de extrema direita.

Se, por um lado, a perspectiva de criança de nove anos a ajudou na vinda para o Brasil, o processo de integração nas escolas brasileiras evidenciou todos os equívocos e estereótipos negativos associados à sua terra natal. Foi questionada se traficava drogas ou se cheirava cocaína. "A gente ainda vive um momento de muita ignorância, de cegueira coletiva", afirma. Biotecnologista, Juanita inspira outras pessoas a reverter essa narrativa e conquistou uma carreira profícua na academia, contribuindo com a pesquisa em seu novo país.

Ela nasceu em 26 de novembro de 1992, em Ibagué, que é a capital do estado de Tolima e sede do clube de futebol de mesmo nome. A cidade foi tomada pelo medo das Farc, que haviam instalado uma de suas bases a poucos quilômetros. Antes de vir para o Brasil, Juanita morou por cinco anos no deslumbrante povoado de Silvia, no estado de Cauca, na Cordilheira dos Andes. Teve uma infância feliz e cercada de verde ao lado das irmãs Ana Maria, Daniela e C'ayu Manuela. "Gostávamos de brincar na lama, tomar banho de chuva e todas as coisas típicas de uma vida no mato. A beleza estava toda na simplicidade, na imponência das montanhas que rodeiam o local." O pequeno povoado tinha quatro escolas, a maioria católica. Por acreditar na importância de uma educação laica, os pais alfabetizaram as meninas em casa. Juanita aprendeu contas básicas com a mãe, que é professora de espanhol e trabalha com arteterapia.

Apesar de o povoado de Silvia não ter sido foco do conflito colombiano, que era localizado principalmente no campo, nenhuma região estava imune. Quando criança, Juanita não entendia exatamente o que estava acontecendo. "Lembro de um ataque que foi bastante intenso e me deixou muito traumatizada. Para nos proteger, nossos pais não falavam sobre os acontecimentos na nossa frente. Até hoje tenho receio de fazer algumas perguntas." A natureza ativista do trabalho de seu pai resultou em ameaças, que se estenderam a toda a família. Sem opção, começaram a procurar outro país para morar — Equador e Canadá eram destinos possíveis.

No final de 2001, o conflito tinha se atenuado. Na época, Leonor veio ao Brasil passar o final do ano com sua irmã mais nova, Alice, que havia migrado para o país havia mais de duas décadas, depois de conhecer o marido, o brasileiro Luiz Antônio. Aqui, Leonor leu em um jornal a história de um colombiano que pediu refúgio e teve apoio da Cáritas e do ACNUR, e concluiu que havia ali uma opção para sua família. "Nesse tipo de situação, você não se planeja muito, não tem muita escolha e não pode demorar. O mais trabalhoso foi organizar nossa vinda para o país; éramos quatro meninas a caminho de um novo lar."

Juanita foi a primeira das quatro filhas de Leonor a emigrar. Ela desembarcou em 10 de abril de 2002 no aeroporto de Guarulhos e lembra que ficou muito assustada durante a viagem. Do novo país, conhecia a Turma da Mônica, o grupo de forró Falamansa e o doce maria-mole, que haviam sido apresentados pela tia. Já tinha visto o carnaval pela televisão, na casa da avó. "Lembro de deixar a minha casa e todos os meus brinquedos. Mas, pensando e olhando para a situação hoje, não sei se deixei possibilidades de uma vida para trás."

Seu maior desejo era abraçar a mãe. Durante os meses que passaram longe uma da outra, ela escreveu muitas cartas, que por fim seriam entregues pessoalmente. David, que garantiu a vinda das filhas antes da dele, reforçava o quanto era legal falar mais de um idioma. O maior sonho de Juanita — que até então só tinha frequentado escolas rurais por períodos curtos e, por isso, deixou poucos amigos para trás — era frequentar uma sala de aula. Ao chegar ao Brasil, ganhou uma festa com direito a brigadeiro, bolo de cenoura com chocolate e pão de queijo, mas se sentia envergonhada por não entender exatamente o que as pessoas falavam.

Os primeiros a ajudar a colombiana com o idioma foram o Menino Maluquinho, personagem icônico da literatura infantojuvenil brasileira criado por Ziraldo, e Harry Potter, da autora inglesa J. K. Rowling, em sua tradução para o português. Mas entender o funcionamento de uma escola pela primeira vez depois de uma mudança tão drástica não foi fácil. As crianças já tinham disciplinas definidas, e Juanita sabia apenas escrever em espanhol e fazer contas básicas. Por sempre ter estudado em casa, também não sabia como fazer amigos. "As crianças sempre perguntavam por que eu vim para o Brasil e eu tinha vergonha de falar que era refugiada." O sentimento acompanhou a menina até a faculdade.

Felizmente, a fase de adaptação não foi marcada apenas por dores e angústias. No Instituto São Pio X, em São Paulo, conheceu Fátima Lopes, sua professora do quarto ano, que falava espanhol e facilitou o processo. "Ela me mostrou a importância de um educador em sala de aula e como ele pode transformar a vida de uma pessoa."

Longe da nova amiga, a realidade não era igualmente generosa. "Sempre que me perguntavam de onde eu era, minha resposta era acompanhada de piadas que eu não entendia. Em geral, questionavam se meu pai era traficante ou das Farc, se tínhamos um cartel e se eu cheirava ou vendia cocaína." Juanita se deparou, de forma cruel, com os maiores preconceitos associados ao seu povo, e algumas crianças chegavam a demonstrar medo da sua presença. Foi só depois dessa experiência que ela entendeu os rótulos associados à sua origem. "Eu não tinha noção do que a Colômbia representava." Com o passar do tempo, as agressões ficaram mais generalizadas: falavam que ela era "tipo boliviana ou venezuelana", embora não tenha traços indígenas.

Apesar do preconceito, a jovem encontrou uma nova liberdade no Brasil. "Eu sou lésbica e não sei se teria me assumido na Colômbia. Não sei nem se a aceitação teria sido a mesma", confessa. Segundo ela, a terra do célebre escritor Gabriel García Márquez ainda é cheia de tabus. "Muitas coisas não são faladas, em grande parte por ser um país bastante católico e conservador, com muitas inseguranças."

A experiência na faculdade trouxe uma nova maturidade e a aceitação pessoal de seu status de refúgio. "Foi só nessa época que parei para pensar que não estava fazendo nada de errado; até então, negava minha própria história. Me chamavam de latina de forma pejorativa — mas não estamos no mesmo continente?" Juanita se formou em biotecnologia pela Universidade Federal de São Carlos (Ufscar) e fez mestrado em ciências na Escola Superior de Agricultura Luiz de Queiroz (Esalq), da USP.

Seus planos para o futuro incluem voltar para a Colômbia como turista para rever sua família e naturalizar-se brasileira. Antes mesmo de iniciar sua vida profissional, ela desenvolveu aqui um projeto de mestrado sobre manguezais que foi apresentado na 17ª edição do Simpósio Internacional de Ecologia Microbiana, que aconteceu em 2018 em Leipzig, na Alemanha. A formação e a atuação de novos pesquisadores é uma das bases para o desenvolvimento da humanidade, e ela acredita que pode contribuir positivamente com a biotecnologia no Brasil, fundamental para os setores de saúde, alimentício e agrícola. É na prática que Juanita mostra como sua presença no país contribui para "cessar com a cegueira coletiva e romper as barreiras da intolerância e do preconceito", promovendo inovação em sua área de trabalho e beneficiando toda a sociedade brasileira.

Entenda a crise

PARAGUAI

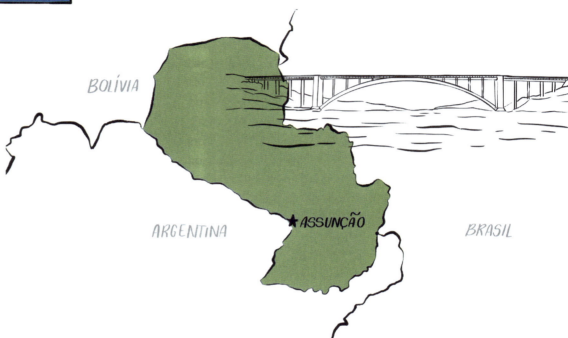

A pesar do recente crescimento econômico acima da média da América Latina, com forte presença de "brasiguaios" no setor da agricultura, grande parte da população ainda vive na pobreza.

A TRADIÇÃO DO COLORADO

O histórico partido, cujo nome real é Associação Nacional Republicana, foi fundado em 1887, pelo general Bernardino Caballero, um veterano da Guerra do Paraguai. O Colorado se mantém no poder desde 1947, com um breve intervalo entre 2008 e 2012, quando o ex-bispo Fernando Lugo foi eleito presidente. Durante a ditadura, funcionários públicos foram obrigados a se filiar ao partido e, embora a história tenha registrado golpes e disputas dentro do próprio Colorado, não há dúvida de que a tradição tem peso nas urnas.

Três fatos importantes para entender o país

1. **Ditadura:** Em 1954, um golpe levou ao poder o general Alfredo Stroessner Matiauda, que permaneceu como chefe de Estado até 1989. Foi a ditadura mais longa da América do Sul. A violência do regime fez muitas vítimas e mandou opositores para o exílio.

2. **Crise:** Ainda engatinhando no regime democrático — embora tenha um partido, o Colorado, que ficou no poder por praticamente setenta anos, inclusive na época do general Stroessner —, o país chegou ao fundo do poço. Em 2003, em meio a um processo de impeachment contra o então presidente, Luis González Macchi, também do Colorado, o Paraguai chegou a ter 50% de seus habitantes na pobreza.

A instabilidade política, aliada à crise econômica desde 1996, aumentou as taxas de desemprego, diminuiu a renda per capita (que passou de 1945 dólares para 1131 dólares) e quebrou o principal banco do país.

3. **A retomada:** Em 2016, o país começou a viver um boom imobiliário, resultado sobretudo de investimentos brasileiros, americanos e argentinos. A construção de edifícios mudou a paisagem de Assunção, e a implementação de políticas de equilíbrio fiscal, com controle de câmbio e reformas tributárias, deu uma guinada na economia.

Por um lado...

a produção de soja, o crescimento da indústria e a chegada de investimentos estrangeiros mantêm há quinze anos a impressionante taxa de crescimento de 4,5% ao ano. Para o país, que já foi considerado o mais pobre da América Latina, é um salto.

Por outro...

a desigualdade permanece: **1/3** da população vive na pobreza, e a infraestrutura é precária em diversos setores básicos. Além disso, a baixa tributação, aliada à cultura da informalidade, cria condições ideais de paraíso fiscal — convidando à lavagem de dinheiro. Os baixos salários e as péssimas condições de educação e saúde fazem com que muitos migrem.

38,3% da população vive em zonas rurais.

Por que o Brasil?

— **A crise argentina** nos anos 1990 e começo dos anos 2000 fez o fluxo de imigrantes paraguaios ser desviado para o Brasil, além de aumentar a quantidade de pessoas que iam para a Espanha. Ainda assim, a presença paraguaia na Argentina é a mais expressiva entre os imigrantes latino-americanos no país: cerca de 550 mil paraguaios vivem principalmente em Buenos Aires, segundo o Instituto Nacional de Estatística e Censos (Indec, 2010). Em geral, ocupam empregos de baixa qualificação. A cada dez mulheres paraguaias que migraram para a Argentina de 2010 a 2015, seis eram trabalhadoras domésticas.

A QUESTÃO INDÍGENA
Dos 7 milhões de habitantes, 2 milhões, pelo menos, são descendentes de indígenas.

No entanto, apenas cerca de 120 mil pessoas se reconhecem como indígenas, e 76% deles vivem em condições de extrema pobreza (Censo 2012). Há pelo menos vinte etnias, que pertencem a cinco grupos linguísticos e que estão presentes nos dezessete departamentos do país e na capital.

Entre as principais dificuldades, o agronegócio e a pecuária extensiva têm ameaçado os territórios indígenas. Além disso, a falta de representação política — em cargos de liderança e de influência no setor público — piora as perspectivas.

Fonte: Proyección de la Población Nacional, Áreas Urbana y Rural por Sexo y Edad, 2000-25. Revisión 2015.

— O Brasil vivia uma situação econômica promissora na primeira década dos anos 2000.

— A maior cidade do país, São Paulo, destino de boa parte dos paraguaios saindo da capital, Assunção, fica a uma madrugada de distância, e a viagem de ônibus não é tão cara.

Em 2011, os paraguaios eram a quarta maior nacionalidade na região metropolitana de São Paulo, com 17,6 mil pessoas (segundo o Ministério da Justiça) — atrás de portugueses, bolivianos e chineses. Entre eles, 50,3% vieram depois de 2005 e apenas 15,1% dos residentes da região ingressaram no país entre 1981 e 2000, segundo dados do Instituto Brasileiro de Geografia e Estatística (IBGE).

O consulado do Paraguai e as organizações Paraguai Teete e Japayke apontavam que havia entre 40 mil e 60 mil paraguaios na região em 2014 — muitos deles trabalhavam em oficinas de costura.

Fonte: Centro de Estudos Migratórios da Missão Paz.

O outro lado: os brasiguaios

+ de 300 mil brasileiros vivem no Paraguai.

Segundo estimativas do Itamaraty em 2018, dos 3 milhões de brasileiros que viviam no exterior, 332 mil estavam em solo paraguaio. Considerando que o Paraguai tinha 6,8 milhões de habitantes, é um número expressivo. Historicamente, a migração para o Paraguai foi prioritariamente motivada por questões agrárias.

Mas... a partir de 2016, um novo fluxo tem sobressaído: brasileiros que vão estudar medicina no país vizinho, que oferece cursos mais acessíveis, especialmente na cidade de Pedro Juan Caballero, na divisa com Ponta Porã (MS). A cidade, que tinha 12,2 mil brasileiros em 2016, registrou 30 mil em 2017, um aumento de 146%. A pesquisadora Maria Aparecida Webber, mestre em antropologia pela Universidade Federal do Paraná (UFPR), estudou o fluxo de universitários. Segundo a pesquisa, havia 8 mil estudantes na região da Tríplice Fronteira (Foz do Iguaçu, no Paraná, Puerto Iguazú, na Argentina, e Ciudad del Este, no Paraguai) no início de 2017. Em 2018, esse número aumentou para 18 mil, sendo 90% brasileiros.

"MINHA FAMÍLIA COMPLETOU UM CICLO DE IMIGRAÇÃO"

Nascido em 1975 no lado brasileiro da região fronteiriça de Alto Paraná, o filósofo e ativista de direitos humanos Paulo Illes ainda não havia completado um ano quando sua família se mudou para o Paraguai. "Nessa época, houve um acordo entre os governos paraguaio e brasileiro, que resultou na Itaipu Binacional e na Ponte Internacional da Amizade e, junto com isso, na colonização de uma região do Paraguai", conta ele, que é coordenador executivo da rede Espaço Sem Fronteiras (ESF) e ex-coordenador de políticas para migrantes da prefeitura de São Paulo.

"Minha família era de agricultores e havia enfrentado a famosa crise do feijão no Paraná; meus pais não conseguiram mais comprar terras na região e acharam ofertas melhores no Paraguai. E terra boa também, sempre falavam isso. Aproximadamente 400 mil brasileiros foram para o Paraguai nas décadas de 1970 e 1980, entre eles meu avô, com nove de seus onze filhos", relata.

A trajetória é tão emblemática desse fluxo migratório que Manuel Illes, avô de Paulo, é lembrado num livreto que conta a história de Iruña para visitantes. O documento revela que o patriarca chegou com uma bolsa de dinheiro no Paraguai e perguntou: "Doutor, quanto isso dá de terra?". Foi assim que Manuel criou laços em

território estrangeiro e, por lá, Paulo viveu até os 22 anos.

Para o ativista, é importante assinalar que os emigrantes que foram para o Paraguai na época não sabiam do acordo entre os dois países. "A história contada para esses agricultores brasileiros era de oportunidades, de uma região que não tinha habitantes e era repleta de terra verde para desmatar, mecanizar, cultivar e criar um futuro. Só depois, ouvindo a história do lado dos paraguaios, pude entender que houve um grande deslocamento de campesinos que foram praticamente obrigados a desocupar a terra. São questões que até hoje não se resolveram."

A situação entre brasiguaios (os agricultores brasileiros que foram convidados pelo ditador Alfredo Stroessner a ir para o Paraguai) e carperos gera conflitos abertos ainda no século XXI. Na batalha pela reforma agrária, os carperos reivindicam a posse das terras ocupadas pelos brasileiros. Mas essa é uma história sobre latifúndio e capitalismo, e não uma questão de nacionalidade, gosta de reforçar Paulo. "As comunidades do interior do município, que tinha entre cinquenta e sessenta famílias, hoje não existem mais ou têm cinco ou seis famílias, porque o agronegócio se expandiu muito e os pequenos agricultores brasileiros foram obrigados a vender as terras. Meu pai resistiu, rodeado de grandes plantações, até que foi obrigado a vender e

voltar para o Brasil. Esse é o cenário dos que migraram para o Paraguai; hoje muitos moram em regiões de fronteira", complementa. "Sempre gosto de contar que minha família completou um ciclo de imigração. Meu avô faleceu e foi enterrado no Paraguai, mas a minha avó foi com os filhos para lá e depois de 36 anos voltou com quase todos para o Brasil."

Tendo presenciado a luta por direitos dos trabalhadores desde a adolescência, Paulo se deparou com o fato de que a maioria dos brasileiros no Paraguai vivia sem documento, e encontrou seu propósito na vida. Ele lembra que, aos quinze anos, viajou para o Brasil para tirar o RG, necessário para sua documentação paraguaia. Sua mãe, Ana Angélica, era indocumentada. Apenas o pai, Amilton, tinha o documento que se chamava Imigrante. "Depois de cinco anos, você tinha o direito de tirar uma cédula de identidade para votar. Pelo menos isso é melhor do que aqui no Brasil, onde você continua com o seu RNE [Registro Nacional de Estrangeiros] para sempre, a não ser que se naturalize." Ao fazer sua Imigrante e sua identidade, Paulo aprendeu a trabalhar com o sistema de imigração. "Eu me sensibilizei, era uma grande angústia aceitar minha família sem documentação." Antes mesmo de completar o ensino médio, já ajudava imigrantes a obter seus documentos.

País de origem: PARAGUAI
Data de nascimento: 22/1/1986
IMIGRANTE

"Tudo aquilo que você passa na vida, nada é de graça. Você luta para construir uma casa, e ter uma casa no Brasil não é fácil. É muita burocracia e é muito caro."

SONIA BARRETO

As irmãs Lisete, Milanos e Clarisse vivem a vida entre o sonho e o despejo em uma das principais ocupações do centro de São Paulo. A iluminação precária das escadas que levam até o apartamento no sexto andar até poderia assustá-las. Mas ali, no número 609, a mãe delas prepara um bolo de cenoura com calda de chocolate quase diariamente. É o preferido das meninas. No prédio de quinze andares, com 125 de seus 130 apartamentos ocupados, há até uma biblioteca para elas sonharem.

Sonia, sua mãe, saiu do estado de Caaguazú, na região centro-sul do Paraguai, cruzando a fronteira com o Brasil sozinha e a pé, até pegar um ônibus para São Paulo. A mulher, que havia crescido sem o amor de sua família, tinha a esperança de dias melhores para as filhas. Porém, para essa migrante econômica, o novo país trouxe condições de trabalho análogas às da escravidão e uma luta incessante por moradia. Apesar disso, nunca abriu mão da alegria de viver, que ela aponta como uma característica do povo brasileiro.

A vida no Paraguai era muito diferente. Em sua cidade natal, San Lorenzo, a notícia de um bebê abandonado na rua rapidamente se espalhou. Sem saber o que fazer, os moradores levaram Sonia, ainda recém-nascida, para o monastério local, de monjas espanholas, que a criaram até os dezoito anos. "Foi uma convivência muito prazerosa, muito diferente de morar na rua. Só que era tudo muito regrado. Eu queria brincar com outras crianças, nunca tive vocação para a vida religiosa... Mas minha gratidão é infinita", admite.

Mesmo com a maioridade, Sonia adotou uma mãe assim que saiu do monastério: Francisca, a lavadeira do bairro. "Ela me deu o sobrenome Bogado Barreto. O Mabel veio das monjas." No auge da adolescência, aos quinze anos, conheceu a mãe biológica, Juana Aquino. "Ela não veio pedir perdão ou explicar por que me abandonou. Sabia que eu já era grande e poderia ser útil de alguma forma e, por isso, veio pedir para eu morar com ela", lembra a paraguaia, dizendo que agora a perdoou, mas não aceitou a oferta. Juana teve outras duas filhas que cresceram com ela e moram em Assunção. Sonia nunca conheceu seu pai biológico.

Sonia se tornou a caçula de Francisca, que morava na cidade havia 45 anos e tinha outros filhos já formados — Blanca, Silvia, Agustín e Alfredo. "Eu era uma jovem que gostava de ir para a balada, para a rua, curtir os amigos. Mas nunca quis me perder." Por isso, ela se manteve focada nos estudos, mas o sonho de ser policial não foi para a frente, pois não tinha como pagar os cursos profissionalizantes. Sem muita opção, começou a trabalhar em casas de família fazendo serviços de limpeza para ajudar a mãe e cobrir suas despesas pessoais. Cinco anos depois, casou com Hugo, seu grande amor, que conhece desde os dez anos. Com ele, construiu sua família. "Brincamos juntos na infância e, na adolescência, ele não saía da minha cabeça", conta.

Hugo trabalhava na plantação de soja e milho. Mas, no primeiro semestre de 2012, viu toda a produção ser comprometida pelas chuvas do ano anterior. O regime de precipitações afeta gravemente as famílias paraguaias, e não foi diferente com Hugo, que não tinha mais como contribuir com o sustento da família. Blanca, irmã de Sonia, estava no Brasil em busca de emprego e sugeriu que ela também viesse.

Ela encarou a proposta e, sozinha, chegou ao país em 22 de junho de 2012. Tinha ido de ônibus de San Lorenzo para a Ciudad del Este, que faz fronteira com o Brasil. Passando a fronteira, caminhou cerca de uma hora e meia para chegar ao terminal dos sacoleiros. Só então conseguiu pegar um ônibus direto para São Paulo. "Eu desci no Brás, era uma imensidão, e fiquei desesperada. Não entendia nada que as pessoas falavam, era tudo uma loucura." Sonia morou com a irmã por um mês no bairro do Bom Retiro, até juntar dinheiro para alugar um quarto sozinha.

Blanca trabalhava como empregada doméstica para um coreano, para quem seu marido prestava serviços de costura. "Os coreanos formam uma comunidade fechada e conversam muito entre si, sabiam que mais uma pessoa para trabalhar tinha chegado na cidade", conta Sonia, que logo conseguiu um emprego de limpeza em um restaurante do qual ela pouco sabia. Tecnicamente, seu horário de trabalho era das seis da tarde às duas horas da madrugada, mas, na prática, era bem diferente. "Nunca soube o nome do restaurante. Eu só era liberada por volta das cinco ou seis da manhã. O salário era de duzentos reais e nunca recebi por hora extra, mas eu precisava do emprego." Na época, o salário mínimo era de 622 reais.

Apenas dois meses depois, Hugo chegou ao Brasil com Lisete, primeira filha do casal, nascida em 2010 — Milanos, um ano mais nova, havia ficado com a avó adotiva, Francisca, e veio dois anos depois. Ao chegar, ele encontrou as mesmas condições de exploração. Começou a trabalhar como ajudante-geral para um peruano, que prometeu um salário de oitocentos reais, mas no final do primeiro mês pagou apenas duzentos.

Grávida de Clarisse, que nasceu em 2013, Sonia continuava sendo explorada pelo patrão. "Eu não sabia da gravidez, trabalhava à noite e, durante o dia, cuidava de Lisete, fazia o almoço, lavava roupa e não me cuidava direito. Acabei ficando doente, e meu patrão me mandou embora." Mesmo com a saúde comprometida, Sonia precisava trabalhar. Por sorte, pouco tempo depois, outro coreano, que terceiriza o serviço de passar roupa, contratou o casal — ela com registro e garantia de todos os direitos trabalhistas, e ele, sem registro, trabalhando das oito às seis e ganhando 50% a mais de um salário mínimo.

Apesar da melhora na situação financeira, o casal ainda tinha dificuldades para pagar por um espaço maior que o quarto de pensão que dividiam com as três filhas no Bom Retiro. Foi nessa época, em 2014, que uma amiga paraguaia falou da vida nas ocupações. "Eu não sabia

A TRAGÉDIA DO LARGO DO PAIÇANDU

O edifício Wilton Paes de Almeida, no largo do Paiçandu, centro de São Paulo, foi tomado pelo fogo na madrugada de 1º de maio de 2018. Uma explosão no quinto andar rapidamente comprometeu os 24 andares, evidenciando a falta de controle de órgãos públicos sobre imóveis ocupados. O incêndio atingiu ainda outros prédios do entorno.

A ocupação no local era feita pelo movimento Luta por Moradia Digna (LMD) na época da tragédia. Abrigava 146 famílias e um total de 372 pessoas.

Membros da sociedade civil que moravam nas proximidades relataram inúmeras tentativas fracassadas de alertar as autoridades sobre a segurança do edifício. O desabamento do "prédio de vidro", como era conhecido, deixou nove mortos e muitas famílias novamente desabrigadas.

Sonia e sua família moraram na ocupação quatro anos antes do acontecimento.

exatamente o que era, mas ela conseguiu me explicar e recebi uma indicação para ir até a ocupação do largo do Paiçandu, lembra. O chefe da ocupação disponibilizou uma vaga, por duzentos reais mensais, pedindo apenas que providenciassem divisórias. "Recolhemos madeirite na rua por uma semana." Eles moraram no local por um ano até mudar para uma nova ocupação, no Ipiranga, onde o espaço era maior e a contribuição, consideravelmente mais alta: 450 reais. Ficaram lá por mais um ano, até precisarem desocupar o imóvel de um dia para o outro. Mas Sonia estava determinada a não voltar para uma pensão, com aluguel caro e um quarto minúsculo.

O caminho foi insistir nas ocupações. Ela foi, então, até a sede da Frente de Luta por Moradia (FLM), na ocupação da avenida Rio Branco, região central de São Paulo, e conheceu Carmen Silva, líder do Movimento Sem-Teto do Centro (MSTC), que em 2018 contabilizou dezessete anos de existência, somando 5 mil pessoas distribuídas em onze ocupações.

Como não havia lugar por lá, Carmen a direcionou para outros imóveis. Exausta e desesperançosa, chegou a sugerir para Hugo que voltassem ao Paraguai, já que "morar em São Paulo com três crianças e sem um teto era sofrido demais". Mas logo soube de uma vaga na ocupação do antigo Hotel Cambridge, também na região central, que passava por reforma para virar o Residencial Cambridge. Nele, Sonia teria o tão sonhado banheiro próprio.

Durante o período das obras, Sonia mora na Ocupação Nove de Julho. Ela visita o Paraguai com frequência, mas diz não ter vontade de morar em seu país novamente. "As pessoas são muito conservadoras", resume. "O Brasil é um país com pessoas de pensamento livre, e eu gosto muito disso, porque a vida deve ser mesmo uma maravilha." Apesar de a luta por moradia continuar, agora, com a vida mais estruturada, a paraguaia sonha em terminar o ensino fundamental e estudar enfermagem.

A VIDA NAS OCUPAÇÕES

Espanhol, francês, inglês, árabe, português de Angola, crioulo... Basta percorrer os corredores das ocupações em São Paulo para perceber a diversidade de idiomas falados. Somente no edifício Wilton Paes de Almeida, antigo prédio da Polícia Federal no largo do Paiçandu, que pegou fogo e desabou em 2018, estima-se que de 10% a 25% dos 372 moradores fossem estrangeiros — bolivianos, haitianos, nigerianos, congoleses, filipinos, peruanos.

A presença de imigrantes, refugiados e brasileiros de outros estados nas ocupações é fruto da dificuldade de integração à qual essa população é submetida, o que aumenta a probabilidade de exploração no trabalho. Esse não é só o caso de Sonia Mabel Bogado Barreto, mas de muitas pessoas que moram em uma cidade com escassez de políticas habitacionais adequadas e dominada pela especulação imobiliária. A vida em uma ocupação, muitas vezes a única alternativa às ruas, acaba sendo exemplo para um futuro mais igualitário e humanitário.

"Hugo acorda às cinco horas da manhã para ir ao trabalho. A Neide é taxista. Os angolanos têm a cultura deles, são muito tranquilos. Todo mundo trabalha. À noite, os amigos se encontram e todos se conhecem. Se alguém está entrando, a gente sabe imediatamente", diz Sonia, que gostaria de mostrar aos brasileiros uma visão diferente sobre as ocupações. "Não somos ladrões nem usuários de maconha."

Ela sorri largamente ao contar que as pessoas entram e saem da sua casa de hora em hora, pois um dos seus maiores prazeres é fazer bolos e pães para a sua grande família. "Temos regras, não admitimos brigas. Crianças não ficam sozinhas dentro de casa. Se isso acontece, chamamos o conselho tutelar. Acima de tudo, cuidamos um do outro", revela a moradora da Ocupação Nove de Julho, ativa desde outubro de 2015. O prédio era sede do Instituto Nacional do Seguro Social (INSS) em São Paulo e, na época, estava inoperante havia mais de três décadas.

"Lutamos para garantir direitos constitucionais nas áreas de moradia, educação, saúde, cultura e lazer", conta Preta Ferreira, coordenadora do MSTC, fundado em 2001 para a "mobilização e organização de famílias sem-teto que estão na luta por moradia digna". "Para entrar e morar numa ocupação, cada pessoa passa por um grupo de base, uma espécie de preparação política para entender o que é o movimento e quais são suas regras de convivência", explica. Todos são informados também sobre a natureza temporária da moradia e que, a qualquer momento, pode haver uma reintegração, com ordem de um juiz para o estado evacuar o prédio.

A taxa de despesas comuns, que substitui o aluguel e é o único pagamento feito mensalmente por cada família, era de duzentos reais na Ocupação Nove de Julho, em 2018. O valor cobria energia, água, extintores, porteiro, contador, manutenção geral e advogados. Preta, que é filha de Carmen Silva, reforça a diferença entre ocupar e invadir. "Ocupamos prédios ociosos, que não cumprem a função social da propriedade. Na maioria dos casos, o proprietário deve bilhões em impostos e o prédio está fechado há mais de vinte anos. Muitas vezes, são prédios do estado ou da prefeitura. A ação é uma denúncia da especulação imobiliária no país."

OCUPAÇÃO NOVE DE JULHO
- 131 famílias
- 400 moradores, entre brasileiros e estrangeiros (refugiados e imigrantes)
- Países de origem: Angola, Haiti, Gana, República Dominicana, República Democrática do Congo, Peru, Argentina, Paraguai.

DÉFICIT HABITACIONAL EM SÃO PAULO EM 2018
- Imóveis vazios: 492 mil
- Famílias sem moradia: 396 mil
- 70 prédios na região central são identificados como ocupações, entre elas: Ipiranga, Rio Branco, Hotel Cambridge e Nove de Julho.

Fonte: dados fornecidos pelo MSTC em agosto de 2018.

Entenda a crise

HAITI

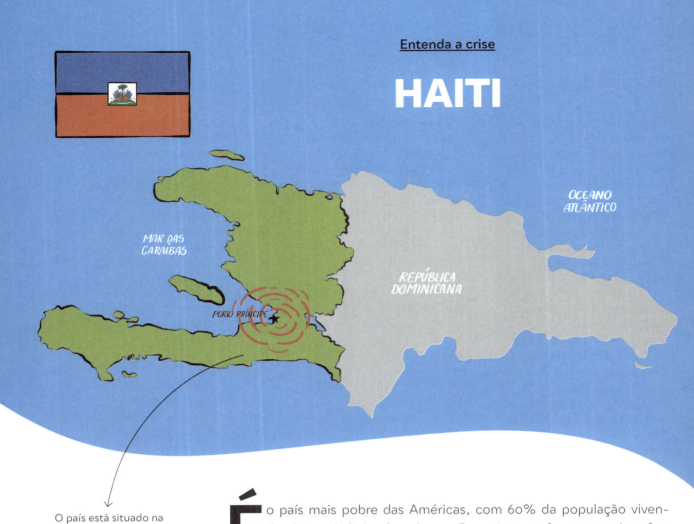

O país está situado na porção ocidental da ilha Hispaniola, que divide com a República Dominicana, em uma área de intensa atividade sísmica.

- 7,0 de magnitude.
- Epicentro a pouco mais de vinte quilômetros da capital, Porto Príncipe.
- 40 segundos foi o tempo estimado de duração dos abalos.

É o país mais pobre das Américas, com 60% da população vivendo abaixo da linha da pobreza. Para piorar, sofre com catástrofes naturais e climáticas frequentes. Uma delas foi especialmente devastadora para o país caribenho — e transformou o cenário de imigração moderna no Brasil.

12 de janeiro de 2010, às 16h53

O maior abalo sísmico que o Haiti já enfrentou, considerado o terremoto mais destrutivo dos tempos modernos em relação ao percentual de população afetada:

- **1/3 da população** foi diretamente afetada pelo terremoto;
- **200 mil a 300 mil** mortos e desaparecidos;
- **300 mil** feridos;

- **1 milhão a 1,5 milhão** de desabrigados;
- **500 mil** foram para o interior do Haiti;
- **300 mil** deixaram o país;
- **300 mil** casas destruídas ou seriamente danificadas;
- **80%** das escolas destruídas ou danificadas;
- **50%** dos hospitais destruídos ou danificados;
- Como consequência, uma **epidemia de cólera** se instalou, matando cerca de **4,5 mil** pessoas;
- **De US$ 7 bi a US$ 14 bi** é o prejuízo total estimado (US$ 8,4 bi foi o PIB do país em 2017).

Fontes: Banco Interamericano de Desenvolvimento/BID e governo do Haiti.

Um ano depois da tragédia, ainda havia aproximadamente 800 mil desabrigados, concentrados em cerca de mil campos e assentamentos.

Em 2017, os desabrigados ainda eram mais de 37 mil.

NÃO FOI A PRIMEIRA TRAGÉDIA NATURAL — NEM A ÚLTIMA

2004
Em maio, enchentes afetaram sobretudo o sul do país e deixaram cerca de 2 mil mortos e desaparecidos. Em setembro, com a tempestade tropical Jeanne, alagamentos mataram cerca de 3 mil pessoas no norte.

2005
A passagem do furacão Dennis pela costa sul provocou uma série de inundações em todo o país, deixando cerca de 45 mortos.

2008
Tempestades tropicais e furacões deixaram mais de oitoncentos mortos e centenas de feridos.

2012
O furacão Sandy deixou mais de 20 mil desabrigados, além de agravar a epidemia de cólera.

2016
A passagem do furacão Matthew, o mais forte a atingir o Caribe desde 2007, trouxe mais caos ao país que ainda lutava para superar as sequelas do terremoto:

- 29 mil casas destruídas;
- 300 escolas arrasadas;
- Mais de mil mortes.

Segundo estimativas do Ministério do Interior do Haiti, 19% da população (cerca de 2,1 milhões de pessoas) foi afetada. Só na península de Tiburon, avançando para oeste em direção a Cuba, 90% das casas foram destruídas.

Os ventos de mais 230 km/h não só deixaram um rastro de destruição como criaram o cenário perfeito para a proliferação de epidemias. Com a falta de água potável, a cólera voltou a se tornar um problema grave.

Rajadas de instabilidade política

O Haiti foi o primeiro país na América Latina a acabar com a escravidão e a declarar a independência. Apesar do vanguardismo, vive um contexto de constante incerteza política, marcado por ditaduras e protestos, que é agravado pela pobreza. Assim, a emigração não é um fenômeno novo para os haitianos, e o terremoto não é a única causa do fluxo de saída.

1) O ex-escravizado Jean-Jacques Dessalines **proclamou a independência** em 1804. Mas cortar as correntes teve um custo alto: a França exigiu que houvesse reparação de danos aos ex-donos de pessoas escravizadas. Para acabar com o bloqueio econômico que enfrentou e ser reconhecido diplomaticamente, o Haiti aceitou pagar a extorsiva quantia de 150 milhões de francos, que, em valores atualizados de 2018, seria de aproximadamente **21 bilhões de dólares**.

2) Em 1915, os EUA **invadiram o Haiti**, onde permaneceram com suas tropas até 1934. Foi quando ocorreu o **primeiro grande fluxo de saída** de haitianos, para trabalhar no cultivo de cana-de-açúcar em Cuba e na República Dominicana, também ocupada pelos EUA de 1916 a 1924.

- **80 mil** pessoas foram para Cuba (dados de 1944).
- **52 mil** estavam na República Dominicana em 1935. Dois anos depois, o presidente Rafael Trujillo, um ditador xenófobo, ordenou o massacre de haitianos — estima-se que foram assassinadas de 6 mil a 30 mil pessoas. Esse não foi o único episódio de xenofobia naquele país: em 1991, mais de 35 mil haitianos indocumentados, crianças e idosos foram deportados.

3) François "Papa Doc" Duvalier foi eleito em 1957, mas logo transformou seu mandato (1957-71) em uma **ditadura sanguinária**, que teve apoio financeiro e militar americano, na política de combate ao comunismo. Foi quando ocorreu o **segundo grande fluxo** migratório:

- **+ de 170 mil** pessoas migraram para os EUA, sendo muitos intelectuais e pessoas de classe média;

- **de 40 mil a 70 mil** foram para as Bahamas, muitos para trabalhar na agricultura;
- **+ de 300 mil** cidadãos morreram;
- índices de pobreza e analfabetismo dispararam.

4) Jean-Claude Duvalier, o "Baby Doc", sucedeu o pai no comando (1971-86).

> **1972:** milhares de haitianos se lançaram ao mar em botes, em busca desesperada por uma vida melhor (assim como os vietnamitas fizeram), sendo chamados de *boat people*.

> **de 50 mil a 80 mil** haitianos chegaram à costa da Flórida (EUA) entre 1977 e 1981, no ápice desse fenômeno. Muitos morreram em alto-mar.

5) As primeiras eleições pacíficas elegeram Jean-Bertrand Aristide, um ex-padre esquerdista, em 1990. Mas durou pouco. **Um novo golpe ocorreu em 1991**, e Aristide se exilou na França. Ele só conseguiu voltar ao Haiti em 1994, após a intervenção dos EUA. Isso gerou o **terceiro grande fluxo** de haitianos, predominantemente de *boat people*:

> **+ de 100 mil** deixaram o país, mas 46 mil foram interceptados em alto-mar e levados para prisões na baía de Guantánamo, em Cuba.

6) Aristide foi reeleito em 2000, porém novamente forçado ao exílio em 2004. Em meio à instabilidade política, a **ONU interveio** com a Missão das Nações Unidas para a Estabilização no Haiti (Minustah), liderada pelo Brasil, que recebeu inúmeras críticas ao longo de treze anos de ocupação (2004-17):

- **+ de 2 mil** denúncias de abusos sexuais cometidos pelos capacetes azuis, segundo a agência Associated Press;
- **+ de 7 mil pessoas** morreram de cólera desde 2010 e ao menos 500 mil foram contaminadas. Deve-se aos soldados nepaleses a introdução da cólera no Haiti.

7) De 1804 a 2004, o Haiti teve 41 governantes, sendo que **28 foram destituídos ou obrigados a renunciar** e quatro foram assassinados.

8) Jovenel Moïse assumiu o cargo em **2017**, dando uma pausa nos protestos contra a corrupção. Mas, em 2019, ele e seus oficiais também se tornaram alvos de manifestações pela mesma razão.

O Brasil surge como destino

Se, antes do terremoto, os brasileiros quase não viam haitianos por aqui, depois, o fluxo migratório não parou de crescer até 2015 — quando a crise econômica deixou o país menos atraente como destino e verificou-se um movimento de saída desses imigrantes para o Chile e os Estados Unidos. Isso não quer dizer que o fluxo cessou, e a comunidade aqui instalada permanecia sendo a maior de nacionalidade não brasileira até 2018.

O Brasil é o quarto país com maior afluxo de imigrantes do Haiti, atrás apenas dos Estados Unidos, da República Dominicana e do Canadá.

85 084 haitianos entraram no Brasil de 2010 a 2015:

O HAITI É AQUI

Música de Caetano Veloso e Gilberto Gil, "Haiti" foi lançada no álbum *Tropicália 2*, de 1993, e continua muito atual. Faz pensar sobre racismo, xenofobia e no quanto muros e fronteiras geográficas não definem uma sociedade.

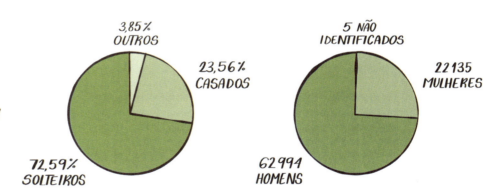

Fonte: Polícia Federal (2012-6).

Por onde entraram e para onde foram

As cidades de **Assis Brasil** (onde há alfândega), **Epitaciolândia** e **Brasileia** (onde se localizam postos da PF), na divisa do Acre com a Bolívia e o Peru, tiveram maior número de entradas: 46% do total, ou 39 150. Outros pontos de entrada foram **Tabatinga**, no Amazonas, e **Corumbá**, no Mato Grosso do Sul. O caminho pressupunha a passagem pela selva amazônica. Agressões físicas, roubos e estupros foram relatados na travessia, antes de chegar ao Brasil, cometidos muitas vezes pelos próprios coiotes — que cobravam duas ou três vezes o que se gastaria numa viagem de avião para cá, sem falar no "pedágio" que muitos foram obrigados a deixar com as polícias locais.

COMO SE DISTRIBUÍRAM OS HAITIANOS

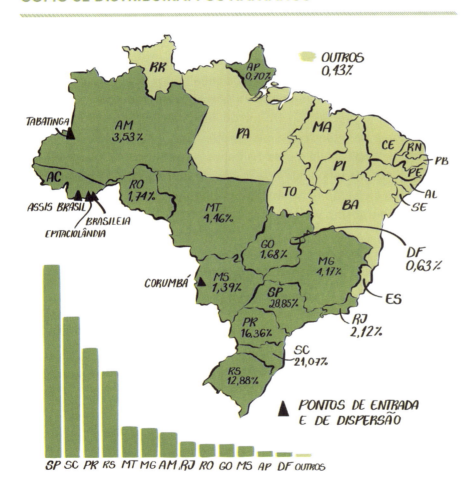

Fontes: Sistema Nacional de Cadastramento de Registro de Estrangeiros (Sincre) e Polícia Federal (2012).

Permissão especial

Depois do terremoto, os haitianos que chegavam ao Brasil pediam refúgio e, assim, obtinham um documento provisório para que permanecessem no país até que suas solicitações fossem analisadas. Porém, como não havia perseguição, os pedidos não se enquadravam como refúgio. Assim, em 2012, o governo brasileiro aprovou a resolução nº 97, simplificando o acesso ao visto por razões humanitárias. Mas havia uma cota e o pedido deveria ser feito apenas na embaixada brasileira no Haiti — as pessoas continuavam chegando aqui sem passar pelo órgão e em número muito superior ao limite. Por isso, em 2013 o Brasil retirou essas exigências e, na resolução nº 102 do Conselho Nacional de Imigração, tratou o tema como migração. Apesar disso, ainda em 2017, 2362 haitianos solicitaram refúgio ao chegar ao Brasil.

Nos primeiros anos, a recepção aos haitianos teve claras violações aos direitos humanos: demora para liberação de documentos, abrigos superlotados e precários, sem luz ou saneamento básico (locais com capacidade para oitenta pessoas registravam 1,1 mil), além de racismo e xenofobia. Apesar de 33 mil haitianos estarem formalmente empregados em 2015, a dificuldade de validação do diploma e o preconceito relegaram a eles empregos em setores como o de construção, limpeza, frigoríficos e trabalho informal.

Somos um país amigável?

6 EM CADA 10 HOMENS haitianos já sofreram com a xenofobia, segundo pesquisa realizada em Belo Horizonte (MG).

TODAS AS MULHERES haitianas já sofreram preconceito.

Os homens ganham metade que os brasileiros na mesma função.
Já as **MULHERES RECEBEM 70% A MENOS**
que as brasileiras no mesmo cargo.

Fonte: Pesquisa da Universidade Federal de Minas Gerais (UFMG), pelo programa Cidade e Alteridade, divulgada em novembro de 2016.

OS PIONEIROS

Sabia que o primeiro grupo de imigrantes haitianos chegou no Brasil nos anos 1940? O Instituto Brasileiro de Geografia e Estatística (IBGE) registra a presença de dezesseis pessoas vindas de lá. Na década de 1960, chegaram 159 cidadãos e, no ano 2000, havia apenas quinze em solo brasileiro.

Dez anos mais tarde, em fevereiro de 2010, logo depois do terremoto, um grupo de doze haitianos chegou a Tabatinga (AM), alegando que seu destino era a Guiana Francesa. De fato, alguns usaram o Brasil como corredor para outros países. Mas o crescimento econômico e a iminência de realizar uma Copa (2014) e os Jogos Olímpicos (2016), com a consequente oferta de emprego, fizeram muitos enxergarem uma chance de recomeçar. Nessa conta, pesou também a familiaridade com a cultura — samba, carnaval, novelas e futebol (mais de 60% dos haitianos torcem pela seleção brasileira) — e a desinformação, com os mitos da hospitalidade brasileira, de que não existe racismo e de que o imigrante teria moradia e alimentação de graça e salários de até 3 mil dólares. Tudo isso fez o fluxo aumentar exponencialmente.

País de origem: HAITI
Data de nascimento: 9/10/1996
VISTO DE ACOLHIDA HUMANITÁRIA

"Imigração é um direito, é um instinto natural de sobrevivência. É como um leão numa floresta que está procurando algo para comer. É por isso que acho que é um direito. A pessoa que emigra para outro país não vai só pela vontade; tem vários tipos de imigração. No caso dos haitianos foi uma coisa humanitária."

Sujo de lama e tinta em meio aos calouros aprovados no vestibular da Universidade Federal do Paraná (UFPR), em 11 de janeiro de 2019, Jerson Compere até poderia passar por um estudante comum que comemorava ali uma vitória. Mas por trás do sorriso aberto havia a história de um haitiano tímido que, em pouco mais de duas décadas de vida, viu tragédia suficiente para uma existência inteira. Jerson dormia o sono tranquilo de um garoto de catorze anos, que não tinha outra preocupação a não ser ir para a escola, quando o terremoto que devastou o Haiti o acordou, em 2010. Em segundos, o haitiano passou de um sonho para um pesadelo real e que, exatos nove anos depois, virou sonho outra vez. Não foi em medicina, como ele idealizava em sua terra natal, mas em ciências contábeis, caminho mais condizente com os passos que deu no Brasil. E não foi sorte — foi preciso perseverança, dedicação e muita força de vontade para superar a catástrofe.

Ele não gosta de contar o que viu e o que passou, pois as memórias vêm com força avassaladora, dor e tristeza. Por isso, omite detalhes, às vezes trechos inteiros de lembranças. Naquele 12 de janeiro de 2010, o adolescente tinha voltado da escola e ido dormir. "A gente não sabia o que era um terremoto, aí aconteceu. Pensava que podia ser uma bomba,

232

qualquer coisa, menos um terremoto. Uma parte da nossa casa caiu e matou a amiga da minha irmã, que morava ao lado. Só bem depois eu percebi o que era. Parecia o fim do mundo. Eu não sabia se tinha morrido, só estava vivendo aquela cena." Ninguém de sua família morreu, mas muitos amigos de escola foram vítimas da tragédia, que fez mais de 300 mil mortos no país e abriu caminho para uma epidemia de cólera meses depois.

As pessoas passaram a dormir na rua, com medo de novos abalos sísmicos e da queda de prédios danificados. Tinham medo da chuva, que os pegaria sem abrigo. Tinham medo de o terremoto ter provocado um tsunami. Não existia sinal para fazer ligações, não havia comida nem água nos mercados. Aliás, não havia mais mercados, escolas, hospitais, bancos; não havia mais nada em Porto Príncipe, capital do Haiti e a cidade que mais sofreu com o terremoto. Tudo estava no chão. Acampamentos de desabrigados foram criados de forma improvisada, sem saneamento nem segurança. Sobrou a fome e o medo. Mas também a esperança da ajuda humanitária dos outros países.

A catástrofe natural destruiu o comércio de alimentos que sua mãe tinha e a casa de câmbio onde o pai trabalhava. Sem emprego e comida, a matriarca decidiu tentar a sorte no Brasil, em dezembro de 2011, seguindo os passos de outros haitianos que chegaram aqui pelo Acre. Veio sozinha, munida apenas da coragem de refazer a vida e, quando possível, trazer a família. Jerson não sabe por que a mãe escolheu o Brasil; ele mesmo nunca pensou que acabaria aqui e não faz ideia dos desafios que ela enfrentou na viagem, via terrestre, pois nunca conversaram sobre o assunto. Só sabe que, no período em que ela esteve aqui e eles lá, enviou dinheiro para o sustento dos filhos e, dois anos depois, mandou buscar o irmão mais velho de Jerson. As dificuldades no Haiti foram tantas, por tanto tempo, que seu pai só conseguiu emprego quase nove anos depois.

Graças ao trabalho da mãe e do irmão em um restaurante em Curitiba (PR), Jerson e a irmã mais nova chegaram ao Brasil em 26 de janeiro de 2016 de avião, com visto humanitário. Chorou de felicidade ao encontrar a mãe, que não via fazia mais de quatro anos. "Essa não foi uma decisão minha, posso dizer que foi o meu destino, pois minha mãe foi a primeira a decidir emigrar para o Brasil. Vim em busca de uma vida melhor... Se minha mãe achava melhor, por que eu não ia achar?"

Ele não falava uma palavra de português, que aprendeu em um curso oferecido pela UFPR. E esperava um Brasil muito diferente. "Achava que era o país mais pacífico que podia haver, com um povo misturado, negro, índio. Vendo o carnaval, que é o maior do mundo, e as novelas, você tem uma percepção de que as pessoas vivem bem… Mas aqui é todo mundo dividido", diz ele, em um português bastante bom. Sua decepção, nesse sentido, está nos muitos episódios de racismo e xenofobia que enfrentou. E também na falta de hospitalidade.

"Não vou falar em nome de todos os haitianos, mas se um haitiano te recebe, ele recebe com o coração. Não vai olhar mais do que você é: brasileiro. Do mesmo jeito que ele vai receber um europeu ou africano. Mas aqui é diferente, e todos os haitianos têm a mesma percepção: somos malvistos, aliás, o negro em geral é malvisto." Jerson ainda se emociona muito ao contar que os vidros dos carros se erguem à medida que ele se aproxima, e as pessoas guardam seus celulares quando ele entra em um ônibus. "Já me xingaram porque sou estrangeiro. Me perguntaram por que os haitianos não foram para a França em vez do Brasil. Isso me chocou. O dia em que eu saio na rua e as pessoas não escondem suas bolsas ou não me olham de um mau jeito é o meu melhor dia."

O preconceito velado o impressiona até hoje. "Se você é branco e vai para o Haiti, todo mundo vai ficar te olhando. Não é porque você é branco, somente porque você é estrangeiro, e esse olhar não vai ser de preconceito, vai ser de diferença e acolhedor. Todo mundo vai querer falar contigo. Quando eu cheguei aqui, foi a coisa mais maravilhosa da minha vida ver tantas pessoas brancas. Só que comigo foi diferente, você sente quando uma pessoa não gosta de você, o jeito que ela te olha já quer dizer: este não é seu lugar."

Jerson havia conseguido terminar o ensino médio no Haiti e trouxe na mala o sonho de cursar medicina. Ver as pessoas sofrendo — como no pós-terremoto e na cesárea que quase tirou a vida de sua mãe —, sem poder ajudar, orientou essa escolha. Chegou a passar no vestibular da Universidade Federal da Integração Latino-Americana (Unila), em Foz do Iguaçu (PR), mas a realidade falou mais alto. "Não fui porque, imagine, é um curso integral, ninguém ia me ajudar, ia ficar desempregado, numa cidade que eu não conheço. Ia ser outro recomeço. Às vezes, teu sonho está na tua frente e tem uma coisa que te impede de alcançar teu objetivo." Moradia, alimentação, transporte, livros, fotocópias, computador... eram muitos os obstáculos. Então, decidiu ficar na área em que já estava empregado. Conciliando o trabalho com o cursinho, alcançou seu objetivo.

Em Curitiba, trabalhou primeiro em um restaurante, por intermédio de seu irmão. Em agosto de 2017, conseguiu emprego em um escritório de contabilidade, por indicação dos amigos que fez aqui — sorte que poucos haitianos têm, já que a maioria amarga muitos meses de desemprego e, depois, subemprego. "Não sou ingrato. Passei por muitas coisas aqui, mas também estou desfrutando. Eu falo hoje português, uma das línguas mais difíceis do mundo, e tenho um emprego bom", diz ele, lembrando que muitos haitianos com curso superior acabam em trabalhos que não condizem com sua formação. Sim, ele sabe que é preciso recomeçar muitas vezes do zero, mas acredita que seus conterrâneos poderiam contribuir mais com o país, caso lhes fosse dada alguma chance. "O haitiano está pagando imposto, ele é um cidadão. A única coisa que precisa é de um trabalho. Ele não quer concorrer com os brasileiros, pois está fazendo aquilo que eles não querem fazer, ele só quer refazer sua vida. Você não vai ouvir que um haitiano está roubando ou assediando uma mulher, porque o que ele quer é começar uma nova vida."

Ele mesmo tem uma rotina bem pacata. Não costuma sair muito, vai do trabalho para casa e tem poucos mas bons amigos brasileiros. "Encontrei pessoas legais, que me abraçaram como se fosse um brasileiro, um ser humano igual a eles." É com esses amigos que Jerson gostaria de voltar ao seu país natal, para mostrar o Haiti de verdade, "um país tão pobre, mas tão rico, de um povo amável, que não merecia tudo isso". Ele sente saudade das praias, do clima quente, da amizade e da colaboração entre os vizinhos, do tempero da comida. Mas quer se formar e viver no Brasil. Se pudesse, juntaria a família toda aqui: o pai, nacionalista, que não abandonou o Haiti; a mãe, guerreira e corajosa, que não conseguiu mais trabalho no Brasil e foi tentar a sorte nos Estados Unidos, com a filha mais nova; e o irmão que também está em Curitiba, casado e com filho.

Enquanto isso não é possível, ele só quer ser feliz. "Tudo o que passei foi um mal necessário, porque me construiu. Eu tenho orgulho da pessoa que sou, e mesmo essas coisas que passo aqui acabam me fortalecendo. Agora, meu sonho é ficar feliz aqui e fortalecer minha relação com meus amigos amados. Faz muito tempo que não sinto essa

felicidade que transborda; acho que passar na UFPR é um dos caminhos."
Esse, pelo menos, ele já encontrou. Aliás, Jerson foi aprovado também em ciências contábeis no Instituto Federal do Paraná (IFPR) e em letras na Universidade Tecnológica Federal do Paraná (UTFPR).

AS PRINCIPAIS ROTAS USADAS PELOS HAITIANOS PARA CHEGAR AQUI

País de origem: HAITI
Data de nascimento: 9/7/1986
VISTO DE ACOLHIDA HUMANITÁRIA

"Vim para estudar, trabalhar, realizar um sonho, buscar uma vida melhor. Quando cheguei, as coisas foram bem difíceis, foi complicado conseguir trabalho. Mas eu não desisto, não. Por isso, não ligo para as críticas e para o preconceito."

WILGUIMPS ETIENNE

"**M**eu Deus! Se fosse para fazer essa viagem de novo, não faria. Vou morrer no Brasil." O haitiano Wilguimps Etienne não é de falar muito, diz que não gosta de contar sua própria história. Muito menos de lembrar como chegou ao território brasileiro, em janeiro de 2015, depois de quase uma semana de viagem, que incluiu um inóspito e perigoso trecho da selva amazônica, na rota pelo Equador. "A gente passou muita dificuldade, dor de cabeça, fome, não tinha lugar para comprar comida e não conseguia comer o tempero daqui. Vomitei, passei muito mal, quase morri." Ele acredita que não foi vítima de aproveitadores ou ladrões porque, talvez, soubesse falar algumas palavras em espanhol. Mas viu pessoas perderem seu pouco dinheiro na jornada. Wil cruzou fronteiras e enfrentou tudo em nome de um sonho: cursar medicina.

Sua travessia começou em Cabo Haitiano, segunda principal cidade do Haiti, conhecida como destino turístico e que sofreu pouco com o terremoto de 2010 — no dia do abalo, por exemplo, ele estudava a Bíblia com um colega em um prédio de três andares e só percebeu a estrutura balançar um pouco. Era nessa cidade que Wil vivia com os irmãos e a mãe, uma empregada doméstica que juntou o dinheiro para o filho fazer a viagem e tentar realizar seu sonho. O pai, porteiro, trabalhava na República Dominicana. Wil tinha uma vida de certa forma confortável em seu país: terminou o equivalente ao ensino médio, não trabalhava e sonhava com a faculdade. Mas poucos estudantes conseguiam fazer medicina na rede pública e as universidades privadas eram muito caras para o rapaz que, então, foi tentar a sorte na República Dominicana. Não deu certo: lá o preço do ensino superior também era inacessível.

Foi por sugestão de um amigo haitiano que Wil considerou o Brasil para realizar seu sonho. Tirando a seleção brasileira, da qual é torcedor fanático desde sempre, ele não sabia nada sobre o país. Ao chegar ao Acre, com 28 anos, pouco dinheiro e uma mala, ele tinha apenas o nome de seu destino final: Curitiba. Era onde vivia o amigo, que também tinha vindo com o sonho de estudar e conseguiu cursar engenharia civil em uma instituição privada. Até por isso, Wil ficou poucos dias no centro de acolhida de haitianos no Acre, onde viveu à base de bolacha.

Como entrar no Brasil já era um grande sonho, ele sentiu que suas energias foram renovadas depois da terrível viagem e conseguiu seguir caminho de ônibus. Em Curitiba, o primeiro passo foi aprender português aos sábados, em um programa oferecido pela Universidade Federal do Paraná (UFPR). O segundo, procurar um trabalho para se sustentar até conseguir atingir seus objetivos. O terceiro, se ambientar ao frio curitibano, já que no Haiti não usava nem blusa. O quarto passo foi se acostumar com a comida, cujo tempero ele estranhou muito no começo. O quinto, ignorar o preconceito.

"Vim para estudar, trabalhar, realizar um sonho, buscar uma vida melhor. Quando cheguei, as coisas foram bem difíceis, foi complicado conseguir trabalho. Mas eu não desisto, não. Por isso, não ligo para as críticas e para o preconceito. Claro, sofro um pouco, em todos os lugares encontrei gente falando mal de mim ou saindo de perto no ônibus. Dá vontade de voltar para o meu país. Só que o sonho é bem maior, é bem grande, por isso não ligo", diz Wil. Como outros imigrantes, ele se sente incomodado quando perguntam os motivos que o trouxeram ao Brasil, assumindo que foi para fugir da pobreza. Ele nunca viu o mesmo acontecer com um europeu, por exemplo.

Nos primeiros quatro anos depois de sua chegada, Wil só conseguiu emprego em lojas de construção civil, onde trabalhava carregando peso. O salário baixo e o pouco tempo livre — ele só tinha as terças-feiras de folga para se recuperar do trabalho pesado — não permitiram que ele realizasse o objetivo de cursar uma faculdade.

"Você vai para fora para conseguir realizar um sonho. Depois, vê que os anos estão passando e não conseguiu realizar." Foi por isso que, nesse meio-tempo, ele desistiu de medicina, pensou em fazer engenharia química e começou um curso técnico de química industrial. Porém, teve de abandonar o curso porque não tinha dinheiro nem para o ônibus na época em que ficou oito meses desempregado.

Quando tinha os fins de semana de folga, frequentava cursos de português aos sábados e, às vezes, o grupo de jovens da Igreja Universal. Aos domingos, ia aos cultos. Era seu lazer. Chegou a visitar Santa Catarina e São Paulo. Mas, com apenas um dia de folga, Wil só conseguia pôr a roupa e a casa em dia; praticamente não saía para se divertir. "Meus colegas me convidam para jogar bola, mas eu não tenho tempo. E tenho medo de me machucar, aí não vou poder trabalhar." Quando a pandemia da Covid-19 chegou ao Brasil, Wil estava desempregado e procurava uma colocação havia meses.

Seu português ainda não é fluente, as palavras às vezes fogem, mas não há tristeza em seu olhar. Ao contrário, ele ri bastante, olha muito para baixo e não reclama. "Minha vida não é tão boa nem tão ruim, mas a esperança é que vai melhorar." Já ambientado, com amigos brasileiros, diz que adora churrasco, o sistema de transporte público curitibano e que não estranha mais nada. Recusa-se, inclusive, a contar o que ainda considera esquisito nos nossos costumes, por respeito ao próximo. Gosta "muito, muito" dos brasileiros. "É um povo bem alegre, que não pensa nada ruim sobre o amanhã. É muito diferente do haitiano, que sempre está pensando nas coisas que vão acontecer, se preocupa com a vida no futuro. Até com a morte eles se preocupam."

Ele só dispensaria o frio, porque não se acostuma a carregar blusa. E é verdade: em um frio de cerca de catorze graus, Wil vestia apenas camisa polo de manga curta. Ele lembra, por exemplo, que em 2016 seus dedos quase congelaram. E diz que, nessas horas, sente saudade do calor de seu país. Mas só voltaria para lá para rever a mãe, não para morar. Com pouca oportunidade de emprego no Haiti, ele quer mesmo é ficar no Brasil, fazer faculdade, casar. E, um dia, quando estiver bem estabelecido, aí sim quer dar aos haitianos um pouco do que conquistou. "Ninguém sabe o dia de amanhã. Se der, eu volto. Meu plano é ajudar meu país, meu povo, minha família, meus amigos. Gostaria de abrir uma loja de construção para minha família e meus amigos conseguirem emprego."

Wil não pede muito. Seu sonho é o de muitos estudantes, mas, para um imigrante, o caminho é bem mais árduo. Ele precisa driblar as barreiras do preconceito, quebrar o ciclo de exploração de mão de obra barata a que estão sujeitos muitos estrangeiros e lutar para que a integração em território brasileiro seja efetiva, não apenas uma autorização de residência. Quantos Wils ainda terão seus sonhos podados pela falta de acolhida digna?

O EMPREGO QUE QUASE NINGUÉM QUER

Mesmo estrangeiros qualificados, quando chegam fugindo de um conflito ou condições econômicas adversas, acabam ocupando vagas que quase ninguém quer: o subemprego ou trabalho informal. Se levarmos em conta os números absolutos, apenas 26127 haitianos firmaram contratos de trabalho em 2016, segundo o Ministério do Trabalho. É quase nada perto dos 38 milhões de empregos formais que havia naquele ano.

Os haitianos são, desde 2011, a nacionalidade estrangeira com maior número de contratos assinados no Brasil, ultrapassando os portugueses, que eram historicamente os mais numerosos.*

Em cidades como Porto Velho (RO) e Cuiabá (MT), por exemplo, os haitianos foram empregados predominantemente nos setores de construção civil e limpeza urbana, enquanto em Chapecó (SC), Lajeado (RS) e Encantado (RS), a maioria foi para o setor de frigoríficos. Dados da Polícia Federal de 2012 a 2016 revelam qual é a distribuição dos imigrantes do Haiti no Brasil por ocupação:

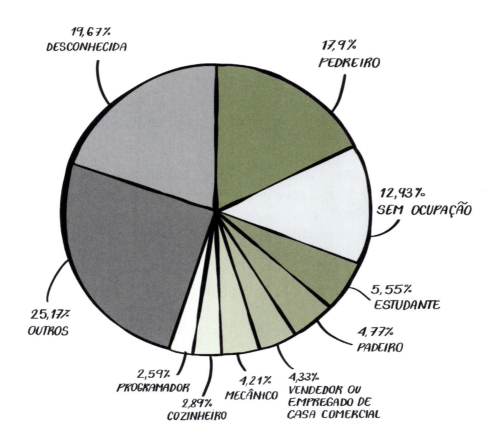

* Fonte: Relação Anual de Informações Sociais (Rais) 2016, Ministério do Trabalho.

Entenda a crise

CUBA

O único país comunista das Américas se tornou um expoente em saúde e erradicação do analfabetismo, mas não conseguiu fugir da tirania dos regimes autoritários, com restrições à liberdade de expressão e aos direitos individuais.

Nos passos da Revolução

Os antecedentes

Cuba era uma espécie de "ilha da fantasia", com mansões e hotéis de luxo para turistas americanos, enquanto a população vivia na miséria. O militar Fulgencio Batista — que ocupou o poder de 1933 a 1944, foi derrotado nas urnas e viveu na Flórida, nos Estados Unidos, até voltar em 1952 para dar um golpe e comandar o país até 1959 — instaurou a pena de morte, a censura aos jornais, o fim do direito de greve e a perseguição a opositores.

Os acontecimentos

1953 O assalto ao quartel de Moncada, em Santiago de Cuba, foi a primeira tentativa de Fidel Castro de tomar o poder, mas ele acabou preso até 1955 e depois se exilou no México.

1956 Na segunda tentativa, Fidel, Che e outros oitenta guerrilheiros aportaram no sudeste de Cuba de barco, armados, mas sofreram retaliações.

1956-9 Os revolucionários promoveram ações de guerrilha na ilha, com ataques a instalações militares, incorporando armas e novos membros.

1959 Os rebeldes tomaram o poder. Fulgencio fugiu com sua fortuna e viveu seus últimos dias em Portugal, e Fidel assumiu como primeiro-ministro do governo revolucionário.

1961 O presidente americano, Dwight Eisenhower, cortou relações diplomáticas com Cuba, que acabou estreitando laços, inclusive comerciais, com a União das Repúblicas Socialistas Soviéticas (URSS). Depois, os EUA protagonizaram a frustrada invasão à baía dos Porcos.

1962 O presidente americano John Kennedy impôs o embargo econômico, que se mantinha ainda em 2019. Com a Crise dos Mísseis, as tensões entre EUA e Cuba se agravaram.

1965 Foi fundado o Partido Comunista de Cuba (PCC), que se tornou o único partido reconhecido na ilha.

1991 Com o fim da URSS, a ilha perdeu seu principal parceiro comercial, e os efeitos da crise, que já eram sentidos desde os anos 1980, tornaram-se mais intensos.

2006 Raúl substituiu Fidel, que estava doente.

Tentativa frustrada da CIA de derrubar o governo comunista. Os EUA haviam treinado militarmente 1,5 mil cubanos, opositores do regime que fugiram para lá, e acreditavam que a população apoiaria o levante. Isso não aconteceu, e os EUA tiveram de recuar diante do grande contingente de castristas (de 20 mil a 25 mil) e das dificuldades geográficas da invasão. O resultado foi o fortalecimento das relações entre Cuba e a URSS, que passou a apoiar a ilha em sua estratégia de defesa contra os EUA, fornecendo inclusive armas. Mais tarde, isso ajudaria a desencadear a Crise dos Mísseis.

Um míssil soviético, disparado de Cuba, abateu um avião americano em 27 de outubro de 1962. Foi o ápice da tensão da Guerra Fria, com a iminência de uma guerra nuclear. O governo americano não contra-atacou, aparentemente, por ter identificado a presença de mísseis com alto potencial de destruição na ilha. Mas poderia atacar a URSS de sua base militar na Turquia. Porém, um acordo de paz foi negociado: os soviéticos retirariam seus armamentos de Cuba e os americanos não tentariam mais invadir o país.

2007 Depois de décadas perseguindo homossexuais, o país passou a celebrar o Dia Internacional contra a Homofobia.

2008 Raúl assumiu oficialmente a presidência.

2015 EUA e Cuba voltaram a estabelecer relações diplomáticas, processo que foi estancado depois da eleição de Donald Trump.

2019 Cuba anunciou uma série de mudanças em sua Constituição. Entre elas, o reconhecimento da propriedade privada, do mercado e do investimento estrangeiro, da liberdade de imprensa e a limitação do mandato presidencial a cinco anos, com possibilidade de reeleição. O casamento homossexual ficou de fora.

A Revolução promoveu:

— Ampla reforma agrária.
— Confisco de propriedades privadas.

Na saúde:
— Cuba tornou-se pioneira no tratamento de doenças como vitiligo e psoríase.
— Passou de um médico/mil pessoas em 1960 para um médico/125 pessoas em 2016.
— Em 2015, chegou a menos de cinco mortes de crianças a cada mil nascidas. No Brasil, no mesmo ano, a taxa era de 13,8 a cada mil.
— Investia, por exemplo, 10,57% do PIB em saúde, proporcionalmente mais do que países como França, Alemanha e EUA.
— Foi o primeiro país a eliminar a transmissão de HIV entre mãe e filho no nascimento, em 2015.

Na educação:
— 1 milhão de pessoas não sabiam ler em 1959, o equivalente a um em cada quatro cubanos.

- 707 mil pessoas aprenderam a ler e escrever em uma campanha que mobilizou 270 mil alfabetizadores em 1961.
- Em 1962, a Unesco reconheceu Cuba como o primeiro território das Américas a erradicar o analfabetismo.

Porém...

- Neutralizou a oposição, estabelecendo o Partido Comunista Cubano como único partido.
- Adotou a pena de morte, em vigor até 2003.
- Estabeleceu perseguição a opositores e à comunidade LGBTQI+.
- A população muitas vezes precisa recorrer ao mercado paralelo para ter acesso a medicamentos e sofre com a precariedade dos hospitais.

QUEM É QUEM

FIDEL CASTRO (1926-2016)

Líder do movimento revolucionário que instaurou o regime comunista em Cuba, nasceu em uma família de latifundiários e se formou advogado. Ficou quase cinco décadas à frente do governo, que assumiu aos 32 anos. Dizia ter sobrevivido a centenas de tentativas de assassinato e era conhecido pelo gosto por charutos e por discursos enormes — o mais longo durou sete horas e dez minutos.

RAÚL CASTRO (1931-)

Irmão caçula de Fidel, fez parte do movimento revolucionário, foi ministro da Defesa, primeiro secretário do Partido Comunista e vice-presidente do Conselho de Estado. Assumiu a presidência em 2008, quando deu início a um lento processo de abertura da ilha. Nos últimos anos, reduziu sua participação na política.

ERNESTO CHE GUEVARA (1928-67)

Médico argentino, decidiu lutar pelas injustiças sociais depois de uma viagem de moto de oito meses pela América (relatada no diário que inspirou o filme *Diários de motocicleta*). Che conheceu Fidel no México e, juntos, planejaram a tomada de poder. Ocupou vários cargos no governo e, em 1965, passou a ajudar a organizar grupos de guerrilha em outros países da África e da América Latina. Morreu em 1967, na Bolívia, tornando-se um mártir da causa comunista.

Perseguição a gays

Entre as décadas de 1960 e 1970, a comunidade LGBTQI+ se tornou alvo do regime castrista. Homossexuais foram exonerados de cargos públicos, presos e enviados a campos de trabalho forçado, as chamadas

Unidades Militares de Apoio à Produção (Umap). Só por volta dos anos 2000 Fidel admitiu os abusos contra a comunidade LGBTQI+.

Chamados de "maricones", os gays eram hostilizados pelo governo, que acreditava que a "falta de macheza" era incompatível com os ideais do regime comunista. Mais do que isso: os gays eram vistos como agentes do imperialismo americano, visão endossada pela União Soviética, que também condenava homossexuais.

Em uma entrevista ao jornalista Lee Lockwood, em 1965, Fidel disse: "Nunca acreditei que um homossexual pudesse encarnar as condições e requisitos de conduta que nos permitem considerá-lo um verdadeiro revolucionário, um verdadeiro comunista. Um desvio de sua natureza se choca com o conceito que temos do que um comunista militante deve ser. [...] quero ser sincero e dizer que aos homossexuais não se deve permitir ocupar cargos em que possam exercer influência sobre os jovens". O trecho é destacado do livro *Gays Under the Cuban Revolution* [Gays sob a Revolução Cubana], de Aleen Young.

Nos últimos anos, apesar de Cuba realizar cirurgias de mudança de sexo no sistema público de saúde, ainda há ranços do período de repressão. A inclusão do casamento gay na Constituição não tinha sido resolvida até 2019, com forte oposição à causa. Na contramão, Mariela Castro, filha de Raúl, se firmava como a principal ativista da ilha pelos direitos LGBTQI+.

REINALDO ARENAS E O GRANDE ÊXODO DE MARIEL

A saída do escritor cubano Reinaldo Arenas (1943-90) da ilha comunista é um dos casos mais notórios da perseguição sofrida pela população LGBTQI+ em Cuba. Nascido em Holguín, Arenas juntou-se à revolução de Castro ainda adolescente e mudou-se para Havana em 1961. Apesar de ter apoiado o movimento nos primeiros anos, foi vítima de censura, perseguição e tortura, tornando-se um dissidente do regime comunista.

Preso em 1973 sob acusação de abuso sexual contra jovens, tentou abandonar a ilha e acabou tratado como contrarrevolucionário. Na condição de fugitivo, comia e escondia-se em parques até ser preso novamente, em 1974. Sofreu torturas e maus-tratos, sendo libertado dois anos depois.

Em 20 de abril de 1980, o governo castrista anunciou que todos os cubanos que desejassem emigrar para os Estados Unidos estavam livres para partir em barcos que se encontravam no porto de Mariel. Nos dias seguintes, milhares de pessoas chegaram à Flórida. O chamado Êxodo de Mariel, um dos grandes movimentos migratórios do século XX, caracterizou-se pela saída de mais de 125 mil pessoas (os "marielitos") de Cuba em apenas sete meses. Grande parte era homossexual. Entre eles estava o escritor. Antes desse marco histórico, porém, outras gerações já haviam emigrado para os Estados Unidos em busca de liberdade política e oportunidades econômicas.

No fim da década de 1980, Arenas descobriu que era portador de HIV, mesmo período em que finalizou a autobiografia *Antes que anoiteça*. Quando cometeu suicídio, em 7 de dezembro de 1990, em seu apartamento em Manhattan, Nova York, o escritor tinha cinco romances sob contrato e o livro de memórias recém-concluído. Dez anos mais tarde, em 2000, foi lançada a versão cinematográfica da obra, dirigida por Julian Schnabel e com Javier Bardem no papel do escritor. Seu primeiro romance, *Celestino antes del alba* (1967), foi o único publicado em Cuba. Já o segundo e mais conhecido livro, *O mundo alucinante* (1969), foi contrabandeado para fora da ilha e publicado pela primeira vez em francês.

País de origem: CUBA
Data de nascimento: 28/10/1988
VISTO DE REFÚGIO

"A vida em Cuba é horrível para os homossexuais. Não acredito no trabalho de ninguém que luta pela comunidade LGBTQI+ no país. Fizeram horrores comigo, fui estuprada duas vezes por agentes da polícia. Fui muito assediada, agredida, sofri muitos horrores."

ANA LIA VERDECIA

Da infância e da adolescência, Ana Lia Verdecia Almarales lembra apenas do bullying. E prefere não falar mais nada. Nascida na cidade de Holguín, a quarta maior de Cuba, ela passou a usar publicamente sua identidade feminina aos 24 anos e logo foi expulsa de casa pelo pai e demitida do trabalho. Nada disso causa espanto em um país que, após a revolução de 1959, adotou políticas homofóbicas e transfóbicas. Gays foram aprisionados, enviados para campos de trabalho forçado no interior, e a própria população passou a denunciar homossexuais ao governo.

Ana Lia nasceu em 28 de outubro de 1988 e é a mais velha de cinco filhos. Da família, ela revela apenas o carinho que sente pelos irmãos que moram em Cuba. "Eu me identifico como mulher desde criança, mas sempre tive medo de mostrar isso para os meus pais." Não sem fundamento. Nos anos 1980, a enfermeira transexual Adela Hernández, que se apresenta como mulher desde a infância, passou dois anos na prisão depois de ser denunciada pela própria família. Em 2012, num marco histórico, Adela tornou-se a primeira pessoa trans a assumir um cargo público na ilha, como delegada do município de Caibarién, em Villa Clara.

Sinal dos novos tempos. Numa transição de poder, ou suposto fim da dinastia castrista, Raúl, irmão de Fidel, passou o comando do país para Miguel Díaz-Canel em 19 de abril de 2018 (apesar de encabeçar o Partido Comunista até 2021). Mesmo na família Castro há membros da nova geração com uma consciência política diversa, que faz oposição ao governo ou luta contra os enormes prejuízos sociais enfrentados pela população nas últimas décadas, em especial a comunidade gay. Mariela Castro, sobrinha de Fidel e filha de Raúl, é a mais notória ativista de direitos LGBTQI+ em Cuba.

MARIELA CASTRO E A LUTA PELOS DIREITOS DAS MINORIAS

Com o peso político de ser sobrinha de Fidel e filha de Raúl, a deputada Mariela Castro decidiu marcar seu nome na política adotando passos diferentes dos antepassados — mas não longe de sua mãe, a revolucionária feminista Vilma Espín (1930-2007), presidente vitalícia da Federação de Mulheres Cubanas (FMC). Mariela é líder do Centro Nacional de Educação Sexual (Cenesex), uma organização fundada em 1989 que tem como missão contribuir para o "desenvolvimento de uma cultura da sexualidade plena, prazerosa e responsável, além de promover o pleno exercício dos direitos sexuais". Entre seus principais esforços está a prevenção do HIV.

À imprensa, Mariela costuma falar sobre a importância de o povo cubano entender a necessidade de reconhecer e proteger os direitos de todos, sem excluir pessoas por sexualidade, identidade de gênero, deficiência ou raça. Doutora em ciências sociais com especialização em estudos transgêneros, ela propôs em 2005 um projeto para permitir que pessoas transexuais pudessem fazer a cirurgia de redesignação sexual e mudassem seu gênero legalmente. A medida foi aprovada pelo governo de Raúl Castro em 2008 e possibilita a operação de forma gratuita.

Como parte de seu trabalho, o Cenesex realiza em Havana o Congresso Cubano de Educação, Orientação e Terapia Sexual. O ano de 2018 marcou 25 anos desde a realização do primeiro encontro. Entre as temáticas abordadas estão políticas públicas, educação integral da sexualidade, promoção da saúde sexual, integração social das pessoas LGBTQI+, violência de gênero, saúde sexual e direitos sexuais, programas e estratégias para o ensino da sexualidade, prostituição e tráfico de pessoas. Em 2016, o canal americano HBO lançou o documentário *Mariela Castro's March: Cuba's LGBT Revolution* [A marcha de Mariela Castro: A revolução LGBT em Cuba], que relata os desafios e conquistas da população LGBTQI+ por meio do trabalho da política cubana.

Pouco depois de assumir o comando de Cuba, em 2018, o próprio presidente Miguel Díaz-Canel declarou apoio ao casamento entre pessoas do mesmo sexo e à atualização da Constituição do país, que define o casamento como uma união entre um homem e uma mulher. No entanto, no final do mesmo ano, a decisão foi adiada após o tema ser discutido em uma assembleia popular em que a opinião pública foi majoritariamente contrária à alteração.

Ana Lia entrou na Faculdade Arides Esteves Sánchez em 2009, completando uma especialização técnica em enfermagem. Ainda em Holguín, trabalhou no hospital cirúrgico Lucia Iñiguez Landín, dedicando-se ao setor geriátrico por dois anos e depois à área de nefrologia. "Gosto muito da profissão."

Apesar de ter se assumido aos dezessete anos, até os 24 ela usava roupas femininas apenas para sair à noite. No ano de 2012, porém, tudo mudou. "Sou trans, me apresento como mulher, mas não me deixaram voltar a trabalhar. Falaram que, para voltar, teria que cortar meu cabelo." Assim como os colegas de profissão, seu pai não aceitou a identidade de gênero de Ana Lia, expulsando a filha imediatamente de casa. "Em Cuba ninguém luta pelos homossexuais, e se alguém falar o contrário, é *fake*."

Decidida a não aceitar as exigências do hospital, a cubana abdicou do setor de enfermagem e foi trabalhar num salão de beleza como cabeleireira e maquiadora. Mesmo em um ambiente que costuma ser mais inclusivo para a população LGBTQI+, a realidade se revelou a mesma. O jeito foi ir para a capital procurar trabalho. Em Havana, Ana Lia começou a se prostituir e a sofrer novos tipos de agressões, tendo sido estuprada duas vezes por agentes da força policial.

"O Brasil era a minha única opção. Uma amiga cubana fez a mesma viagem, mas em seguida foi para os Estados Unidos." Os desafios da jornada até seu destino final, São Paulo, indicaram as dificuldades que ela encontraria. O voo de Havana para a Guiana até que foi tranquilo. Da capital, Georgetown, enfrentou uma viagem de dezoito horas por estradas de terra num ônibus pequeno até cruzar a fronteira brasileira, chegando a Bonfim, município do estado de Roraima, em 22 de fevereiro de 2018.

Depois de passar pela polícia de fronteiras, os primeiros contatos revelaram que não haveria futuro para ela ali. Uma conhecida que morava em Cuba e foi para Manaus disse que a capital amazonense poderia oferecer uma qualidade de vida melhor do que Roraima. E lá foi Ana. "Fiquei seis meses em Manaus, já que consegui um aluguel barato, mas todos me falavam que, no Brasil, a melhor cidade para pessoas gays era São Paulo."

Mais uma longa viagem de ônibus até a capital paulista, quando suas esperanças ainda estavam vivas. Sua luta maior continuou sendo por trabalho. Mas o sonho de uma nova vida se distanciava a cada tentativa de arrumar emprego. "Bati em muitas portas para entregar meu currícu-

EM BUSCA DE LIBERDADE

O número de pedidos de refúgio feitos por cubanos no Brasil começou a aumentar em 2016, em parte por uma nova rota de pessoas vindas pela Guiana e Roraima, e chegou a triplicar com o fim do programa Mais Médicos. Entre os principais motivos do fluxo migratório estão a crise econômica na ilha, a repressão à liberdade de expressão e a restrição ao acesso às novas tecnologias da informação. O país também está presente na lista restritiva da Comissão Interamericana de Direitos Humanos (CIDH), que denuncia países onde as violações de direitos humanos requerem atenção especial, segundo relatório publicado em 2017. Um dos destaques do documento da comissão, que faz parte da Organização dos Estados Americanos (OEA), é a violência sofrida pela população LGBTQI+ e outros grupos minoritários em situação de vulnerabilidade, como mulheres e afrodescendentes.

O trajeto que Ana Lia fez para sair da ilha caribenha é o mesmo de muitos cubanos, pois a Guiana não exige visto de entrada para eles. Já o Brasil, onde a solicitação de refúgio é feita, concede o visto com certa agilidade. Para se ter ideia, o de Ana demorou apenas um mês para sair.

"Os dados apontam que, do total de cubanos que entraram no Brasil em 2018, mais da metade atravessou a fronteira com a Guiana em Roraima, e menos de 1% deles retornou para a Guiana por essa fronteira. Esse dado evidencia que a região é a porta de entrada de cubanos no Brasil, alguns para permanecer em território brasileiro, outros para realizar a mobilidade para outros países. O tipo de mobilidade desse fluxo também evidencia que há participação de coiotes nessa rota, o que aumenta a exploração e a vulnerabilidade desses migrantes", resume João Carlos Jarochinski, coordenador do curso de relações internacionais da Universidade Federal de Roraima (UFRR).

lo. Estava disposta a trabalhar com qualquer coisa. Sempre falavam que iam me ligar, mas nunca ninguém ligou", comenta.

"Acho que a vida no Brasil é muito ruim para as pessoas trans. O povo brasileiro também tem muito receio da comunidade LGBTQI+." O apoio de dois amigos que fez em sua primeira hospedagem, uma pensão num casarão da região central conhecida como Bixiga, acabou tornando a experiência um pouco menos inóspita. "Graças a eles não estou morando na rua. Sem nada para fazer, sem trabalho, o que seria de mim sem eles? A parte boa da história é realmente sobre as pessoas que eu encontrei", garante.

Quando o assunto é identidade de gênero e orientação sexual, pesquisas mostram Cuba como um lugar mais seguro para essa população do que o Brasil. O *Gay Travel Index*, estudo publicado pelo Instituto Spartacus, relacionou o Brasil em 68º lugar no ranking de países para viajar e viver sendo LGBTQI+ em 2019. Levando em consideração categorias que variam de "possibilidade de casamento", "direitos trans", "leis antidiscri-

minação" e "pena de morte", o estudo é anual e considera as 197 nações reconhecidas pela ONU. É exatamente a mesma posição de Kosovo,
Vietnã e Benin. Cuba está em 47º lugar, o mesmo patamar dos Estados
Unidos. "Ainda não sei para onde vou, mas sei que quero ir embora", resume Ana Lia sobre sua experiência em território brasileiro até 2019. No
mesmo ano ela se mudou para Houston, no Texas, uma das maiores economias norte-americanas.

A REALIDADE DA POPULAÇÃO LGBTQI+ NO BRASIL

A solicitação de refúgio de Ana Lia é baseada no pertencimento a um grupo social específico; no caso, a comunidade LGBTQI+. Entre 2010 e 2018, pelo menos 369 solicitações de refúgio com base em orientação sexual e identidade de gênero foram feitas ao Comitê Nacional para os Refugiados (Conare), segundo o Ministério da Justiça e o ACNUR. A grande maioria dos pedidos veio de membros de países africanos, sendo 121 nigerianos, 45 ganeses e 43 camaronenses.

O ACNUR estima que aproximadamente quarenta países, incluindo o Brasil, reconhecem solicitações de refúgio da população LGBTQI+. Apesar da importância disso,

o país ainda é perigoso e tem muito a fazer para proteger e respeitar essa comunidade. Segundo a ONG Transgender Europe, o Brasil é o país que mais registra assassinatos de travestis e transexuais no mundo. Em 2017, bateu um novo recorde, com aumento de 24% no número de assassinatos transfóbicos: 179 mortes, sendo 35 a mais do que em 2016, de acordo com a Associação Nacional de Travestis e Transexuais (Antra). A média de vida das travestis e das mulheres trans por aqui é de 35 anos — menos da metade da média nacional, de 76 anos, segundo o Instituto Brasileiro de Geografia e Estatística (IBGE).

Dados e informações sobre as solicitações de refúgio de determinado grupo populacional são fundamentais para a criação de políticas públicas que protejam os indivíduos. Entre os esforços para traçar esses perfis está a "Plataforma sobre o perfil das solicitações de refúgio relacionadas à orientação sexual e à identidade de gênero", uma iniciativa do Ministério da Justiça e do ACNUR.

(Na p. 156, você conhece a história da moçambicana Lara Lopes, que também sofreu perseguição por causa de sua orientação sexual.)

PRECONCEITO HISTÓRICO

"O Supremo Tribunal Federal (STF) reconhece desde 2011 a possibilidade da união estável homoafetiva. Na sequência, o Conselho Nacional de Justiça (CNJ) permitiu a conversão da união estável em casamento, inclusive no cartório. Esse é um dado interessante, porque as pessoas LGBTQI+ podem se casar, mas não podem andar de mãos dadas na rua. Casais lésbicos, por exemplo, são reconhecidos no papel, pagam os impostos da mesma forma, mas, quando andam de mãos dadas, podem sofrer agressões verbais e físicas, às vezes fatais. No Brasil, a cada 23, uma pessoa LGBTQI+ é morta por causa de homofobia e transfobia. Em termos de refúgio, o Brasil hoje é um produtor e um receptor de solicitantes, mas a gente tem dois países. Temos um Brasil do Baixo Augusta, em São Paulo, onde as pessoas podem andar sem ser agredidas, e temos um outro Brasil, a poucas quadras, onde as pessoas são mortas por conta de homo e transfobia.

E as pessoas LGBTQI+ não querem se casar necessariamente; existem pessoas que desejam ser solteiras. Elas querem fazer parte da sociedade e, na hora de pagar impostos, não são questionadas sobre sua vida íntima. Porém, na hora de receber direitos, o Estado invade a vida privada dessa população. É violação atrás de violação.

É muito importante lembrar que a pessoa homossexual ou transexual não pode doar sangue no Brasil. O país automaticamente coloca essa comunidade como pertencente a um grupo de risco, mesmo se a pessoa homossexual estiver em um relacionamento estável há vinte anos, com o mesmo parceiro. E isso ocorre por conta das questões relativas à dinâmica sexual, como se os heterossexuais não praticassem sexo anal ou oral. Com isso, a proibição do Ministério da Saúde e da Anvisa desperdiça 16 milhões de litros de sangue por ano. Estamos falando do sangue do monarca, azul, e do reles mortal, vermelho. Essa pecha histórica se perpetua em pleno século XXI, e isso é muito cruel.*"

Por Patrícia Gorisch, pesquisadora em direitos humanos pela Unisanta nas áreas de LGBTQI+ e refugiados, membro da Cátedra Sergio Vieira de Mello, diretora nacional do Instituto Brasileiro de Direito de Família (IBDFAM) e membro da Comissão de Direitos Humanos do Instituto dos Advogados de São Paulo (Iasp).

* Em uma fresta de esperança em meio à pandemia da Covid-19, em maio de 2020 o Supremo Tribunal Federal derrubou restrições à doação de sangue por homens gays. Até então, bancos de sangue rejeitavam a doação de homossexuais que tinham feito sexo com outros homens nos doze meses anteriores à coleta.

IDEIAS PARA INSPIRAR

"A migração não é um fenômeno novo; nem está criando a ameaça dramática de que muitos falam. A maioria dos migrantes se move de forma ordenada entre os países e dá uma contribuição esmagadoramente positiva para seus países anfitriões e seus países de origem."

António Guterres,
secretário-geral da ONU, em 20/9/2017

"Sei que todos os países se preocupam com suas próprias economias, mas espero que em breve possamos ter um mundo em que as necessidades e os direitos humanos se sobreponham a bandeiras, fronteiras, números, egoísmo e racismo."

Shakira, embaixadora
da Boa Vontade do Unicef, 2015

"E, COMO MINHA FAMÍLIA FEZ DEZ ANOS ATRÁS, ELES ESCOLHERAM A VIDA."

Malala Yousafzai, ativista paquistanesa e ganhadora do prêmio Nobel da paz 2014, no livro *Longe de casa: Minha jornada e histórias de refugiadas pelo mundo* (Seguinte, 2019)

"SEMPRE QUE CHEGA UMA CRIANÇA ATÉ A IKMR, SOU TOMADA POR UM PROFUNDO SENTIMENTO DE ESPERANÇA. SE ELA NÃO PERDEU A VIDA, PODE SER QUE A GENTE NÃO PERCA A NOSSA ALMA... NOSSA NEGLIGÊNCIA MATA MAIS QUE QUALQUER GUERRA."

Vivianne Reis, fundadora e diretora executiva da ONG I Know My Rights (IKMR), que defende os direitos das crianças refugiadas no Brasil

"Primeiro, temos que entender que migração não é um problema nem uma crise: é um fenômeno social que aconteceu, acontece e acontecerá sempre. Marcou a história da humanidade, de formas diferentes. Não é uma onda passageira. Muitas vezes, ela é consequência de injustiças históricas, por exemplo, se pensarmos nos estragos da colonização por países da Europa. Tem uma dívida histórica muito grande. Lidar com o desconhecido dá um pouco de medo, é normal. Mas esse é o sentimento impulsivo inicial. Conhecer as pessoas já leva a outro passo, a se aproximar e superar esse temor. Se aproxime, conheça. E não generalize. Tem migrantes bons e ruins, tem luzes e sombras, são pessoas como a gente. Não jogue para eles os estereótipos. Temos de ir em direção ao diálogo, ao encontro. O contato com as pessoas é que muda."

Padre Paolo Parise, diretor da Missão Paz e uma das principais referências em refúgio e imigração no país

"Os refugiados simbolizam, personificam nossos medos. Ontem, eram pessoas poderosas em seus países. Felizes. Como nós somos aqui, hoje. Mas veja o que aconteceu hoje. Eles perderam suas casas, perderam seus trabalhos. O choque está apenas começando. Não existem atalhos para o problema. Não existem soluções rápidas. Então, precisamos nos preparar para um tempo muito difícil que está chegando".

Zygmunt Bauman, na animação
Why the World Fears Refugees [Por que o mundo teme os refugiados]

"Os refugiados não querem ser beneficiários passivos de ajuda, eles querem soluções políticas. Basicamente, eles querem saber quando é que podem voltar para casa."

Angelina Jolie, atriz e ativista, em discurso em um campo de refugiados sírios na Jordânia, em 2016, como enviada especial do ACNUR

"AJUDAR EM RECOMEÇOS DE VIDAS REFUGIADAS FEZ A MINHA VIDA RECOMEÇAR: COM UM OLHAR SEM FRONTEIRAS FÍSICAS, ECONÔMICAS E SOCIAIS PARA A REALIDADE."

Bruna Guedes Oliveira, jovem ativista, professora de português e fundadora do projeto Recomeço

"PEÇO-LHES QUE CELEBREM A EXTRAORDINÁRIA CORAGEM E AS CONTRIBUIÇÕES DOS REFUGIADOS DO PASSADO E DO PRESENTE."

Kofi Annan (1938-2018), ex-secretário-geral das Nações Unidas e ganhador do prêmio Nobel da paz de 2001.

"A imigração deve ser interpretada como uma **OPORTUNIDADE,** não apenas para garantir uma vida digna às pessoas forçadas a migrar em busca de proteção ou de condições mínimas e decentes de vida, mas também para reforçar no país o projeto de uma sociedade inclusiva, solidária e acolhedora."

Irmã Rosita Milesi, missionária e diretora do Instituto Migrações e Direitos Humanos (IMDH), em entrevista à Comissão Justiça e Paz de Brasília, 15/12/2014

"Há esperança. Mas não vem de governos ou corporações. Vem do povo. As pessoas podem mudar e já estão mudando. E há esperança porque temos democracia. E a democracia acontece todo o tempo, não apenas em dia de eleição, mas a cada segundo e a cada hora."

Greta Thunberg, em discurso na COP25, dez. 2019

"PALAVRAS COMO INDIFERENÇA, EGOÍSMO, DIVISÃO, ESQUECIMENTO NÃO SÃO AS QUE QUEREMOS OUVIR NESTE TEMPO. MAIS, QUEREMOS BANI-LAS DE TODOS OS TEMPOS!"

Papa Francisco, em concessão da indulgência plenária pela pandemia da Covid-19

"UM MUNDO MAIS ABERTO À CIRCULAÇÃO DEVE PARTIR DO AMPLO ENTENDIMENTO DE QUE A DIGNIDADE HUMANA NÃO DEVE SE LIMITAR À VINCULAÇÃO A UM ESTADO-NAÇÃO, ATRIBUÍDA À PESSOA AO NASCER. A BUSCA POR SEGURANÇA, PROTEÇÃO E LIBERDADE, ASSIM COMO O DIREITO A UM PROJETO DE VIDA DIGNO, ATRAVESSA FRONTEIRAS E UNE O PROTAGONISMO INDIVIDUAL AO BEM COMUM UNIVERSAL."

Maria Beatriz Nogueira, chefe do escritório do ACNUR em São Paulo

"Essa dor talvez ajude as pessoas a responder se somos de fato uma humanidade. Nós nos acostumamos com essa ideia, que foi naturalizada, mas ninguém mais presta atenção no verdadeiro sentido do que é ser humano. É como se tivéssemos várias crianças brincando e, por imaginar essa fantasia da infância, continuássemos a brincar por tempo indeterminado. Só que viramos adultos, estamos devastando o planeta, cavando um fosso gigantesco de desigualdades entre povos e sociedades. De modo que há uma sub-humanidade que vive numa grande miséria, sem chance de sair dela — e isso também foi naturalizado."

Ailton Krenak, no livro *O amanhã não está à venda* (Companhia das Letras, 2020)

"Acreditamos em ações que democratizam a premissa de que migrar é um direito humano. As pessoas nem sempre migraram por necessidade econômica, muitas vezes migram por curiosidade, porque se apaixonam, porque gostariam de ter a experiência de morar em outro país. Acreditamos na valorização do multilinguismo para tentar cortar essa realidade que parece tão monoglota no Brasil, que todos precisam falar em português. Fazer ações de combate a essas ideias antigas são formas de combater a xenofobia."

Veronica Yujra, idealizadora do movimento Sí, Yo Puedo!, que luta pela democratização da informação e acesso à educação das comunidades imigrantes

"As pessoas não são ilegais. As pessoas estão documentadas ou indocumentadas. Ilegais ou clandestinos são coisas. [...] Você precisa entender que aquela pessoa é um ser humano e tem o direito de estar aqui como você. O acolhimento significa ser sensível à diferença. Se você vir que alguém está passando por alguma dificuldade, precisando de uma direção, é só oferecer ajuda."

Maria Cristina Morelli, coordenadora do Centro de Referência para Refugiados da Cáritas

"AS PLANTAS, QUANDO ARRANCADAS DA TERRA, TÊM AS RAÍZES MUTILADAS E DESCOBERTAS. AO TRANSPLANTÁ-LAS PRECISARÃO SE ADAPTAR A UM NOVO SOLO E ENCONTRAR MEIOS PARA NUTRIR A NOVA ETAPA DA VIDA. PARA ALGUMAS PLANTAS, O NOVO AMBIENTE TORNA-SE FRUTÍFERO E ESTIMULANTE, MAS, PARA OUTRAS, PODE SE TORNAR PARALISANTE E RESTRITIVO E EXIGE MAIS ESFORÇO E ENERGIA PARA PROVER A VIDA. ASSIM É O REFÚGIO."

Denise Orlandi Collus, assistente social que atua no Programa Trabalho Sociocultural com Refugiados do Sesc São Paulo

"A sociedade brasileira é formada por imigrantes que chegaram ao país, em sua maior parte, de forma coercitiva. Africanos e africanas foram retirados de seu continente, desde o século XVI até meados do XIX, para trabalhar nas fazendas brasileiras sob o sistema perverso da escravidão. No final do século XIX, japoneses e europeus, sobretudo italianos, vieram trabalhar nas propriedades de café em regimes de semiescravidão. Na época da Segunda Guerra Mundial, judeus perseguidos pelo regime nazista aqui começaram a vida, muitas vezes partindo do zero.

Atualmente, cresceu muito o número de refugiados; só em 2018, foram 33 866 pedidos, vindos de países como Venezuela, Haiti, Senegal, Nigéria, Guiné, Serra Leoa e Cabo Verde. Todas essas levas de exilados têm feito do Brasil um país múltiplo e plural, mas muito desigual. Aprender com a diversidade desses povos e culturas e repudiar o racismo e a xenofobia nos fará melhores porque inclusivos e abertos à diferença, que é o segredo da boa democracia".

Lilia Moritz Schwarcz, historiadora e antropóloga

"Apesar da contradição dos discursos xenofóbicos de alguns governantes e setores mais conservadores das sociedades, é preciso reconhecer que as economias globalizadas precisam de trabalhadores e trabalhadoras migrantes. Essas pessoas renovam a mão de obra dos países de destino, contribuindo para a manutenção do regime de proteção social; colaboram para o desenvolvimento econômico e cultural; pagam impostos; se empregam em setores que demandam profissionais especializados ou naqueles que os nacionais já não desejam trabalhar. [...] Afinal, não importa de qual lado da 'fronteira' as pessoas se encontram, neste planeta, somos todos migrantes e temos o direito de trabalhar com dignidade."

Cyntia Sampaio, assistente social com atuação em entidades da sociedade civil e organismos internacionais como a OIT (Organização Internacional do Trabalho)

"IMAGINE CHEGAR NUM PAÍS EM QUE VOCÊ NÃO TEM NENHUMA REDE DE RELACIONAMENTOS, VOCÊ NÃO CONHECE NINGUÉM, NÃO FALA O IDIOMA... O BRASIL AINDA NÃO ESTÁ PREPARADO PARA RECEBER ESSAS PESSOAS. [...] ESTAMOS FALANDO DA VINDA DE PESSOAS NUMA SITUAÇÃO DE VULNERABILIDADE PARA UM PAÍS QUE É MUITO DESIGUAL, ONDE OS PRÓPRIOS NATIVOS JÁ SÃO TRATADOS DE MANEIRA MUITO FALHA. O GOVERNO TEM UM PAPEL IMPORTANTE NO SENTIDO DE PERMITIR QUE ESSAS PESSOAS ENTREM, MAS, UMA VEZ DENTRO, O GOVERNO FAZ MUITO POUCO. HISTORICAMENTE, O TRABALHO ESTÁ NAS MÃOS DAS ONGS E INSTITUIÇÕES RELIGIOSAS."

Marcelo Haydu, criador do Adus — Instituto de Reintegração do Refugiado

"Todos nós temos uma responsabilidade moral e constitucional não só com os nossos filhos, mas também com os filhos dos outros e os de ninguém, brasileiros ou estrangeiros. O artigo 227 da nossa Constituição Federal é incontestável: todas as crianças no Brasil, sem discriminação de origem ou nacionalidade, devem ter seus direitos e seu melhor interesse garantidos com absoluta prioridade pelo Estado, pelas famílias e por todos os agentes da sociedade. Assim, é nosso dever como brasileiros acolher todas as crianças e seus familiares migrantes, alcançando um dos objetivos fundamentais da nossa República: construir uma sociedade livre, justa e solidária."

Pedro Hartung, advogado e pesquisador em direitos da criança, coordenador do programa Prioridade Absoluta do Instituto Alana

GLOSSÁRIO

Agência das Nações Unidas de Assistência aos Refugiados da Palestina (UNRWA): depois do conflito árabe-israelense de 1948, a UNRWA foi estabelecida pela Assembleia Geral das Nações Unidas para prestar assistência e socorro humanitário aos refugiados da Palestina, iniciando suas operações em 1º de maio de 1950. Na ausência de uma solução, a assembleia renovou repetidamente seu mandato. De acordo com a agência, "os serviços da UNRWA incluem educação, cuidados de saúde, assistência e serviços sociais, melhoria dos campos e infraestrutura, microfinanças e assistência emergencial a 5 milhões de refugiados da Palestina, inclusive em tempos de conflito armado". Após o conflito de 1948, outros ocorreram na região e exigiram sua atuação.

Al-Qaeda: organização criminosa formada por militares fundamentalistas islâmicos. A Al-Qaeda ("a base", em árabe) é uma rede internacional de terrorismo dividida em grupos independentes. Foi fundada pelo saudita Osama bin Laden, que era o responsável por recrutar pessoas para o grupo e pela captação de recursos financeiros. Em seu início, a Al-Qaeda lutava contra a invasão soviética no Afeganistão; com o tempo, passou a focar seus esforços contra pessoas e governos que, para eles, realizavam políticas de opressão aos muçulmanos. A rede assumiu a autoria de diversos atentados contra militares e civis; a notoriedade mundial, porém, se seguiu aos ataques de 11 de setembro de 2001 nos EUA. O grupo também se declarou responsável por atos terroristas em Madri, Londres, Bali, Jacarta e contra a sede do jornal parisiense *Charlie Hebdo*, em 2015.

Alto Comissariado das Nações Unidas para Refugiados (ACNUR): segundo a agência, que iniciou seu trabalho em 1951: "A proteção de refugiados e das populações deslocadas por guerras, conflitos e perseguições é a principal missão do ACNUR, a Agência da ONU para Refugiados, que busca soluções adequadas e duradouras para essas pessoas". No início do século XXI, mais de 70,8 milhões de pessoas estavam sob proteção da organização, entre elas solicitantes de asilo, refugiados, apátridas, deslocados internos e retornados. Veja mais na p. 24.

Antissemitismo: a origem da palavra "semita" é bíblica e faz referência aos descendentes do filho mais velho de Noé, Sem. Os semitas incluem, entre outros, os povos hebreu e árabe. Apesar de "semita" ser qualquer descendente de Sem, o termo "antissemitismo" é utilizado para se referir ao sentimento ou a ideologias contra o povo judeu (desde que foi cunhado pelo jornalista alemão Wilhelm Marr, em 1879). É importante saber que já havia antissemitismo mesmo antes do Holocausto e de o vocábulo ser criado.

Apostasia: ato de abandonar um partido ou uma opinião; deserção. Renúncia de uma religião ou crença, abandono da fé; abandono da vida religiosa ou sacerdotal, sem autorização superior.

Assistência social: marco da Constituição de 1988, é um dos pilares do Sistema da Seguridade Social, que inclui ainda a previdência e a saúde. Seu intuito é garantir que nenhum cidadão fique desprovido de necessidades básicas. A Constituição prevê em seus artigos 203 e 204 a assistência social a quem dela necessitar, independente de contribuição à seguridade social.

Ativismo: *ver* militância.

Bahá'í: fundada por Mirza Ali Mohamed em meados do século XIX, a fé bahá'í surgiu na Pérsia (atual Irã) e se espalhou pelo mundo. Os bahaístas acreditam no valor essencial de todas as religiões e na igualdade e unicidade de todas as pessoas e gêneros, sem preconceitos.

Boat people: termo que originalmente se referia aos milhares de vietnamitas que fugiram pelo mar, em botes improvisados, dos horrores do regime comunista e das guerras da Indochina, depois do colapso do governo sul-vietnamita em 1975. Aplicado também a refugiados que tentaram chegar aos Estados Unidos de barco vindos de Cuba (ver p. 244) e do Haiti, além de afegãos e outros deslocados que buscavam asilo na Austrália principalmente a partir do início do século xx (ver p. 48).

Califado: conjunto de princípios a serem seguidos por líderes religiosos e políticos muçulmanos sunitas, que surgiu após a morte de Maomé. Também se refere ao governo desse líder (o califa), a seu tempo de duração e ao território compreendido por ele.

Centro de Direitos Humanos e Cidadania do Imigrante (CDHIC): fundado em 2009, segundo seus organizadores "é uma formação da sociedade civil que tem como objetivo promover, organizar, realizar e articular ações que visem à construção de uma política migratória respeitosa dos direitos humanos de imigrantes e pessoas em situação de refúgio. Atua por meio de ações diretas em assessoria jurídica, social e em regularização migratória, bem como através de atividades de formação e publicação de material informativo, visando assim promover a sustentabilidade dos empreendimentos das pessoas migrantes e a garantia de condições dignas de trabalho a todos".

Choque de civilizações: desenvolvida a partir de um artigo publicado em 1993 na revista *Foreign Affairs*, a teoria do cientista político Samuel P. Huntington sobre uma nova ordem mundial discute que as esferas religiosas e culturais serão as fontes primordiais de

conflitos no mundo pós-Guerra Fria, e não os Estados nacionais.

Coiotes: como são chamados os indivíduos que organizam travessias ilegais e perigosas, prática fomentada pelo recrudescimento das medidas de controle fronteiriço entre países.

Comunismo: é um tipo de governo, bem como um sistema político e econômico: um caminho onde todos devem criar e compartilhar suas riquezas. Em um regime comunista, as pessoas, individualmente, não possuem bens, e a propriedade privada e a economia baseada no lucro são substituídas pela propriedade pública e pelo controle comunal dos meios de produção e recursos naturais da sociedade. O Estado sempre exerceu protagonismo nos regimes comunistas.

Comunista: *ver* comunismo.

Curdos: integram uma das comunidades étnicas originárias da região mesopotâmica. Estima-se que mais de 30 milhões de curdos habitem uma região montanhosa que se espalha pelo que hoje são oficialmente territórios turco, iraquiano, sírio, armênio e iraniano. Esse povo ocupa o mesmo local há milhares de anos e é unido por características como língua, cultura e etnia. Com uma população tão numerosa, chama a atenção que nunca tenham conquistado uma nação própria, autônoma e permanente. Todas as tentativas foram violentamente reprimidas.

Daesh: transliteração da sigla em árabe formada pelas mesmas palavras que compõem o acrônimo

ISIS (Estado Islâmico do Iraque e da Síria) em inglês. Autoridades como o ex-presidente dos Estados Unidos Barack Obama optam pelo termo para evitar o uso de palavras como "Estado" e "Islâmico", já que as duas dão legitimidade ao grupo e criam uma associação com quase 2 milhões de muçulmanos que não são terroristas, contribuindo para o aumento da islamofobia no mundo.

Declaração Universal dos Direitos Humanos: Trata-se de um documento-marco que estabelece, pela primeira vez, a proteção universal dos direitos humanos. Foi elaborada depois da Segunda Guerra Mundial (1939-45) pela Assembleia Geral das Nações Unidas em sua terceira sessão, em 10 de dezembro de 1948, e, desde então, traduzida para mais de quinhentos idiomas, tornando-se o documento mais traduzido do mundo. Consiste em trinta artigos que afirmam os direitos dos indivíduos, como uma norma comum a ser alcançada por todos os povos e nações. Serviu como base para tratados internacionais, constituições, Estados e democracias contemporâneas. Pode ser acessada em: <nacoesunidas. org/direitoshumanos/documentos>.

Desenvolvimento sustentável: tipo de desenvolvimento capaz de suprir as necessidades da geração atual sem comprometer as futuras. A definição foi usada pela primeira vez em 1987 no relatório "Nosso futuro comum", elaborado pela Comissão Mundial sobre Meio Ambiente e Desenvolvimento da ONU. Só será alcançado a partir do reconhecimento de que os recursos naturais são finitos.

Diáspora: dispersão, exílio ou expulsão de povos em consequência de preconceito ou perseguição política, religiosa ou étnica. A diáspora africana, por exemplo, é o nome dado à migração forçada da população africana a países que adotavam a mão de obra de escravizados.

Direito de associação: legalmente, é o reconhecimento do direito que cada pessoa tem de livre escolha e associação nas esferas política, social e econômica para determinado fim. Está na Declaração Universal dos Direitos Humanos e foi validado ao longo do século XX em diversos textos constitucionais.

Fake news: a manipulação de informações e imagens sempre aconteceu ao longo da história, mas o potencial de persuasão e incidência de conteúdos falsos mudou bastante e se intensificou no século XXI. Seu objetivo é sempre legitimar um ponto de vista ou difamar alguma pessoa (geralmente figuras públicas) ou grupo. As notícias falsas costumam apelar para emoções extremas, como o medo. O termo ganhou força e fama em 2016, com a campanha presidencial do americano Donald Trump, quando informações falsas sobre sua adversária, Hillary Clinton, foram maciçamente compartilhadas. A produção de *fake news* se transformou numa indústria crescente, e os responsáveis comumente compram dados (endereços de e-mail e números de celular) de forma ilegal para disseminar informações falsas. A leitura crítica das redes sociais

e dos meios de comunicação é imprescindível para escolher fontes confiáveis de informação.

Fatah: acrônimo reverso para Harakat al-Tahrir al-Filistiniya ou Movimento de Libertação Nacional da Palestina, em árabe, e significa "conquistar". É um dos grupos dominantes do cenário político palestino, assim como o Hamas. Foi fundado no Kuwait no final dos anos 1950, após a diáspora palestina de 1948, por Yasser Arafat (1929-2004) e Mahmoud Abbas (presidente da Organização para Libertação da Palestina desde 11 de novembro de 2004), entre outros. Aceita negociar com Israel e cessou os ataques violentos como forma de atuação.

Frente de Luta por Moradia (FLM): criada na cidade de São Paulo em 2003, a frente é um coletivo formado por representantes de movimentos sociais autônomos, cujo objetivo é a reforma urbana e um desenvolvimento mais justo da cidade. O intuito do movimento é articular ações mais combativas na luta por habitação no centro da cidade e na periferia, dar mais visibilidade aos trabalhadores sem-teto e apontar, para a sociedade, a urgência de um plano habitacional digno.

Fundamentalista: expressão que com sentido negativo indica inflexibilidade de opiniões e de compreensão sobre determinado tema. Normalmente associada à religião, também é empregada no âmbito político e econômico.

Governo secular: secularismo é o princípio da separação entre o

Estado e as instituições religiosas. O governo deve permanecer neutro em relação à crença religiosa, sem impor nem proibir sua prática, deixando a escolha livre para grupos e indivíduos.

Grupos de desmobilização: fruto de um dos mais longos conflitos armados da história, o processo de desmobilização coletiva e individual de ex-guerrilheiros na Colômbia é feito por etapas, culminando na reintegração comunitária e econômica de cada indivíduo na sociedade. Criado em 2001, o Grupo de Assistência Humanitária ao Desmobilizado (GAHD) é um órgão do Ministério da Defesa Nacional cuja meta é fazer com que integrantes dos grupos armados decidam se entregar voluntariamente. De acordo com números da Agência Colombiana para Reintegração (ACR), entre 2003 e 2016 foram desmobilizadas 59 mil pessoas no país. Estratégias de desmobilização incluem ainda o diálogo com ex-guerrilheiros, que pode levar ao resgate de sequestrados, e a desativação completa das estruturas dos grupos de guerrilha.

Guerra dos Seis Dias: um dos conflitos desencadeados pela fundação do Estado de Israel. Começou no dia 5 de junho de 1967, mas muitos registros apontam que a origem se deu no encontro da Liga Árabe de 1964, no qual foi discutido o desvio das águas do rio Jordão, assunto de grande importância para os povos ali presentes e também para Israel. Ao final da guerra, o território sob administração israelense aumentou em cerca de cinco vezes.

265

Guerra Fria (1945-91): Com o fim da Segunda Guerra Mundial (1939-45), a humanidade passou de um conflito militar deflagrado para um longo período de ameaças e tensões geopolíticas entre dois superpoderes: as democracias do mundo ocidental (lideradas pelos Estados Unidos) e os países socialistas da Europa Oriental (liderados pela União Soviética). Embora nunca tenham oficialmente declarado guerra, houve conflitos indiretos por meio de *proxy wars* e disputas armamentistas e espaciais.

Halal: significa "permitido" em árabe. É um termo comumente utilizado pela indústria alimentícia para designar produtos que respeitam as leis islâmicas em sua fabricação, seguindo regras estabelecidas pelo Alcorão. O conceito define também objetos e ações que a lei islâmica permite na vida de seus seguidores.

Hamas: é um acrônimo para Harakat al-Muqawamah al-Islamiyya ou, em português, Movimento de Resistência Islâmica. A palavra significa "zelo". O movimento foi fundado em Gaza em 1987 pelo imã Sheikh Ahmed Yasin e por Abdel-Aziz al-Rantissi, logo após o início da primeira Intifada, levante contra a ocupação israelense dos territórios palestinos. Desde 2005, atua como partido político. Faz uso da resistência armada em sua luta pela libertação da Palestina.

Hezbollah: movimento xiita que tem estrutura semelhante à de um exército e é também um partido político. Foi fundado durante a Guerra do Líbano (1982-5) para lutar contra a ocupação israelense no sul daquele país. Os muçulmanos xiitas que criaram o grupo chamam-no de "o partido de Deus", que em árabe se diz "hizb Allah". Os libaneses, contrários à ocupação de Israel, garantiram ao Hezbollah aprovação popular. O grupo assumiu a autoria de ataques suicidas contra diversos alvos israelenses, incluindo civis, sempre fora do Líbano. Alguns países o classificam como grupo terrorista.

Holocausto: historicamente, chamamos de Holocausto o genocídio do povo judeu e de outras minorias (como homossexuais e povos romanis) que ocorreu durante a Segunda Guerra Mundial (1939-45) nos campos de concentração nazistas. A palavra "holocausto", de acordo com o dicionário *Oxford*, já era usada para descrever a morte violenta de grandes grupos de pessoas desde o século XVIII.

Injustiças históricas: faz referência a danos que uma sociedade, de forma coletiva, causou a pessoas desfavorecidas. Embora sejam fontes de debates, os processos históricos são objeto de um crescente número de reivindicações legais e políticas por parte de grupos que buscam reparação. O aumento dessas demandas e da construção de memórias restaurativas pode representar um tributo global à força dos direitos humanos e de ações sociais potencialmente transformadoras, buscando evitar futuras injustiças históricas por outras gerações. A Alemanha, por exemplo, aceitou fazer uma reparação financeira a Israel por conta do Holocausto. Além da compensação monetária, a Corte Interamericana de Direitos Humanos define outras cinco categorias de reparação: restituição, reabilitação, satisfação, garantias de não repetição e obrigação de investigar.

Islã: civilização que se ergueu com base na fé islâmica, a religião monoteísta revelada por Maomé, que é considerado o último profeta de Deus por seus fiéis. Aqueles que a seguem são conhecidos como muçulmanos e têm como livro-base o Alcorão. Suas duas maiores vertentes são o sunismo (corrente tradicionalista e majoritária da fé em todo o mundo) e o xiismo. Pesquisas mostram que, até o fim do século, os muçulmanos vão superar os cristãos como maior grupo religioso do planeta. Umma, que significa "comunidade" em árabe, é o nome dado a todos os povos que aceitaram o credo islâmico.

Itaipu Binacional: situada no rio Paraná, é a segunda maior usina hidrelétrica do mundo. De acordo com a empresa internacional, 19,3% da energia consumida no Brasil e 87,3% da energia consumida pelo Paraguai são fornecidas por Itaipu. Apesar de ser uma fonte de energia renovável, seus impactos ambientais são colossais.

Jihadistas: a palavra "jihad", que deu origem ao termo "jihadistas", quer dizer "luta ou conflito louvável" em árabe, mas seu significado exato depende do contexto. Muitas vezes foi traduzida em países ocidentais como "guerra santa", porém, nos âmbitos da religião e da ética islâmicas, se refere simplesmente a conflitos em busca de promover o que é certo e combater o que é errado. O termo, bastante usado desde os ataques de 11 de setembro de 2001 aos Estados Unidos, serve para diferenciar as pessoas violentas das não violentas. A palavra não é usada por muitos muçulmanos porque eles acreditam que se trata de uma associação incorreta entre um conceito religioso nobre e a violência ilegítima.

LGBTQI+: sigla que designa lésbicas, gays, bissexuais, transexuais, queers e intersexuais. O símbolo + diz respeito à inclusão de outras orientações sexuais, identidades e expressões de gênero e sexualidade, como assexuais, agêneros e pansexuais. Até 1980, todas as pessoas pertencentes à sigla eram denominadas gays, mas ativistas de direitos humanos entenderam que o vocábulo não era capaz de abranger todo o pluralismo da comunidade. Em 1990, a letra T (de transexuais e travestis) foi reconhecida, e a sigla, novamente atualizada. LGBT é ainda o termo mais utilizado no começo do século XXI e foi aprovado após a Conferência Nacional de Gays, Lésbicas, Bissexuais, Travestis e Transexuais, convocada por meio do Decreto Presidencial de 28 de novembro de 2007. Já a inclusão do "I" faz parte de uma luta mais recente.

Marxismo: trata-se de um conjunto de ideias que rompe com o capitalismo e tem como objetivo a adoção de um sistema econômico e social no qual o trabalho não seja expropriado das riquezas que produz. Ele se baseia nas teorias políticas e econômicas de Karl Marx (1818-83) e Friedrich Engels (1820-95).

Marxista: *ver* Marxismo.

Mídias independentes: com base nos princípios do jornalismo, a mídia independente atua livre de qualquer influência do governo e do setor corporativo, desempenhando um papel primordial na criação e manutenção de sociedades democráticas. A Agência Pública — Agência de Jornalismo Investigativo criou um projeto interativo para mapear as iniciativas independentes no Brasil: "aquelas que nasceram em rede, fruto de projetos coletivos e não ligados a grandes grupos de mídia, políticos, organizações ou empresas". Entre elas estão Azmina, Opera Mundi, Mídia Ninja, Geledés, Nexo e Migramundo. O levantamento pode ser acessado em <apublica.org/mapa-do-jornalismo>.

Militância: é uma estrutura organizativa centralizada, de pessoas dispostas a defenderem um bem comum. Já o ativismo é fruto de uma metodologia descentralizada, em que a liderança e as decisões são partilhadas entre muitos. Foi a forma que os jovens estudantes do movimento secundarista em 2015, por exemplo, escolheram para se identificar.

Militante: *ver* militância.

Movimento Sem-Teto do Centro (MSTC): fundado em 2001, atua na mobilização e organização de famílias sem-teto que estão na luta por moradia digna. Promove ações e debates, junto ao governo e à sociedade civil, para que o direito constitucional de acesso à moradia seja cumprido pelo Estado. Já ocupou mais de dez prédios em São Paulo, habitados por trabalhadores de baixa renda, crianças, jovens, adultos e idosos, incluindo imigrantes e refugiados, que transformam os locais abandonados, depredados e sem função social em lares com capacidade residencial e produtiva, reduzindo as condições de vulnerabilidade social em que muitos desses indivíduos se encontram. Promove ainda ações em educação, cultura, formação política, ambiental e esportiva.

Mulá: vem da palavra árabe "mawla", que significa "mestre". No Islã, é alguém que é especialista na sharia, a lei sagrada. Trata-se do título outorgado a mestres e intelectuais de estudos islâmicos ou aos líderes das mesquitas.

Mundo árabe: compreende 22 países: Arábia Saudita, Argélia, Barein, Catar, Comores, Djibuti, Egito, Emirados Árabes Unidos, Iêmen, Iraque, Jordânia, Kuwait, Líbano, Líbia, Mauritânia, Marrocos, Omã, Palestina, Somália, Sudão, Síria e Tunísia. O termo deve ser problematizado, pois significa uma homogeneização que não retrata as diversidades culturais também estabelecidas por essa comunidade, além de contribuir para visões estereotipadas.

Nações reconhecidas pela ONU: não existe um acordo global sobre o número de países existentes no mundo. Dependendo dos critérios utilizados, pode variar de 193 a 206: o reconhecimento depende de como é definido um país. Questões políticas, socioeconômicas e geográficas afetam a decisão. A ONU é a fonte da maioria dos reconhecimentos de países, mas é importante levar em conta que fazer parte da organização exige uma avaliação e uma votação por parte dos membros que a compõem, principalmente dos cinco países-membros permanentes do Conselho de Segurança (Estados Unidos, Reino Unido, França,

Rússia e China). A ONU reconhece 193 países-membros, além dos Estados observadores — Vaticano e Palestina. Taiwan e Kosovo, por exemplo, são nações com reconhecimento parcial.

Napalm: arma química desenvolvida em 1942 por meio de uma colaboração secreta de pesquisa de guerra entre a Universidade Harvard e o governo dos EUA. O site de informações de segurança GlobalSecurity.org a descreve como "uma arma tática usada para remover a cobertura vegetal e incutir medo". Seu uso teve efeito devastador na Segunda Guerra Mundial (1939-45) e na maioria dos grandes conflitos militares depois de 1945, especialmente na Coreia e no Vietnã. A Convenção das Nações Unidas de 1980 sobre Armas Convencionais proibiu seu uso em civis. Os Estados Unidos ratificaram a convenção, mas não fazem parte do Protocolo III (sobre armas incendiárias, mas que não proíbe o uso de tais armas com objetivos militares) e usaram a substância em muitos conflitos desde sua invenção. Sua utilização mais recente em larga escala foi durante a invasão do Iraque em 2003.

Objetivos de Desenvolvimento Sustentável (ODS): definidos no Rio de Janeiro em 2012, determinam os temas humanitários que devem ser priorizados nas políticas públicas internacionais até 2030. Sua formulação se baseia nos progressos e aprendizados dos oito Objetivos de Desenvolvimento do Milênio (ODM), entre 2000 e 2015.

Preta Ferreira: cantora, produtora cultural e ativista de direitos humanos, é filha de Carmen Silva, líder do Movimento Sem-Teto do Centro (MSTC), em São Paulo. Após ficar presa por 109 dias, em um processo arbitrário que gerou grande mobilização social por sua soltura, ela teve sua liberdade concedida em 10 de outubro de 2019. Entre as vozes diversas que apoiam o trabalho e a liberdade de Preta e Carmen está a da filósofa norte-americana Angela Davis.

Proxy wars: a expressão pode ser traduzida como "guerra por procuração". São guerras instigadas por grandes potências, mas que não entram em conflito direto. Em vez disso, usam nações ou grupos de países menores para o combate real. Em inglês, ser *proxy* de alguém é ter uma procuração e poder agir em nome dessa pessoa. Em guerras por procuração, nações poderosas custeiam conflitos armados entre países terceiros para que o resultado da guerra atenda a seus interesses.

Refugiados semipermanentes: refugiados que estão em situação pendente, por conta de conflitos duradouros ao redor do mundo. Na sua maioria, encontram-se em países em desenvolvimento, onde vivem 4/5 dos refugiados do planeta. Segundo o ACNUR, afegãos e somalis são as principais nacionalidades dessa classificação.

Reintegração: no campo jurídico, o termo "reintegração" está vinculado ao direito civil de restabelecer a posse de quem por direito a teria, mas que não se encontra na qualidade de possuidor. O termo também é utilizado nos estudos e ações sobre refugiados, normalmente associado à ideia da reintrodução sustentável de um indivíduo refugiado em seu país de origem. O termo "sustentável" qualifica que a reintegração não deve ser forçada ou colocar em risco a vida do refugiado, além de exigir colaboração para esse período de readaptação ao antigo país.

Secretaria de Direitos Humanos: criada em 1997 dentro do Ministério da Justiça, foi alçada ao status de ministério em 2003. Sua finalidade é implementar, promover e proteger os direitos humanos e os direitos fundamentais de todos os indivíduos. Deixou de ser ministério e foi integrada ao Ministério da Mulher, Família e Direitos Humanos a partir de 2019, pelo governo de Jair Bolsonaro.

Sunitas: compõem a grande maioria dos fiéis do islamismo (estima-se que aproximadamente 85% de todos os seguidores da fé islâmica sejam sunitas). Como Maomé não apontou seu substituto em vida e não tinha herdeiros diretos, a eleição do líder religioso dos muçulmanos passou a ser conflituosa. Essa sucessão deu origem às divergências entre sunitas e xiitas.

Xiita: pessoa adepta do xiismo, que corresponde a aproximadamente 15% dos muçulmanos. Os xiitas se separaram da linha principal, sunita, depois da morte de Maomé. O motivo é que os xiitas acreditam que Ali, genro e filho espiritual de Maomé, deveria sucedê-lo, uma vez que, para eles, apenas Alá pode eleger os líderes religiosos e, portanto, todos devem ser descendentes diretos de Maomé. Nos primórdios da história islâmica, os xiitas eram uma facção política — literalmente, os shiat Ali, isto é, o partido de Ali.

REFERÊNCIAS

O REFÚGIO NO BRASIL

ACNUR BRASIL. *Cartilha para refugiados no Brasil: Direitos e deveres, documentação, soluções duradouras e contatos úteis*. Brasília, 2014. Disponível em: <bit.ly/2qJu36E>.

ANDRADE, José H. Fischel de; MARCOLINI, Adriana. "A política brasileira de proteção e de reassentamento de refugiados: Breves comentários sobre suas principais características". *Revista Brasileira de Política Internacional*, Brasília, v. 45, n. 1, jan.-jun. 2002. Disponível em: <bit.ly/2qJuf5S>.

BÓGUS, Lúcia M. M.; MOZINE, Viviane. "Imigração e refúgio no Brasil contemporâneo: 1930-2012". In: CUTTI, Dirceu [et al.] (Orgs.). *Migração, trabalho e cidadania: Patrimônios culturais do Brasil*. São Paulo: Educ, 2015, pp. 1-284.

CÁRITAS BRASILEIRA. Site. Disponível em: <caritas.org.br>.

"EM DEFESA dos direitos dos migrantes. Entrevista a Rosita Milesi, MSCS". *REMHU — Revista Interdisciplinar da Mobilidade Humana*, Brasília, ano XXII, n. 43, pp. 275-80, jul.-dez. 2014. Disponível em: <bit.ly/38pMrm4>.

"ESTUDO mostra impacto econômico positivo da concessão de asilo". *Público*, Lisboa, 21 jun. 2018. Disponível em: <bit.ly/2P7Umwv>.

FOLLY, Maiara. *Migrantes invisíveis: A crise de deslocamento forçado no Brasil*. Instituto Igarapé, Artigo Estratégico 29, Rio de Janeiro, mar. 2018. Disponível em: <bit.ly/349FHW3>.

GUIMARÃES, Maria João. "Mitos sobre imigração". *Público*, Lisboa, 1 nov. 2014. Disponível em: <bit.ly/2rx5UAx>.

INSTITUTO IGARAPÉ. Observatório de Migrações Forçadas. Disponível em: <migracoes.igarape.org.br>.

LIMA, Fátima. "Cáritas do Rio celebra 40 anos de história com os refugiados". Site ArqRio, Rio de Janeiro, 18 abr. 2016. Disponível em: <bit.ly/3603lQ5>.

LIMA, João Brígido Bezerra [et al.]. *Refúgio no Brasil: Caracterização dos perfis sociodemográficos dos refugiados (1998-2014)*. Brasília: Ipea, 2017. Disponível em: <bit.ly/2qDBuMu>.

MAIA, Gustavo. "Bolsonaro critica Lei de Migração e fala em barrar 'certo tipo de gente'". UOL, São Paulo, 12 dez. 2018. Disponível em: <bit.ly/38qm4MD>.

MARQUES, Marília. "Mais de 30% dos refugiados no Brasil têm ensino superior, aponta pesquisa da ONU". G1, São Paulo, 30 maio 2019. Disponível em: <glo.bo/2scN4ic>.

MELLO, Patrícia Campos. "Brasileiros refugiados somam mais de mil". *Folha de S.Paulo*, São Paulo, 19 jan. 2014. Disponível em: <folha.com/no1399789>.

MILESI, Rosita; ANDRADE, William Cesar de. "Fazendo memória do processo de construção da Lei de Refugiados no Brasil". In: *Refúgio, migrações e cidadania*. Caderno de Debates v. 12. Brasília: Instituto Migrações e Direitos Humanos, 2017, pp. 47-74. Disponível em: <bit.ly/35aHWJQ>.

"O QUE muda com a nova lei de migração". DW Brasil, 21 nov. 2017. Disponível em: <p.dw.com/p/2nzsL>.

"OS NÚMEROS que podem derrubar mitos e clichês sobre a migração ao redor do mundo". BBC Brasil, 24 mar. 2019. Disponível em: <bbc.in/2rzHqqb>.

PACHIONI, Miguel. "Seleção Malaika é campeã da inédita Copa do Brasil dos Refugiados". Site ACNUR, São Paulo, 21 nov. 2018. Disponível em: <bit.ly/2rorvLD>.

SECRETARIA NACIONAL DE JUSTIÇA — MINISTÉRIO DA JUSTIÇA. "Refúgio em números — 3ª edição". Brasília, 11 abr. 2018. Disponível em: <bit.ly/2PtfrAy>.

SIQUEIRA, Fausto. "Brasil reassentará cem afegãos em 4 cidades". *Agência Folha*, Santos, 25 dez. 2001. Disponível em: <bit.ly/34dLlkF>.

SOUSA PINTO, Ana Estela de. "Congolês foge da morte e cria Copa dos Refugiados no Brasil". *Folha de S.Paulo*, São Paulo, 6 abr. 2018. Disponível em: <folha.com/ok7deon2>.

TEIXEIRA, Lucas Borges. "O Brasil tem pouco imigrante". UOL, São Paulo, 18 ago. 2018. Disponível em: <bit.ly/2YCfQoE>.

ÁSIA

VIETNÃ

"1973:Termina a guerra do Vietnã". Terra, 27 jan. 2016. Disponível em: <bit.ly/2samZAn>.

"A GUERRA do Vietnã, televisionada e fotografada". *El País*, Madri,

30 abr. 2015. Disponível em: <bit.ly/2LHuK7I>.

"A HISTÓRIA do vietnamita que deu a volta por cima inúmeras vezes". Portal 99 Empreendedores. Disponível em: <bit.ly/36k2QXa>.

ACNUR BRASIL. "Deslocamento forçado supera 68 milhões de pessoas em 2017 e demanda novo acordo global sobre refugiados". Genebra, 19 jun. 2018. Disponível em: <bit.ly/36m3bZl>.

ACNUR-LISBOA. "Boat people vietnamitas: O final da história". Site. Disponível em: <bit.ly/2P6TGaE>.

AGUIR, Pedro. "Cronologia da história moderna do Vietnã". Portal Opera Mundi, 4 maio 2010. Disponível em: <bit.ly/38q935E>.

ALPERIN, Elijah; BATALOVA, Jeanne. "Vietnamese Immigrants in the United States". Migration Policy Institute, Washington, 13 set. 2018. Disponível em: <bit.ly/2RznAWS>.

ALTMAN, Max. "Hoje na história: 1975 — Vietnã é reunificado e proclamado como república socialista". Portal Opera Mundi, 24 jun. 2013. Disponível em: <bit.ly/35ahzUz>.

BARRETO, Luiz Paulo Teles Ferreira (Org.). *Refúgio no Brasil: A proteção brasileira aos refugiados e seu impacto nas Américas*. ACNUR; Ministério da Justiça, 2010. Disponível em: <bit.ly/2RFjSvo>.

BRAUN, Julia. "A menina da foto: A história por trás de um símbolo da Guerra do Vietnã". *Veja*, São Paulo, 29 set. 2018. Disponível em: <bit.ly/2sdyBm9>.

CHAÍÇA, Inês. "Morreram 2262 refugiados no mar Mediterrâneo em 2018". *Público*, Lisboa, 3 jan. 2019. Disponível em: <bit.ly/2RDUSEk>.

"CORRUPÇÃO e desigualdade marcam os 40 anos da vitória do PC no Vietnã". Terra, 1 maio 2015. Disponível em: <bit.ly/36nh75m>.

CRIADO, Miguel Ángel. "50 anos depois, agente laranja continua contaminando o solo do Vietnã". *El País*, Madri, 16 mar. 2019. Disponível em: <bit.ly/36x57yz>.

HAYDU, Marcelo. "O envolvimento do Brasil com a problemática dos refugiados: Um breve histórico". *Ponto-e-Vírgula*, São Paulo, n. 6, mar. 2013. Disponível em: <bit.ly/36p8s2e>.

"HONG Kong fecha último campo para refugiados do Vietnã". Reuters, Hong Kong, 31 maio 2000. Disponível em: <bit.ly/2rxTCYG>.

LE, Quynh. "40 anos depois: Dez coisas que você talvez não saiba sobre a Guerra do Vietnã". BBC Brasil, 30 abr. 2015. Disponível em: <bbc.in/2t2N3ox>.

LONELY PLANET. "Quy Nhon". Site. Disponível em: <bit.ly/35dgWti>.

MASON, Margie. "Quarenta anos depois da Guerra do Vietnã, feridas ainda estão abertas entre Norte e Sul". *O Globo*, Rio de Janeiro, 30 abr. 2015. Disponível em: <globo/2rouAva>.

"O BRASIL vai acolher refugiados vietnamitas". *Folha de Londrina*, Londrina, 24 jan. 2019. Disponível em: <bit.ly/2LGyYMO>.

OLIVETTE, Cris. "Empresário faturava R$ 50 milhões, mas perdeu tudo em incêndio e precisou recomeçar". *O Estado de S. Paulo*, São Paulo, 17 dez. 2012. Disponível em: <bit.ly/38mGfeq>.

REFUGEES UNITED BRASIL. "De refugiado a empresário de sucesso". 25 jun. 2009. Disponível em: <bit.ly/2P6UQTy>.

SCHWARTZ, Gilson. "'Boat people' sobrevivem

à Guerra Fria". *Folha de S.Paulo*, São Paulo, 30 jun. 1997. Disponível em: <bit.ly/2qlyCy2>.

STEENHUISEN, Bram. "Last Vietnamese Boat Refugee Leaves Malaysia". UNHCR, Kuala Lumpur, 30 ago. 2005. Disponível em: <bit.ly/2qlyFtI>.

"THE GUARDIAN View on the Mediterranean Boat People: Europe Cannot Evade Its Humanitarian Obligations". *The Guardian*, Londres, 15 abr. 2015. Disponível em: <bit.ly/359Q9y6>.

THI, Kim Phuc Phan. *A menina da foto: Minhas memórias: do horror da guerra ao caminho da paz*. São Paulo: Mundo Cristão, 2018.

UNHCR."Flight from Indochina". In: *The State of World's Refugees 2000: Fifty Years of Humanitarian Action*. Oxford: Oxford University Press, 2000, pp. 70-105. Disponível em: <bit.ly/2scTwFW> (inglês) e <bit.ly/36jcV6P> (português).

_____."Operational Portal — Refugee Situations". Disponível em: <bit.ly/38pTnQ8>.

_____. "The Sea Route to Europe: The Mediterranean Passage in the Age of Refugees", 1 jul. 2015. Disponível em: <bit.ly/2LDUQbt>.

SÍRIA

"8 PERGUNTAS para entender motivo de ataque à Síria e origem do conflito". BBC Brasil, 14 abr. 2018. Disponível em: <bbc.in/2sbDoV4>.

AGÊNCA LUSA. "Mais de 920 mil deslocados em 2018, número recorde desde o início do conflito na Síria". *Observador*, Lisboa, 11 jun. 2018. Disponível em: <bit.ly/35bbGGz>.

CHACRA, Guga. "Parte 1 da Série Mentiras sobre a Síria — 'O regime de Assad é xiita (ou alauíta)'". *O Estado de S. Paulo*, São Paulo, 13 set. 2014. Disponível em: <bit.ly/2LDlv8s>.

"COMUNIDADE libanesa no Brasil é quase o triplo da população do Líbano". G1, 10 mar. 2017. Disponível em: <glo.bo/2mubfli>.

DOUCET, Lyse. "Sírios iniciam a difícil tarefa de reconstruir Aleppo". BBC Brasil, 3 fev. 2018. Disponível em: <bbc.in/2sdE1gZ>.

"ENTENDA as diferenças e divergências entre sunitas e xiitas". BBC Brasil, 4 jan. 2016. Disponível em: <bbc.in/355dAse>.

"ENTRADA de ajuda em Ghouta é adiada; turcos controlam cidade em Afrin". *Folha de S.Paulo*, São Paulo, 8 mar. 2018. Disponível em: <folha.com/1oqd8yso>.

ERICKSON, Amanda. "Seis coisas que você precisa saber sobre a guerra na Síria". *Gazeta do Povo*, Curitiba, 14 abr. 2018. Disponível em: <bit.ly/2P876Dv>.

ESPARZA, Pablo. "Por que menos refugiados chegaram à Europa, mas mais morreram afogados em 2016". BBC Brasil, 29 dez. 2016. Disponível em: <bbc.in/36m52of>.

GARDNER, Frank. "O homem que 'acendeu' a fagulha da Primavera Árabe". BBC Brasil, 17 dez. 2011. Disponível em: <bbc.in/359R1mm>.

GOMES, Karina. "Refugiado sírio salva mãe da guerra, mas a perde para Covid-19 no Brasil". DW Brasil, 15 maio 2020. Disponível em: <p.dw.com/p/3cG5e>.

"GUERRA Fria está de volta', diz secretário-geral da ONU". *Gazeta do Povo*, Curitiba, 13 abr. 2018. Disponível em: <bit.ly/2rml5MZ>.

"GUERRA Fria 'está de volta', diz secretário-geral da ONU". *Veja*, São Paulo, 13 abr. 2018. Disponível em: <bit.ly/2P9bz92>.

IBGE. "Árabes: origem e destino dos imigrantes". Canal Brasil 500 Anos, Território brasileiro e povoamento. Disponível em: <bit.ly/341UmT6>.

INGIZZA, Carolina. "Guerra na Síria tem jogo de interesses entre potências e dinheiro estrangeiro; entenda". UOL, 27 fev. 2018. Disponível em: <bit.ly/2PyaSoz>.

LEONARDI, Ana Carolina. "5 fatos para entender Aleppo". *Superinteressante*, São Paulo, 16 dez. 2016. Disponível em: <bit.ly/2Pybo7x>.

MANTOVANI, Flávia. "Após saga para tirar família da guerra, sírio reencontra mãe e irmã no Brasil". *Folha de S.Paulo*, São Paulo, 24 dez. 2018. Disponível em: <folha.com/f8zrsdul>.

MELLO, Patrícia Campos. "Conflito na Síria passou de revolta popular a guerra por procuração". *Folha de S.Paulo*, São Paulo, 15 mar. 2018. Disponível em: <folha.com/eoivshbl>.

MUSEU DA IMIGRAÇÃO DO ESTADO DE SÃO PAULO. "Sobre os poucos registros para sírios e libaneses na Hospedaria dos Imigrantes", 14 out. 2016. Disponível em: <bit.ly/2RDj61p>.

"QUAIS interesses cada país tem na guerra da Síria?". DW Brasil, 22 fev. 2018. Disponível em: <p.dw.com/p/2t8wZ>.

SANCHA, Natalia. "Síria e os sírios começam a se reconstruir". *El País*, Madri, 29 nov. 2017. Disponível em: <bit.ly/2PBX7Fk>.

_____. "Um guia para entender quem é quem no complexo conflito da Síria". *El País*, Madri, 28 jan. 2016. Disponível em: <bit.ly/2t53B8i>.

SANZ, Juan Carlos. "Exército sírio diz que tomou o controle do leste de Aleppo". *El País*, Madri, 23 dez.

2016. Disponível em: <bit.ly/359HyeM>.

_____. "Sete anos de frustração desde a eclosão da Primavera Árabe". *El País*, Madri, 17 dez. 2017. Disponível em: <bit.ly/36kZvXP>.

"SÍRIA: quem está envolvido no conflito? E o que eles querem?". *Gazeta do Povo*, Curitiba, 17 abr. 2018. Disponível em: <bit.ly/2PuLsIB>.

"UM DIA após ONU aprovar cessar-fogo na Síria, bombardeios atingem Ghouta Oriental". *O Globo*, Rio de Janeiro, 25 fev. 2018. Disponível em: <glo.bo/2sjksnd>.

VILELA, Elaine Meire. "Sírios e libaneses: Redes sociais, coesão e posição de status". *Revista Brasileira de Ciências Sociais*, São Paulo, v. 26, n. 76, pp. 157-76, jun. 2011. Disponível em: <bit.ly/2rBtz2C>.

PALESTINA

"10 PERGUNTAS para entender o conflito entre israelenses e palestinos". BBC Brasil, 29 set. 2014. Disponível em: <bbc.in/358QOjn>.

"1001 INVENTIONS". Site. Disponível em: <1001inventions.com>.

"A PALESTINA sob o domínio romano". *Galileu*, São Paulo, n. 117, abr. 2001. Disponível em: <bit.ly/2Ptnnlk>.

ABDALA, Vitor. "Entenda o conflito entre Israel e Palestina". Agência Brasil, Brasília, 18 jul. 2014. Disponível em: <bit.ly/2se3Uxo>.

ALVES, Terciane. "Jovem refugiada palestina faz filme independente sobre a percepção da infância na cidade". *O Estado de S. Paulo*, 13 jun. 2016. Disponível em: <bit.ly/2LK4x8C>.

ANTUNES, Luíza. "10 marcos históricos do conflito entre Palestina e Israel". *Superinteressante*, São Paulo, 21 dez. 2016. Disponível em: <bit.ly/2LGpH7j>.

"BAR de refugiados palestinos é atacado com spray de pimenta e garrafa no Centro de SP". G1, São Paulo, 1 set. 2019. Disponível em: <glo.bo/2ZzHoPc>.

BASSIOUNI, M. Cherif. "Islamic Civilization". Middle East Institute, Washington, 24 jan. 2012. Disponível em: <bit.ly/380XH1V>.

CHARLEAUX, João Paulo. "Por que Jerusalém é tão importante para a paz no Oriente Médio". *Nexo Jornal*, 6 dez. 2017. Disponível em: <bit.ly/348ZxRc>.

COELHO, Rodrigo Durão. "Estatísticas indicam redução de mortes de civis no Iraque". BBC Brasil, 19 mar. 2008. Disponível em: <bbc.in/2LEqRko>.

"COMO começou a briga entre palestinos e israelenses?". *Superinteressante*, São Paulo, 9 dez. 2016. Disponível em: <bit.ly/2E3vtvR>.

"COMUNIDAD palestina, la de Chile es la mayor fuera de Medio Oriente". *La Voz de Chile*, 1 nov. 2018. Disponível em: <bit.ly/2LH2PF4>.

DINIZ, Ana Elizabeth. "Em luta contra a islamofobia". *O Tempo*, Contagem, 17 out. 2017. Disponível em: <bit.ly/2PccUMI>.

"ENTENDA a polêmica sobre Jerusalém ser capital de Israel". *Folha de S.Paulo*, São Paulo, 5 dez. 2017. Disponível em: <bit.ly/38tTRVs>.

"ENTENDA o conflito entre Israel e Palestina". G1, 15 jan. 2017. Disponível em: <glo.bo/343VWnj>.

FONSECA, Bruna Garcia. "Adolescente publica livro com relatos contra a islamofobia". Anba, São Paulo, 16 set. 2018. Disponível em: <bit.ly/354ybNn>.

GARCIA, Carolina. "Islamofobia no Brasil: Muçulmanas são agredidas com cuspidas e pedradas". Último Segundo, 25 jan. 2015. Disponível em: <bit.ly/2YCnEGY>.

GONZALES, Richard. "New Zealand PM Ardern Urges Her Nation To Make Gunman 'Nameless'". NPR, 18 mar. 2019. Disponível em: <n.pr/2LIMvU3>.

"G1 EXPLICA: o que é o Hamas?". G1, São Paulo, 31 jul. 2014. Disponível em: <glo.bo/1uLFEwi>.

"G1 EXPLICA: o que são sionismo, judaísmo e antissemitismo?". G1, São Paulo, 31 jul. 2014. Disponível em: <glo.bo/1qtrxoQ>.

HAMID, Sônia Cristina. *(Des)Integrando refugiados: Os processos do reassentamento de palestinos no Brasil*. Brasília: UnB, 2012. Tese (Doutorado em Antropologia Social).

HAMMADEH, Jihad Hassan. "O discurso e a prática". *Folha de S.Paulo*, São Paulo, 10 jun. 2009. Disponível em: <bit.ly/2RGoyjV>.

"ISLAMISMO será a maior religião do mundo em 2070, diz estudo". *O Globo*, Rio de Janeiro, 2 mar. 2017. Disponível em: <glo.bo/2E5mrys>.

"ISRAEL diz que há menos judeus hoje do que antes da Segunda Guerra Mundial". *Diário de Notícias*, Lisboa, 11 abr. 2018. Disponível em: <bit.ly/2PvQHrw>.

JARDIM, Denise Fagundes. "Os imigrantes palestinos na América Latina". *Estudos Avançados*, São Paulo, v. 20, n. 57, pp. 171-81, maio-ago. 2006. Disponível em: <bit.ly/34dDq1P>.

KNELL, Yolande. "Declaração Balfour, as 67 palavras que há 100 anos mudaram a história do Oriente Médio". BBC Brasil, 6 nov. 2017. Disponível em: <bbc.in/2rpoooa>.

KOBAYASHI, Eliza. "Por que judeus e palestinos vivem em conflito?". Associação Nova Escola, 7 mar. 2018. Disponível em: <bit.ly/2RCm1aE>.

LIPKA. Michael; HACKETT, Conrad. "Why Muslims Are the World's Fastest-Growing Religious Group". Pew Research Center, 6 abr. 2017. Disponível em: <pewrsr.ch/2P78ztM>.

MARTINS SOBRINHO, Camila Gomes. *Emancipação feminina no Oriente Médio e Norte da África*. Brasília: Internationali Negotia, 2017.

MENDES, Jaqueline. "Brasil se especializa no halal, uma técnica muçulmana sagrada de abate". *Correio Braziliense*, Brasília, 24 abr. 2018. Disponível em: <bit.ly/36gHFVU>.

MIA GRÖNDAHL. Site. Disponível em: <miagrondahl.com>.

"MORRE líder de ataque na Olimpíada de Munique em 1972". *O Estado de S. Paulo*, São Paulo, 3 jul. 2010. Disponível em: <bit.ly/2sgkUTe>.

NADER, Emir. "A universidade mais antiga do mundo foi fundada por uma mulher muçulmana". *Vice*, 8 abr. 2016. Disponível em: <bit.ly/3477uq5>.

NAVARRO, Roberto. "Quais são os principais grupos armados palestinos?". *Superinteressante*, São Paulo, 4 jul. 2018. Disponível em: <bit.ly/2LGn8lW>.

"NOVA ZELÂNDIA. Guterres quer 'melhor trabalho global para combater a islamofobia'". Renascença, Lisboa, 15 mar. 2019. Disponível em: <bit.ly/38swBqv>.

"NÚMERO de mortos palestinos em 2014 foi o maior desde 1967".

G1, São Paulo, 26 mar. 2015. Disponível em: <glo.bo/1Gspvjc>.

"O QUE foram as Cruzadas?". *Superinteressante*, São Paulo, 18 abr. 2011. Disponível em: <bit.ly/2PtoDVA>.

"OITO perguntas para entender o conflito entre israelenses e palestinos". Terra, 10 dez. 2017. Disponível em: <bit.ly/2YEOApw>.

"ORIENTE Médio relembra 40 anos do 'Setembro Negro'". G1, São Paulo, 16 set. 2010. Disponível em: <glo.bo/2E5mR80>.

"PARA entender: O que é uma intifada?". *O Estado de S. Paulo*, São Paulo, 7 dez. 2017. Disponível em: <bit.ly/348RhRl>.

"PERGUNTAS e respostas: conflito entre israelenses e palestinos". *O Estado de S. Paulo*, São Paulo, 15 fev. 2017. Disponível em: <bit.ly/2shEwXq>.

PIMENTEL, Matheus. "Por que o conflito Israel-Palestina vive uma nova onda de violência". *Nexo Jornal*, 14 maio 2018. Disponível em: <bit.ly/36gI62u>.

"RECONHECIDA como capital de Israel pelos EUA, por que Jerusalém é uma cidade tão sagrada e disputada?". BBC Brasil, 14 maio 2018. Disponível em: <bbc.in/38pWoQs>.

SAMPAIO, Ana Clara. *Discursos diretos: Diálogos sobre o multiculturalismo religioso*. São Paulo: Federação das Associações Muçulmanas do Brasil, 2016. Disponível em: <bit.ly/2P6PO9G>.

SANZ, Juan Carlos. "A interminável ocupação israelense na Palestina: 50 anos sem paz ou território". *El País*, Madri, 5 jun. 2017. Disponível em: <bit.ly/36jZeo6>.

SMAILI, Soraya. "Os árabes e suas contribuições para a ciência e medicina". Icarabe, São Paulo,

23 out. 2009. Disponível em: <bit.ly/36k46JV>.

SOBRAL, Eliane. "Canal de Suez: da construção às guerras". *Aventuras na História*, São Paulo, 5 jun. 2018. Disponível em: <bit.ly/38p10pH>.

TANJI, Thiago. "A história de Jerusalém, cidade sagrada que nunca encontrou a paz". *Galileu*, São Paulo, 6 dez. 2017. Disponível em: <glo.bo/2sdH5tv>.

UNFPA. "UNFPA, ACNUR e União Europeia lançam campanha antixenofobia". 21 jan. 2019. Disponível em: <bit.ly/359JQKU>.

UNHCR. "History of UNHCR". Disponível em: <unhcr.org/history-of-unhcr.html>.

UNRWA. "Palestine refugees". Disponível em: <unrwa.org/palestine-refugees>.

"YASSER Arafat". *O Estado de S. Paulo*, Acervo. Disponível em: <bit.ly/2LHLBak>.

AFEGANISTÃO

"AFGHANISTAN peace deal: Taliban walk out of 'fruitless' talks". BBC, 7 abr. 2020. Disponível em: <bbc.in/2AcM8oY>.

CARVALHO, Bruna. "Entenda por que o Afeganistão é estratégico". Último Segundo, 7 out. 2011. Disponível em: <bit.ly/2LIsuNz>.

_____."Invasões e conflitos marcam história do Afeganistão". Último Segundo, 7 out. 2011. Disponível em: <bit.ly/36pcw2u>.

CARVALHO, Cláudia Lima. "Os budas de Bamiyan tinham cores". *Público*, Lisboa, 2 mar. 2011. Disponível em: <bit.ly/2shEWNu>.

"CONHEÇA as origens do Talebã, movimento que reivindica atentado no Paquistão".

BBC Brasil, 27 mar. 2006. Disponível em: <bbc.in/38rSeY4>.

"ENTENDA a violência no Paquistão e no Afeganistão". BBC Brasil, 28 out. 2009. Disponível em: <bbc.in/2rpp23w>.

"ENTENDA: Após 16 anos de guerra, quais países têm soldados no Afeganistão?". *O Globo*, Rio de Janeiro, 28 dez. 2017. Disponível em: <glo.bo/2Pquk6w>.

FRANCO, Marina. "Rap ajuda garota afegã a fugir de casamento arranjado para os EUA". G1, São Paulo, 29 out. 2015. Disponível em: <globo/1HdaSOj>.

GALHA, Lucília. "Afeganistão: as raparigas que vivem como rapazes para não casar". *Sábado*, Lisboa, 19 fev. 2017. Disponível em: <bit.ly/2P5ZfWV>.

GOMBATA, Marsílea; BALBINO, Leda. "Saiba as consequências do 11 de Setembro para o terrorismo". Último Segundo, 10 set. 2011. Disponível em: <bit.ly/2P85dGL>.

MASHAL, Shamil Ahmad. "Afghanistan: Children or Brides?". IWPR, 7 ago. 2018. Disponível em: <bit.ly/36nk45U>.

MORAIS, Abel Coelho de. "As guerras que se travam no Afeganistão há quatro décadas". *Diário de Notícias*, Lisboa, 10 jul. 2017. Disponível em: <bit.ly/2RDpqGb>.

OLIVEIRA, André Jorge de. "Projeção holográfica 'reconstrói' estátuas de Buda dinamitadas no Afeganistão". *Galileu*, São Paulo, 17 jun. 2015. Disponível em: <glo.bo/2rzRX4H>.

PINTO, Paula Cosme. "Afeganistão: meninas que são transformadas em meninos". *Expresso*, Paço de Arcos, 7 set. 2017. Disponível em: <bit.ly/36l1ETn>.

POUCHARD, Alexandre. "Entenda os conflitos que motivam a saída dos refugiados de seus países". UOL, 11 set. 2015. Disponível em: <bit.ly/2qF4Vhj>.

"SHE Is My Son: Afghanistan's Bacha Posh, When Girls Become Boys". RTD, Moscou, 23 set. 2016. Disponível em: <rtd.rt.com/0218l>.

ÁFRICA

MARROCOS

ABUN-NASR, Jamil M.; WARMINGTON, Brian H.; BRETT, Michael. "North Africa". *Encyclopædia Britannica*. Disponível em: <bit.ly/2Ll76rz>.

"BERBERS Celebrate Amazigh New Year". Al Jazeera, Doha, 13 jan. 2014. Disponível em: <bit.ly/359bHuH>.

"BIOGRAFIA de Sua Majestade o rei Mohammed VI de Marrocos". Embaixada do Reino de Marrocos em Portugal, Lisboa. Disponível em: <bit.ly/2YzkZh7>.

HUMAN RIGHTS WATCH. "World Report 2019: Morocco/Western Sahara". Nova York, 2019. Disponível em: <bit.ly/2E3O5eX>.

KAPLAN, Robert D. "In Morocco a Berber Face Hides Beneath an Arab Mask". *The New York Times*, Nova York, 6 jun. 1982. Disponível em: <nyti.ms/29KbFPg>.

KORMIKIARI, Maria Cristina Nicolau. "Norte da África na Antiguidade: Os reis berberes númidas e suas iconografias monetárias". *Revista do Museu de Arqueologia e Etnologia*, São Paulo, v. 17, pp. 251-92, 2007. Disponível em: <bit.ly/2YCgcLC>.

LAHSINI, Chaima. "Religious Minorities Face Persecution in Morocco: US State Department". *Morocco World News*, 17 ago. 2017. Disponível em: <bit.ly/2Yy3FJp>.

MADDY-WEITZMAN, Bruce. "Berbers and the Nation-State in North Africa". *Oxford Research Encyclopedia of African History*, 27 jul. 2017. Disponível em: <bit.ly/2RBtaI6>.

"MORROCCO Country Profile". BBC, 24 abr. 2018. Disponível em: <bbc.in/2E5bBs7>.

"OS POVOS berberes". HistóriaZine, 18 maio 2016. Disponível em: <bit.ly/2P5ZL7j>.

"PAN-ARABISM". *Oxford Reference*. Disponível em: <bit.ly/35bfTKn>.

RAIS, Oumnia. "Berbers Welcome Amazigh New Year". Al Jazeera, Doha, 12 jan. 2018. Disponível em: <bit.ly/2qDLTI2>.

RAYMOND, Paul Adrian. "Morocco's Berbers Urge Broader Reforms". Al Jazeera, Doha, 6 maio 2014. Disponível em: <bit.ly/2Yzlo4A>.

UNITED NATIONS. "The Permanent Mission of the Kingdom of Morocco to the United Nations". Site. Disponível em: <un.int/morocco>.

REPÚBLICA DEMOCRÁTICA DO CONGO

AKINYEMI, Aaron. "O país onde 48 mulheres são estupradas a cada hora". BBC Brasil, 18 maio 2019. Disponível em: <bbc.in/2RE4aAc>.

ALONSO, Pedro. "Estupro, uma arma de guerra nas trevas do Congo". G1, 17 mar. 2012. Disponível em: <glo.bo/AlWgmQ>.

"AS CRIANÇAS, combatentes involuntários". *El País*, Madri, 9 fev. 2018. Disponível em: <bit.ly/356Kvgc>.

BURKE, Jason. "Congo Election Runner-Up Rejects Tshisekedi Victory as 'Electoral Coup'". *The Guardian*, Londres, 10 jan. 2019. Disponível em: <bit.ly/35foCvi>.

"CADA vez há mais crianças-soldado no Congo". *Expresso*, Paço de Arcos, 7 ago. 2012. Disponível em: <bit.ly/2RFnIEm>.

"CENTENAS de crianças raptadas na República Democrática do Congo: A história de duas mães". *Observador*, Lisboa, 10 jul. 2018. Disponível em: <bit.ly/2sbH2ye>.

CHILD SOLDIERS INTERNATIONAL. *Annual Report 2017-18*. Londres, 2018. Disponível em: <bit.ly/357y4R6>.

CITY OF JOY: *Onde vive a esperança*. Documentário. Direção: Madeleine Gavin, 76 min, 2018, República Democrática do Congo.

COELHO, Liliana. "Especialistas alertam que surto de Ébola 'está fora de controlo' na República Democrática do Congo". *Expresso*, Paço de Arcos, 15 maio 2019. Disponível em: <bit.ly/2YxuOw2>.

CORDELL, Dennis D.; WIESE, Bernd Michael et al. "Democratic Republic of the Congo". *Encyclopædia Britannica*. Disponível em: <bit.ly/2PaAloY>.

"CRIANÇAS-SOLDADO enviadas a ataques sob o efeito de álcool e drogas". *Diário de Notícias*, Lisboa, 29 ago. 2018. Disponível em: <bit.ly/38nW5W8>.

"DENIS Mukwege ficou sabendo durante cirurgia que venceu Nobel da Paz". *Correio Braziliense*, Brasília, 5 out. 2018. Disponível em: <bit.ly/2ry2DRw>.

"DR CONGO Country Profile". BBC, 10 jan. 2019. Disponível em: <bbc.in/2YzlszO>.

DUARTE, Fernando. "Genocídio na África: O horror do Congo belga". *Aventuras na História*, São Paulo, 18 ago. 2018. Disponível em: <bit.ly/34bDnxE>.

"EBOLA mata 865 pessoas no Congo". Agência Brasil, Brasília, 29 abr. 2019. Disponível em: <bit.ly/2LEZQww>.

"ENTENDA a história e a guerra da República Democrática do Congo". BBC Brasil, 18 jul. 2003. Disponível em: <bbc.in/2RBtK8K>.

"ENTENDA os conflitos na República Democrática do Congo". G1, 12 dez. 2008. Disponível em: <glo.bo/38qq3c8>.

"FELIX Tshisekedi Inaugurated: What to Expect from DR Congo's New Leader?". BBC, 24 jan. 2019. Disponível em: <bbc.in/2qIHlAi>.

GERDING, Jonas. "Mulheres lutam contra o estigma da violação na República Democrática do Congo". DW, 27 fev. 2018. Disponível em: <p.dw.com/p/2tN9O>.

"HISTÓRICO dos conflitos armados no Congo". O Estado de S. Paulo, São Paulo, 29 out. 2008. Disponível em: <bit.ly/2PsvfUc>.

HUMAN RIGHTS WATCH. "World Report 2019: Democratic Republic of Congo". Nova York, 2019. Disponível em: <bit.ly/2LGs6yR>.

INDEX MUNDI. "Taxa de mortalidade materna — Mundo". Disponível em: <bit.ly/2PwVsRv>.

LAZZERI, Thais. "'Aos 12 anos, fui uma criança soldado'". Veja, São Paulo, 17 jun. 2018. Disponível em: <bit.ly/2qJGf7q>.

NAÇÕES UNIDAS BRASIL. "ONU alerta para necessidade de financiamento da resposta à crise humanitária na RDC". 22 mar. 2019. Disponível em: <bit.ly/2rzSZoz>.

NATALI, João Batista. "Após 32 anos, Mobutu deixa um Zaire falido". Folha de S.Paulo, São Paulo, 17 maio 1997. Disponível em: <bit.ly/36qvTbN>.

NKULU-N'SENGHA, Mutombo. "Luba". Encyclopædia Britannica. Disponível em: <bit.ly/2P9s6tn>.

"REPORTAGEM: Do Kivu do Norte a Kasai, a violência espalhou-se por toda a RD Congo". Diário de Notícias, Lisboa, 12 ago. 2017. Disponível em: <bit.ly/2YEQsi2>.

SHERMAN, Natalie. "O metal precioso que está criando uma nova 'febre do ouro'". BBC Brasil, 5 ago. 2018. Disponível em: <bbc.in/36lloYE>.

SILVA, Igor Castellano da. Guerra e construção do Estado na Rep. Democrática do Congo. Porto Alegre: UFRGS, 2011. Dissertação (Mestrado em Ciência Política).

UNITED NATIONS. "Democratic Republic of the Congo". Office of the Special Representative of the Secretary-General on Sexual Violence in Conflict. Disponível em: <bit.ly/2PAFJB1>.

_____. "Enquête spéciale sur les événements de février et mars 2008 au Bas Congo". Maio 2008. Disponível em: <bit.ly/346QCQb>.

ANGOLA

"A ROUGH Trade: The Role of Companies and Governments in the Angolan Conflict". Global Witness, Londres, 1 dez. 1998. Disponível em: <bit.ly/2s9VLtv>.

ACNUR BRASIL. "Cessação para refugiados angolanos e liberianos pode alterar perfil do refúgio no Brasil". Genebra; Brasília, 3 jul. 2012. Disponível em: <bit.ly/2sX2g39>.

"ANGOLA Country Profile". BBC, 7 mar. 2018. Disponível em: <bbc.in/354AFeF>.

"ANGOLA, independência e guerra civil após quatro séculos de domínio português". O Globo, Acervo, Rio de Janeiro, 23 set. 2013. Disponível em: <glo.bo/2RFzjTG>.

ANÍBAL, Felippe. "Ex-refugiado cego que viveu em Curitiba cria escola para deficientes visuais". Gazeta do Povo, Curitiba, 2 jan. 2018. Disponível em: <bit.ly/36m2Cif>.

_____. "Refugiado em Curitiba, angolano planeja retorno à África para ajudar outros cegos". Gazeta do Povo, Curitiba, 26 ago. 2016. Disponível em: <bit.ly/2RFzpuw>.

BECK, Johannes. "Angola: Ten Years After Civil War". DW, 4 abr. 2012. Disponível em: <p.dw.com/p/14Xe5>.

BERNARDO, Ricardo. "Angola. Município que é maior que a Holanda não tem um quilómetro de asfalto". Observador, Lisboa, 4 abr. 2018. Disponível em: <bit.ly/2t57nPo>.

"BRASIL dificulta concessão de vistos a angolanos após aumento exponencial de pedidos de refúgio". RTP Notícias, Lisboa, 20 abr. 2016. Disponível em: <bit.ly/2EaXRff>.

"CERCA de 25% da população angolana é analfabeta". Observador, Lisboa, 8 set. 2017. Disponível em: <bit.ly/2LGBjqS>.

CHARLEAUX, João Paulo. "O que muda com a troca de presidente em Angola após 38 anos. E o que não muda". Nexo, São Paulo, 28 ago. 2017. Disponível em: <bit.ly/2RP25l9>.

CIA. "Angola". In: The World Factbook. Atualizado em 12 nov. 2019. Disponível em: <bit.ly/2RFoFMW>.

COUNCIL ON FOREIGN RELATIONS. "The Repatriation of Angolan Refugees and Internally Displaced Persons". Nova York, 19 nov. 2002. Disponível em: <on.cfr.org/2ry3AJA>.

DIÓGENES, Juliana. "Mães angolanas buscam SP e obrigam Prefeitura a criar abrigo". O Estado de S. Paulo, São Paulo, 19 abr. 2016. Disponível em: <bit.ly/2YC39Kn>.

DOMINGUES, Filipe. "Brasil registra mais de 100 casos de sarampo, apontam estudos". G1, 6 jun. 2019. Disponível em: <glo.bo/2RHyxWj>.

FERREIRA, Margarida. "Em cada 100 mulheres angolanas, 22 estão em relações polígamas". *Máxima*, Lisboa, 16 ago. 2017. Disponível em: <bit.ly/2RHyytl>.

GONÇALVES, Aline. "Angola ganha um novo sonhador". Uninter Notícias, Curitiba, 29 ago. 2016. Disponível em: <bit.ly/2P61b1D>.

GYIMAH, Andrea. "Flashback: The Implications of Angola's Civil War". *The McGill International Review*, Montreal, 17 jan. 2018. Disponível em: <bit.ly/345yrdx>.

HÖRING, Jéssica da Silva. "Os movimentos de libertação nacional em Angola: Trajetória política, guerra civil e impactos sobre a construção do Estado (1975-2002)". Porto Alegre: UFRGS, 2015. Trabalho de Conclusão (Bacharelado em Relações Internacionais).

LIBERATTI, Marco Antonio de Lima. *A guerra civil em Angola: Dimensões históricas e contemporâneas*. São Paulo: USP, 2000. Dissertação (Mestrado em Ciência Política).

"MAIS DE 20% das mulheres angolanas vivem em relação polígama". *Público*, Lisboa, 15 ago. 2017. Disponível em: <bit.ly/2E10Ny6>.

MÁXIMO, Wellton. "Em reconstrução, Angola enfrenta desafio de crescer com justiça social". Agência Brasil, Brasília, 13 nov. 2014. Disponível em: <bit.ly/2shGMOo>.

MINISTÉRIO DA JUSTIÇA E SEGURANÇA PÚBLICA. "Refúgio em números". Brasília, 2016. Disponível em: <bit.ly/36llAWk>.

"NA MAIOR família de Angola, há um homem com mais de 40 mulheres". *Diário de Notícias*, Lisboa, 14 mar. 2016. Disponível

em: <bit.ly/2qJH6VG>.

NAÇÕES UNIDAS BRASIL. "OMS estima que casos de sarampo tenham dobrado no mundo em um ano". Brasília, 15 fev. 2019. Disponível em: <bit.ly/2Pwwe5F>.

NOGUEIRA, André. "Hoje na história: 17 anos do fim da guerra civil angolana". *Aventuras na História*, São Paulo, 4 abr. 2019. Disponível em: <bit.ly/38p3Db3>.

ONU ANGOLA. Site. Disponível em: <onuangola.org>.

RODRIGUES, João Campos. "Estado de emergência em Nova Iorque devido a epidemia de sarampo". *Sol*, Lisboa, 27 mar. 2019. Disponível em: <bit.ly/34936H4>.

UNICEF. "Saúde e sobrevivência da criança". Orçamento Geral do Estado, Angola, 2018. Disponível em: <uni.cf/2YAifzW>.

USAID. "Angola — Global Health". Atualizado em 28 out. 2019. Disponível em: <bit.ly/358XFJF>.

VIEIRA, Maria Clara. "Grávidas haitianas, ou com filhos pequenos, enfrentam os perigos de uma rota que atravessa a Amazônia para ter filho no Brasil". *Crescer*, São Paulo, 31 out. 2014. Disponível em: <glo.bo/2P61ucN>.

VIGGIANO, Giuliana. "Surtos de sarampo aumentam 300%, segundo OMS". *Galileu*, São Paulo, 17 abr. 2019. Disponível em: <glo.bo/36k6LDp>.

WORLD HEALTH ORGANIZATION. "Maternal Mortality in 1990--2015". Disponível em: <bit.ly/2sfBIdo>.

MALI

"200 MILHÕES de mulheres sofreram mutilação genital no mundo, diz Unicef". G1, 5 fev. 2016. Disponível em:

<glo.bo/1nR13CT>.

"ACABA o cerco ao hotel no Mali: ao menos 18 morreram". BBC Brasil, 20 nov. 2015. Disponível em: <bbc.in/2rxiIa5>.

BARROS, Denise Dias. *Itinerários da loucura em territórios Dogon*. Rio de Janeiro: Fiocruz, 2004. Disponível em: <bit.ly/35lvCXa>.

CHACRA, Guga. "Entenda o conflito em Mali". *O Estado de S. Paulo*, São Paulo, 11 jan. 2013. Disponível em: <bit.ly/2E6ZPxr>.

DAVIDE, Amé. *Female Genital Mutilation* (FGM). Estocolmo: Rädda Barnen, [200-]. Disponível em: <bit.ly/36k22Sa>.

"DISCOVER the Striking Earthen City of Timbuktu". *National Geographic*, Washington, 25 jul. 2018. Disponível em: <on.natgeo.com/2E7hXXO>.

"DOGON". Art & Life in Africa. The University of Iowa, Iowa City, 2014. Disponível em: <bit.ly/35aopcH>.

DUARTE, Geraldine Rosas. "O conflito no Mali: origens e dimensão internacional". Conjuntura Internacional, PUC Minas, Belo Horizonte, 1 mar. 2013. Disponível em: <bit.ly/38pgYjR>.

"ENTENDA a crise no Mali". G1, 15 jan. 2013. Disponível em: <glo.bo/UnROq1>.

"FEMALE Genital Mutilation". Sini Sanuman, Bamako. Disponível em: <bit.ly/34abozO>.

HUMAN RIGHTS WATCH. "Mali". Nova York, 2019. Disponível em: <bit.ly/2LI44DF>.

_____. "'We Used to Be Brothers': Self-Defense Group Abuses in Central Mali". Nova York, 7 dez. 2018. Disponível em: <bit.ly/2Ptsbam>.

LOURO, Manuel. "O que é que se passa no Mali?". *Público*, Lisboa, 19 jun. 2017. Disponível em: <bit.ly/358XRsn>.

"MALI ATTACK: Behind the Dogon-Fulani Violence in Mopti". BBC, 25 mar. 2019. Disponível em: <bbc.in/2P9kwPG>.

"MALI ATTACKS: Protests Held against Jihadist Violence". BBC, 5 abr. 2019. Disponível em: <bbc.in/2qDNQnQ>.

"MALI: conflitos recentes no norte do país dificultam oferta de ajuda humanitária". Médicos sem Fronteiras, 11 ago. 2016. Disponível em: <bit.ly/2PaCtxb>.

"MALI Country Profile". BBC, 19 abr. 2019. Disponível em: <bbc.in/357zKKo>.

MALLEY, Robert. "10 conflitos para prestar atenção em 2018". *Gazeta do Povo*, Curitiba, 5 jan. 2018. Disponível em: <bit.ly/2EgUzHL>.

MULES, Ineke. "Mali's Security Crisis: A Cycle of Exploitation and Corruption". DW, 26 mar. 2019. Disponível em: <p.dw.com/p/3FgfB>.

NOSSITER, Adam. "Soldiers Overthrow Mali Government in Setback for Democracy in Africa". *The New York Times*, Nova York, 22 mar. 2012. Disponível em: <nyti.ms/348UsbJ>.

PICHEL, Mar. "Cinturão do Sahel, o esconderijo de jihadistas na África que preocupa cada vez mais a Europa". BBC Brasil, 13 fev. 2018. Disponível em: <bbc.in/2rwHIhy>.

PLO, Kouie et al. "Female Genital Mutilation in Infants and Young Girls: Report of Sixty Cases Observed at the General Hospital of Abobo (Abidjan, Cote D'Ivoire, West Africa)". *International Journal of Pediatrics*, Mashhad, 2014. Disponível em: <bit.ly/2YCrqQE>.

PRUITT, Sarah. "Who Are the Mandinka?". History, 15 abr. 2016.

Disponível em: <bit.ly/34eshrW>.

"QUEM é quem no conflito no Mali, onde cantar é considerado crime por rebeldes". BBC Brasil, 15 jan. 2013. Disponível em: <bbc.in/35bi3JZ>.

"REBELDES tuaregues e governo do Mali assinam acordo histórico de paz". EBC, Brasília, 20 jun. 2015. Disponível em: <bit.ly/2RP37h1>.

SANDNER, Philipp. "Timeline of the Crisis in Mali". DW, 15 maio 2015. Disponível em: <p.dw.com/p/1FQTI>.

"SEIS COISAS que você precisa saber sobre o Mali". BBC Brasil, 20 nov. 2015. Disponível em: <bbc.in/2Pwm5WT>.

SHOUP, John A. *Ethnic Groups of Africa and the Middle East: An Encyclopedia*. Santa Barbara: ABC-Clio, 2011.

"TIMBUKTU". *Encyclopædia Britannica*. Disponível em: <bit.ly/2E3zRuP>.

UNESCO. "Cliff of Bandiagara (Land of the Dogons)". Disponível em: <bit.ly/36qxKxh>.

U.S. DEPARTMENT OF STATE. "Mali: Report on Female Genital Mutilation (FGM) or Female Genital Cutting (FGC)". 1 jun. 2001. Disponível em: bit.ly/38uTJoH>.

"VIOLÊNCIA no Mali já causou 260 mil refugiados e deslocados". *Dnotícias*, Funchal, 5 abr. 2019. Disponível em: <bit.ly/38o8uJH>.

MOÇAMBIQUE

"APOIO do Brasil permite duplicar produção de medicamentos em Moçambique em 2019". *Observador*, Lisboa, 25 out. 2018. Disponível em: <bit.ly/38mxgK9>.

ASSOCIAÇÃO LAMBDA. Disponível em: <lambda.org.mz>.

BARIFOUSE, Rafael. "Um quarto da população mundial vive

em países onde o sexo gay é crime, aponta relatório". BBC Brasil, 20 mar. 2019. Disponível em: <bbc.in/2saAkIX>.

CIA. "Mozambique". In: *The World Factbook*. Atualizado em 13 nov. 2019. Disponível em: <bit.ly/2t61d11>.

"CICLONE Idai: número de mortos sobe em Moçambique". Agência Brasil, Brasília, 2 abr. 2019. Disponível em: <bit.ly/35jLAkZ>.

"ESPECIALISTA quer mudanças para fim da marginalização de pessoas LGBT em Moçambique". ONU News, 10 dez. 2018. Disponível em: <bit.ly/357BjrK>.

GFDRR. "Mozambique". Disponível em: <gfdrr.org/en/mozambique>.

MANTOVANI, Flávia. "Perseguidos, LGBT recebem refúgio no Brasil". *Folha de S.Paulo*, São Paulo, 28 nov. 2018. Disponível em: <folha.com/a19n5ji6>.

_____. "Relação homossexual é crime em 70 países, mostra relatório mundial". *Folha de S.Paulo*, São Paulo, 20 mar. 2019. Disponível em: <folha.com/vytw3ojf>.

"MOÇAMBIQUE. Estimativa de portadores de VIH sobe de 1,9 para 2,1 milhões". *Observador*, Lisboa, 14 mar. 2018. Disponível em: <bit.ly/359NZhW>.

"MOZAMBIQUE Country Profile". BBC, 19 mar. 2019. Disponível em: <bbc.in/2LI5RZp>.

"MP moçambicano acusa mais cinco por envolvimento nos ataques armados em Cabo Delgado". *Diário de Notícias*, Lisboa, 2 jan. 2019. Disponível: <bit.ly/2roGrcF>.

"QUEM é André Hanekom, o sul-africano acusado de atacar Cabo Delgado?". DW, 3 jan. 2019. Disponível em: <p.dw.com/p/3Aykq>.

RODRIGUES, Catarina Marques. "Ser homossexual já não é crime em Moçambique". *Observador*, Lisboa, 19 jun. 2015. Disponível em: <bit.ly/2P94KEw>.

ROSSI, Amanda. "Em vez de remédio contra Aids, fábrica financiada pelo Brasil em Moçambique produzirá analgésico". BBC Brasil, 6 dez. 2017. Disponível em: <bbc.in/2E71Ae1>.

THE WORLD BANK. "Mozambique Economic Update: Less Poverty, but More Inequality". Washington, 14 nov. 2018. Disponível em: <bit.ly/359ka0J>.

TSANDZANA, Dércio. "Após 10 anos de batalha judicial, única associação LGBT de Moçambique pode estar mais próxima da legalização". GlobalVoices, 23 nov. 2017. Disponível em: <bit.ly/2P6rp4a>.

UNAIDS. "Mozambique". Genebra. Disponível em: <bit.ly/2t5alTE>.

UNICEF. "Mozambique". *Unicef Annual Report 2017*. Disponível em: <uni.cf/2YzoOmt>.

UNITED NATIONS DEVELOPMENT PROGRAMME. "Human Development Index and Its Components". Human Development Reports, 2017. Disponível em: <bit.ly/2P89rhB>.

WORLD HEALTH ORGANIZATION. "World Health Statistics 2018". Genebra, 2018. Disponível em: <bit.ly/36kciK8>.

EUROPA

IUGOSLÁVIA

"ACNUR apela a ação dos países para ajudar 12 milhões de apátridas do mundo". ONU News, 13 nov. 2018. Disponível em: <bit.ly/2E2KPAr>.

ACNUR BRASIL. "ACNUR reconhece esforços para acabar com deslocamento de refugiados nos Bálcãs". Brasília, 8 nov. 2011. Disponível em: <bitly/2LGGO9f>.

AGUIAR, Lilian. "A Iugoslávia". Portal Brasil Escola. Disponível em: <brasilesco.la/b120401>.

ALTMAN, Max. "Hoje na História: 1980 — Morre o presidente da Iugoslávia Josip Tito". Portal Opera Mundi, 4 maio 2011. Disponível em: <bit.ly/2LISrwj>.

"APÓS 21 ANOS, restos mortais de 127 vítimas do massacre de Srebrenica são enterrados". Portal Opera Mundi, 11 jul. 2016. Disponível em: <bit.ly/2PaEwRT>.

"BALKANS WAR: A Brief Guide". BBC, 18 mar. 2016. Disponível em: <bbc.in/2PzeKWm>.

BECATTINI, Natália. "Apátridas: a vida dos excluídos sem cidadania". 360meridianos, 28 ago. 2017. Disponível em: <bit.ly/36ikVoo>.

CAMPELO, Lilian. "Com 57 mortes em 2017, Brasil é o país que mais mata ativistas ambientalistas". *Brasil de Fato*, 31 jul. 2018. Disponível em: <bit.ly/2EboUUJ>.

CASAGRANDE, Maria Clara B. O.; REBELLO, Luis Felipe; OLIVEIRA, Ana Cláudia D. C. de. "Os estupros como arma de guerra contra as mulheres durante a guerra na Bósnia-Herzegovina (1992-1995)". *Revista Ártemis*, João Pessoa, v. 20, ago.-dez. 2015, pp. 128-40. Disponível em: <bit.ly/36l6MH7>.

DELFIM, Rodrigo Borges. "Declaração do Direito das Minorias completa 25 anos com milhões ainda vivendo sem pátria". MigraMundo, 14 nov. 2017. Disponível em: <bit.ly/2sijffT>.

"FORMER Yugoslavia 101: The Balkans Breakup". NPR, 18 fev. 2008. Disponível em: <n.pr/2PciQ85>.

"GUERRA Civil na Iugoslávia". Memória Globo, Rio de Janeiro, 2013. Disponível em: <glo.bo/2YI6t6Q>.

HUGHES, Stuart. "Vinte anos depois, vítimas de estupros na Guerra da Bósnia perdem esperanças". BBC Brasil, 1 abr. 2014. Disponível em: <bbc.in/2E5HPn4>.

"KOSOVO Profile". BBC, 16 jan. 2018. Disponível em: <bbc.in/38myaGx>.

LOCH, Salus. "Relembre as guerras na antiga Iugoslávia nos anos 1990". *Superinteressante*, São Paulo, 4 nov. 2016. Disponível em: <bit.ly/2saWKtA>.

LOPARIC, Zeljko. "Fantasmas perversos na guerra nos Bálcãs". *Folha de S.Paulo*, São Paulo, 20 ago. 1995. Disponível em: <bit.ly/38ob02B>.

MINISTÉRIO DAS RELAÇÕES EXTERIORES. "Concessão de nacionalidade brasileira às irmãs Maha e Souad Mamo". Brasília, 5 out. 2018. Disponível em: <bit.ly/34euKmc>.

NAÇÕES UNIDAS BRASIL. "ONU: 10 milhões de crianças são apátridas; agência pede 'medidas urgentes'". 3 nov. 2015. Disponível em: <bit.ly/35c1Q7w>.

NEVES, Daniel. "Ustasha e o Estado fantoche da Croácia". Portal Brasil Escola. Disponível em: <brasilesco.la/b123456>.

PERES, Andréa Carolina Schvartz. "Campos de estupro: As mulheres e a guerra na Bósnia". *Cadernos Pagu*, Campinas, n. 37, pp. 117-62, jul.-dez. 2011. Disponível em: <bit.ly/2E1scNo>.

REMEMBERING SREBRENICA. Site. Disponível em: <srebrenica.org.uk>.

SITO-SUCIC, Daria; ROBINSON, Matt. "After Years of Toil, Book Names Bosnian War Dead". Reuters, Londres, 15 fev. 2013. Disponível em: <reut.rs/3483MML>.

THE DEATH of Yugoslavia. Série de TV de 6 episódios. Direção: Angus

MacQueen e Paul Mitchell, 50 min., Reino Unido, 1995-6.

VILELA, Pedro Rafael. "Brasil reconhece condição de apátrida pela primeira vez na história". Agência Brasil, Brasília, 25 jun. 2018. Disponível em: <bit.ly/36jlTRx>.

VISKOVICH, Yanya; TEMPROSA, Tom. "Novos países assinam convenções sobre apatridia e ACNUR pede mais adesões". Nações Unidas Brasil, 23 set. 2011. Disponível em: <bit.ly/2RDMZP7>.

WONDERWHY. "The Breakup of Yugoslavia". 30 abr. 2016. Disponível em: <youtu.be/oiSgAiMod8A>.

AMÉRICA LATINA

VENEZUELA

"54% dos venezuelanos que entraram no Brasil por RR desde 2017 já deixaram o país, diz ministro". G1, 17 jul. 2018. Disponível em: <glo.bo/348WRmL>.

CALVI, Pedro. "Brasil recebe cerca de 600 migrantes venezuelanos por dia; audiência pública discute direitos humanos para quem busca abrigo no país". Comissão de Direitos Humanos e Minorias, Câmara dos Deputados, Brasília, 19 nov. 2018. Disponível em: <bit.ly/2to1v9y>.

CHARLEAUX, João Paulo; MONTEIRO, Ricardo; QUADROS, Thiago. "As origens da crise na Venezuela". Vídeo. Nexo Jornal, 12 out. 2017. Disponível em: <bit.ly/2qILu7k>.

CORAZZA, Felipe; MESQUITA, Lígia. "Crise na Venezuela: O que levou o país ao colapso econômico e à maior crise de sua história". BBC Brasil, 30 abr. 2019. Disponível em: <bbc.in/2LFzIBZ>.

INTERNATIONAL ORGANIZATION FOR MIGRATION. "World Migration Report 2018". Genebra, 2017. Disponível em: <bit.ly/2E5gtNV>.

"MAIS de um milhão de venezuelanos entraram na Colômbia em 2018". G1, 31 out. 2018. Disponível em: <glo.bo/2YyUc4B>.

"MORTALIDADE infantil retrocede 40 anos na Venezuela, segundo Unicef". Correio Braziliense, Brasília, 20 set. 2018. Disponível em: <bit.ly/2P7aMp2>.

NAÇÕES UNIDAS BRASIL. "ACNUR: 6 fatos sobre os refugiados e migrantes venezuelanos". 28 jan. 2019. Disponível em: <bit.ly/2sgqN2M>.

_____. "Número de refugiados e migrantes da Venezuela no mundo atinge 3,4 milhões". 22 fev. 2019. Disponível em: <bit.ly/2RErhKJ>.

"ONU diz que sete milhões de venezuelanos precisam de ajuda humanitária". Diário de Notícias, Lisboa, 28 mar. 2019. Disponível em: <bit.ly/38qtek5>.

"QUASE um quarto da população da Venezuela precisa de ajuda humanitária, diz ONU". G1, 28 mar. 2019. Disponível em: <glo.bo/2RE9jZ2>.

RAPIER, Robert. "Charting the Decline of Venezuela's Oil Industry". Forbes, Jersey City, 29 jan. 2019. Disponível em: <bit.ly/2LF4pHg>.

RODY, Gustavo Carino. "Entenda os motivos da crise na Venezuela". Guia do Estudante, São Paulo, 1 ago. 2017. Disponível em: <bit.ly/2E6z1og>.

SEQUERA, Vivian. "Venezuelans Report Big Weight Losses in 2017 as Hunger Hits". Reuters, Londres, 21 fev. 2018. Disponível em: <reut.rs/2PzfGdk>.

UNICEF. "Unicef lança apelo global e pede US$ 64,5 milhões para a resposta à crise migratória venezuelana". 4 dez. 2019. Disponível em: <uni.cf/2LHx9PT>.

"VENEZUELA: Cidade brasileira de Pacaraima perto de 'colapso social' com aumento de venezuelanos". Diário de Notícias, Lisboa, 7 maio 2019. Disponível em: <bit.ly/2YzotwU>.

BOLÍVIA

50 FOR FREEDOM. Site. Disponível em: <50forfreedom.org>.

BAENINGER, Rosana (Org.). Imigração boliviana no Brasil. Campinas: Núcleo e Estudos de População (Nepo)/Unicamp; Fapesp; CNPq; UNFPA, 2012. Disponível em: <bit.ly/2PAKgU3>.

BERNARDO, Hermínio. "Bolivianos viram maior comunidade estrangeira em São Paulo". CBN, São Paulo, 21 jan. 2019. Disponível em: <glo.bo/3496JwG>.

"BOLÍVIA reduz pobreza em 10 anos com programas sociais, diz governo". G1, 17 out. 2016. Disponível em: <glo.bo/2enku1g>.

CAVALCANTI, Leonardo; OLIVEIRA, Antônio Tadeu de; ARAUJO, Dina. "A inserção dos imigrantes no mercado de trabalho brasileiro. Relatório Anual 2016". Observatório das Migrações Internacionais; Ministério do Trabalho/Conselho Nacional de Imigração e Coordenação Geral de Imigração. Brasília: OBMigra, 2016.

"ENTENDA a crise política na Bolívia". G1, 10 set. 2008. Disponível em: <glo.bo/2E1nwar>.

"EVO MORALES: por que decisão da Justiça da Bolívia de deixar presidente disputar 4º mandato divide opaís". BBC Brasil, 5 dez.

2018. Disponível em: <bbc.in/36nNzEW>.

FARHAT, Rodrigo. "Brasil já tem 707,4 mil imigrantes". *Le Monde Diplomatique*, São Paulo, 4 dez. 2018. Disponível em: <bit.ly/2PBjfQc>.

GOMES, Gabriel Galdine; PEREIRA, Mariana Morena. "Imigração boliviana no Brasil: Uma análise dos aspectos sociais e econômicos acerca da exploração da mão de obra boliviana no estado de São Paulo". *Florestan*, São Carlos, ano 2, n. 4, dez. 2015. Disponível em: <bit.ly/359ha4H>.

"GOVERNO da Bolívia decreta emergência por escassez de água". G1, 21 nov. 2016. Disponível em: <glo.bo/2fLuMfK>.

IANDOLI, Rafael. "Qual o dilema da Bolívia com o Salar de Uyuni, maior planície de sal do mundo". *Nexo Jornal*, 3 maio 2017. Disponível em: <bit.ly/2E3pUNE>.

ILO. "Profits and Poverty: The Economics of Forced Labour". Disponível em: <bit.ly/35aYCAW>.

INSTITUTO NACIONAL DE ESTADÍSTICA. "En octubre de 2019: El Índice de Precios al Consumidor registró una variación positiva de 0,45%". La Paz, 5 nov. 2019. Disponível em: <bit.ly/36nsFpj>.

LONG, Gideon. "Coronavirus gives Bolivia's 'interim' president chance to extend rule". *Financial Times*, 4 maio 2020. Disponível em: <on.ft.com/2ZwTokG>.

MACHADO, Leandro. "Preço alto e burocracia em aluguel de casa levam imigrantes para ocupações sem-teto". G1, 5 maio 2018. Disponível em: <glo.bo/2LWqu4v>.

MIGRATION DATA PORTAL. "Bolivia (Plurinational State of)". Berlim, 2019. Disponível em: <bit.ly/2rAkdnP>.

MINISTÉRIO DO TRABALHO. "Ministério do Trabalho ratifica protocolo da OIT contra trabalho forçado". Brasília, 18 jan. 2017. Disponível em: <bit.ly/36ns5I4>.

MIRANDA, Bruno; TAIGUARA. "Tramas da exploração: a migração boliviana em São Paulo". Coletivo Passa Palavra, 7 nov. 2010. Disponível em: <bit.ly/2sebPue>.

NAÇÕES UNIDAS BRASIL. "OIT lança campanha para Brasil assinar tratado internacional de combate ao trabalho forçado". 8 maio 2017. Disponível em: <bit.ly/2P7TUOK>.

OIT. Conferencia Internacional del Trabajo. 87ª reunión, Genebra, 1999. Disponível em: <bit.ly/2YBjbUF>.

_____. "Em 15 anos, 613 trabalhadores foram resgatados pelo menos duas vezes da escravidão". Brasília, 2 fev. 2018. Disponível em: <bit.ly/2E2Mfef>.

PALACIOS, Ariel. "Bolívia: O governo de Evo Morales está perto do fim?". *Época*, São Paulo, 30 jan. 2018. Disponível em: <glo.bo/2LGIJKZ>.

_____. "Bolívia tem histórico de golpes e crises". *O Estado de S. Paulo*, São Paulo, 16 set. 2008. Disponível em: <bitly/2E8Gzzm>.

COLÔMBIA

"262 197 MUERTOS dejó el conflito armado". Centro Nacional de Memoria Histórica, Bogotá, 9 ago. 2018. Disponível em: <bit.ly/34ew8Fq>.

BANDEIRA, Luiza. "Dez histórias inacreditáveis de 'Narcos' que realmente aconteceram — e outras que não foram exatamente assim". BBC Brasil, 12 set. 2015. Disponível em: <bbc.in/2YyCE8u>.

BBC NEWS BRASIL. "Prestes a acabar, conflito colombiano é o mais duradouro do continente". 26 set. 2016. Disponível em: <youtu.be/XDLST24xXA8>.

CARRASCAL, Jaime Ortega. "Colômbia deixa para a história meio século de conflito". *Exame*, São Paulo, 23 set. 2016. Disponível em: <bit.ly/35lzSpC>.

"CONFLITO na Colômbia deixou 262 197 mortos em seis décadas". *O Globo*, Rio de Janeiro, 2 ago. 2018. Disponível em: <glo.bo/2P6nK6r>.

COSOY, Natalio. "Como a guerra entre o governo da Colômbia e as Farc começou e por que ela durou mais de 50 anos". BBC Brasil, 24 ago. 2016. Disponível em: <bbc.in/2P78BSc>.

DIANA, Mariana Clini. "Conflito continua levando colombianos a se refugiarem no Brasil". RFI, 7 maio 2016. Disponível em: <bit.ly/35blfVZ>.

"FARC entregam armas e deixam de existir como guerrilha". *Época Negócios*, São Paulo, 27 jun. 2017. Disponível em: <glo.bo/2qFbkJn>.

FELIPE, Leandra. "Entenda quem é quem no conflito armado da Colômbia". Terra, 10 jul. 2012. Disponível em: <bit.ly/2RDODQN>.

FERRARI, Carlos Augusto. "Pobre, Ibagué convive com medo das Farc, desemprego e violência". *Globo Esporte*, 1 fev. 2011. Disponível em: <glo.bo/36nsquk>.

MARSHALL, Sarah. "Gabriel García Márquez — and the Colombia that Inspired Him". *The Telegraph*, Londres, 6 mar. 2018. Disponível em: <bit.ly/2LDzsTS>.

MARTUSCELLI, Patrícia Nabuco. *Crianças soldado na Colômbia: A construção de um silêncio na política internacional*. Brasília:

UnB, 2015. Dissertação (Mestrado em Relações Internacionais).

"**PABLO ESCOBAR**: veja números e curiosidades do traficante morto há 25 anos". G1, 2 dez. 2018. Disponível em: <glo.bo/2RHDKgP>.

RICCIARDI, Alex. "Farc na Colômbia: Duzentos anos de violência". *Aventuras na História*, São Paulo, 30 jun. 2017. Disponível em: <bit.ly/2LHbokK>.

"**SAIBA MAIS** sobre história da guerrilha das Farc". G1, 22 jun. 2016. Disponível em: <glo.bo/2sgsmOc>.

SANCHEZ, Giovana. "Farc fazem hoje mesmo mal que ditadura fez com Dilma, diz Ingrid". G1, 3 nov. 2010. Disponível em: <glo.bo/34238ko>.

SIMÕES, Gustavo da Frota. *Integração social de refugiados no Brasil e no Canadá em perspectiva comparada: Colombianos em São Paulo e em Ontário*. Brasília: UnB, 2017. Tese (Doutorado em Estudos Comparados sobre as Américas).

THE NOBEL PRIZE. "Gabriel García Márquez". Estocolmo. Disponível em: <bit.ly/36k6yjA>.

UNHCR. "Global Trends: Forced Displacement in 2017". Genebra, 2018. Disponível em: <bit.ly/36inhDK>.

WATSON, Katy. "A ponte que simboliza o desespero do êxodo venezuelano". BBC Brasil, 23 ago. 2018. Disponível em: <bbc.in/34buoho>.

PARAGUAI

AMNISTÍA INTERNACIONAL. "Paraguay 2017/2018". Disponível em: <bit.ly/2PytPr7>.

BOCCHINI, Bruno. "Estudo mostra que cresce imigração de paraguaios para São Paulo". Agência Brasil, Brasília, 7 nov. 2014. Disponível

em: <bit.ly/36qeIHo>.

CANCIAN, Renato. "Guerra do Paraguai — Tríplice Aliança entre Argentina, Brasil e Uruguai". UOL Educação. Disponível em: <bit.ly/2RKFqX7>.

CARMO, Marcia. "Paraguai vive mais um ano de tensão política". BBC Brasil, 23 dez. 2002. Disponível em: <bbc.in/2E8HaB6>.

CARNERI, Santi. "'Paraguay es muy discriminador, no reconoce a los pueblos nativos'". *El País*, Madri, 31 out. 2017. Disponível em: <bit.ly/348YJfh>.

CONAMURI. "Pueblos indígenas de Paraguay sobreviven ante la indiferencia del Estado". Paraguai, 19 abr. 2018. Disponível em: <bit.ly/2RGIPpI>.

CÔRTES, Tiago Rangel; SILVA, Carlos Freire da. "Migrantes na costura em São Paulo: Paraguaios, bolivianos e brasileiros na indústria de confecções". *Travessia*, São Paulo, ano XXVII, n. 74, pp. 37-58, jan.-jun. 2014. Disponível em: <bit.ly/2Yz1KnG>.

CUÉ, Carlos E. "Paraguai impede o aborto de uma menina violada de 10 anos e 34 quilos". *El País*, Madri, 5 maio 2015. Disponível em: <bit.ly/36k6IaG>.

CUÉ, Carlos E.; CARNERI, Santi. "Paraguai, o milagre silencioso e desigual". *El País*, 21 abr. 2018. Disponível em: <bit.ly/2Pvn3Tb>.

DELFIM, Rodrigo Borges. "Largo do Paissandu vira acampamento para sobreviventes de incêndio em São Paulo". *Folha de S.Paulo*, São Paulo, 2 maio 2018. Disponível em: <folha.com/jfqgdp5k>.

DIRECCIÓN GENERAL de estadística, encuestas y censos. "Paraguay: Proyecciones de población nacional, áreas urbana y rural, por sexo y edad, 2018". Disponível em: <bit.ly/2PALKxB>.

FIORENTIN, Marta Izabel Schneider. *Imigrantes brasileiros radicados no Paraguai (1970-2016)*. Curitiba: UFPR, 2017. Tese (Doutorado em História).

JUNGES, Cíntia. "Paraguai reinventa economia e vai de 'primo pobre' a estrela da América Latina". *Gazeta do Povo*, Curitiba, 24 jan. 2017. Disponível em: <bit.ly/38ji6Fw>.

NAÇÕES UNIDAS BRASIL. "América Latina e Caribe: uma década perdida para acabar com o casamento infantil". 11 abr. 2018. Disponível em: <bit.ly/2LI9dLZ>.

PARDO, Daniel. "Paraguai vive boom imobiliário impulsionado por Brasil e Argentina". BBC Brasil, 20 abr. 2018. Disponível em: <bbc.in/38thRaX>.

PEREIRA, Pablo. "Estudo revela alta do fluxo migratório do Paraguai para SP". *O Estado de S. Paulo*, São Paulo, 5 nov. 2014. Disponível em: <bit.ly/2PwN4l1>.

PIMENTEL, Matheus. "O que é o Partido Colorado. E por que ele é hegemônico no Paraguai". *Nexo Jornal*, 23 abr. 2018. Disponível em: <bit.ly/36nPnhc>.

RODRÍGUEZ, Javier. "As meninas mães do Paraguai". *Revista Diálogos do Sul*, 7 maio 2015. Disponível em: <bit.ly/2Yz299G>.

UNFPA BRASIL. "Marco estratégico sobre gravidez na adolescência nos países do Cone Sul é divulgado". 6 jun. 2017. Disponível em: <bit.ly/34867r1>.

VAZ, Camila. "Menina grávida aos 10 gera debate sobre legislação do aborto no Paraguai". Jusbrasil, 5 maio 2015. Disponível em: <bit.ly/2P7hkUG>.

ZAREMBA, Júlia et al. "Prédio invadido desaba em incêndio no largo do Paissandu, centro de SP". *Folha de S.Paulo*, São Paulo, 1 maio 2018. Disponível em: <folha.com/742xnflk>.

HAITI

AUDEBERT, Cedric. "The Recent Geodynamics of Haitian Migration in the Americas: Refugees or Economic Migrants?". *Revista Brasileira de Estudos de População*, São Paulo, v. 34, n. 1, pp. 55-71, abr. 2017. Disponível em: <bit.ly/2tojPzj>.

AYUSO, Silvia. "Cólera e escassez de água castigam o Haiti após o furacão". *El País*, Madri, 13 out. 2016. Disponível em: <bit.ly/2t524z2>.

_____. "Furacão Matthew deixa quase 900 mortos no Haiti e mergulha país no caos". *El País*, Madri, 8 out. 2016. Disponível em: <bit.ly/2RG3KJs>.

BANCO MUNDIAL. "Haití". Disponível em: <bit.ly/36ljoxT>.

CHARLEAUX, João Paulo. "Qual a diferença entre visto humanitário e refúgio". *Nexo Jornal*, 20 jun. 2016. Disponível em: <bit.ly/2PASkEp>.

DESROCHES, Reginald et al. "Overview of the 2010 Haiti Earthquake". *Earthquake Spectra*, Berkeley, v. 27, n. S1, pp. S1–S21, out. 2011. Disponível em: <bit.ly/36nPHwq>.

"HAITI COUNTRY PROFILE". BBC Brasil, 11 fev. 2019. Disponível em: <bbc.in/2YzrT61>.

"HAITI EARTHQUAKE FAST FACTS". CNN, 27 dez. 2018. Disponível em: <cnn.it/2PC8ahM>.

MUNIZ, Ricardo. "Terremoto no Haiti expôs 137 mil pessoas a efeitos de 'intensidade extrema'". G1, 13 jan. 2010. Disponível em: <glo.bo/359jrgf>.

NAÇÕES UNIDAS BRASIL. "Fome aumenta na América Central e Haiti em meio a seca agravada por El Niño". 11 abr. 2016. Disponível em: <bit.ly/2sX91lx>.

"SOBE O número de mortos pelo furacão Matthew no Haiti". G1, 10 out. 2016. Disponível em: <glo.bo/2RGJoQm>.

STEWART, Stacy R. "Hurricane Matthew". National Hurricane Center — Tropical Cyclone Report. 7 abr. 2017. Disponível em: <bit.ly/2PAkRJU>.

SUGIMOTO, Luiz. "O dramático vai e vem dos haitianos". *Jornal da Unicamp*, Campinas, 16 ago. 2017. Disponível em: <bitly/2PwNwzJ>.

CUBA

"8º CONGRESSO Cubano de Educação, Orientação e Terapia Sexual". Disponível em: <bit.ly/2LFCqaD>.

"A VIDA de Fidel Castro em 22 números". BBC Brasil, 26 nov. 2016. Disponível em: <bbc.in/2rAIToB>.

ALBUQUERQUE, Flávia. "ONU lança cartilha para refugiados perseguidos por orientação sexual". Agência Brasil, Brasília, 27 jun. 2017. Disponível em: <bit.ly/38uZaUD>.

ASSOCIAÇÃO nacional de travestis e transexuais. Site. Disponível em: <antrabrasil.org>.

BARBERO, Luis. "Grande êxodo de Mariel, em Cuba, completa 35 anos". *El País*, Madri, 14 set. 2015. Disponível em: <bit.ly/2YCobs4>.

BLACK, Sean. "Mariela Castro: Cover Story". *America's Aids Magazine*, 4 mar. 2016. Disponível em: <bit.ly/2t52QvW>.

CASTRO, Grasielle. "Fidel travou cruzada para manter crianças e jovens longe dos gays". Huffpost, 26 nov. 2016. Disponível em: <bit.ly/2sju3KL>.

"CONHEÇA a história de Cuba". G1, 19 abr. 2011. Disponível em: <glo.bo/eYdvHq>.

"CONSTITUIÇÃO cubana abrirá caminho a direitos LGBT, diz Mariela Castro". *Exame*, São Paulo, 21 jun. 2018. Disponível em: <bit.ly/2YAzfGa>.

CORDEIRO, Tiago. "O mundo à beira do apocalipse: Há 57 anos, começava a crise dos mísseis de Cuba". *Aventuras na História*, São Paulo, 16 out. 2019. Disponível em: <bit.ly/2LEbesv>.

"CUBA desiste de mudança na Constituição que abriria caminho para casamento gay". G1, 19 dez. 2018. Disponível em: <glo.bo/2roKVAo>.

"CUBA e Venezuela aparecem com restrições em lista de direitos humanos da OEA". Agência Brasil, Brasília, 22 mar. 2018. Disponível em: <bit.ly/36qfTqi>.

"CUBAN President Miguel Díaz-Canel Backs Same-Sex Marriage". BBC, 17 set. 2018. Disponível em: <bbc.in/2RDQqFv>.

"CUBAN Transsexual Elected to Public Office". *The Guardian*, Londres, 18 nov. 2012. Disponível em: <bit.ly/36raXRX>.

"ENTENDA como tem sido a relação entre a Revolução Cubana e os gays". *O Globo*, Rio de Janeiro, 19 dez. 2018. Disponível em: <glo.bo/35dt7Gw>.

"ENTRA em vigor a nova Constituição de Cuba, que reconhece a propriedade privada mas mantém partido único". G1, 10 abr. 2019. Disponível em: <glo.bo/2E73xqF>.

FÁVILA, Renan. "Cuba: Ser gay na ilha comunista". Blog Estrangeira, 27 nov. 2016. Disponível em: <bit.ly/2Pcmdff>.

"FIDEL admite que governo perseguiu gays em Cuba". *O Estado de S. Paulo*, São Paulo, 31 ago. 2010. Disponível em: <bit.ly/38ksoa5>.

FINCO, Nina. "Novo livro de Pedro Juan Gutiérrez mostra a homofobia da Cuba revolucionária". *Época*, São Paulo, 2 ago. 2016. Disponível em: <glo.bo/2P7R1NT>.

FUENTE, Álvaro. "Como Cuba consegue índices de países desenvolvidos na saúde?". *El País*, Madri, 8 fev. 2017. Disponível em: <bit.ly/2EhorRj>.

_____. "La revolución de la comunidad gay en Cuba". *El País*, Madri, 9 maio 2017. Disponível em: <bit.ly/2LIWvN5>.

_____. "Sim, eu posso acabar com o analfabetismo". *El País*, Madri, 20 jan. 2017. Disponível em: <bit.ly/2YzqyvU>.

GODINHO, Luiz Fernando; MINVIELLE, Nicole. "Brasil protege refugiados LGBTI, mostra levantamento inédito do ACNUR e do Ministério da Justiça". ACNUR, Brasília, 29 nov. 2018. Disponível em: <bit.ly/2E6OeOK>.

GODOY, Marcelo; RESK, Felipe. "'Agora somos bem-vindos aqui', diz refugiado cubano". *O Estado de S. Paulo*, São Paulo, 15 abr. 2018. Disponível em: <bit.ly/349h8Z2>.

LLANO, Pablo de. "Cuba reforma Constituição para reverter décadas de homofobia". *El País*, Madri, 24 jul. 2018. Disponível em: <bit.ly/2YC16Ga>.

MAURO, Fillipe. "Pela primeira vez em Cuba, transexual é eleito para cargo público". Portal Opera Mundi, 18 nov. 2012. Disponível em: <bit.ly/2E6bg8s>.

MCDOWELL, Edwin. "Reinaldo Arenas, 47, Writer Who Fled Cuba, Dies". *The New York Times*, Nova York, 9 dez. 1990. Disponível em: <nyti.ms/38pnd7h>.

NEXO JORNAL. "A história da Revolução Cubana. E suas consequências". 4 abr. 2019. Disponível em: <youtu.be/BscKGvlhTHI>.

"OS DEZ segredos da vida privada de Fidel Castro". BBC Brasil, 27 nov. 2016. Disponível em: <bbc.in/2YxUqsE>.

"O QUE MUDARÁ com a nova Constituição em Cuba?". *Exame*, São Paulo, 23 jul. 2018. Disponível em: <bit.ly/2LHA1fD>.

"RAÚL Castro Ruíz". UOL Educação, 13 set. 2007. Disponível em: <bit.ly/2PtzJdc>.

"REINALDO ARENAS". *Encyclopædia Britannica*. Disponível em: <bit.ly/2P7WuEq>.

"REVOLUÇÃO CUBANA, 60 anos: veja cronologia de 1959 até hoje". *O Globo*, Rio de Janeiro, 2 jan. 2019. Disponível em: <glo.bo/38u4olo>.

RODRIGUES, Anna Carolina. "Quem foi Che Guevara?". *Superinteressante*, São Paulo, 1 ago. 2014. Disponível em: <bit.ly/2P6YKMg>.

TAYLOR, Adam. "Where Are the Castro Kids?: The Next Generation of the Cuban Dynasty Lies Low". *The Washington Post*, Washington, 20 abr. 2018. Disponível em: <wapo.st/2E7nTQA>.

THOMAZ, Danilo. "Reduzida por homicídios, a expectativa de vida de um transexual no Brasil é de apenas 35 anos". *Época*, São Paulo, 30 jan. 2018. Disponível em: <glo.bo/2E6bKvi>.

TRANSGENDER EUROPE. "Trans Murder Monitoring". Transrespect versus Transphobia Worldwide, Berlim. Disponível em: <bit.ly/2YKS9dT>.

"VEJA a trajetória de Raúl Castro". G1, 18 abr. 2018. Disponível em: <glo.bo/2PvMJz4>.

SOBRE AS AUTORAS

ARYANE CARARO

Descendente de poloneses e italianos, já foi migrante interna e hoje é emigrante. Nasceu em Curitiba (PR), viveu em Antonina (PR) e Mallet (PR) ainda bebê, cresceu na capital paranaense, mudou-se para São Paulo (SP) aos 22 anos e, pouco antes de completar quarenta, foi para Lisboa (Portugal). Já morou em treze casas diferentes e descobriu tardiamente que nunca é tarde para mudar. É mãe da Nina, de três anos (que já está na sua segunda cidade e será uma cidadã do mundo), e casada com o Marcos, que já morou na Austrália. Jornalista há mais de vinte anos, especializou-se no universo materno e infantil e em literatura infantojuvenil. Acredita no poder transformador da nova geração e do feminismo. Escreveu, em parceria com Duda Porto de Souza, o livro *Extraordinárias: Mulheres que revolucionaram o Brasil* (Seguinte, 2017), tem dado palestras e oficinas sobre a obra, foi editora-chefe da revista *Crescer*, editora do suplemento infantil *Estadinho* (de *O Estado de S. Paulo*) e hoje edita o Blog da Letrinhas, sobre literatura infantil, e o site BabyHome, sobre parenting. Tem pós-graduação em jornalismo literário pela ABJL, mestrado em estética e história da arte pelo MAC-USP e faz doutorado em estudos de gênero pela Universidade de Lisboa (ULisboa) e Universidade Nova de Lisboa.

DUDA PORTO DE SOUZA

Nasceu em São Paulo (SP) e viveu no Rio de Janeiro (RJ). Ainda criança, aos sete anos, estudou num internato em Ascot, na Inglaterra. Embora tenha o Brasil como seu ponto de referência, sempre procurou conhecer outras culturas por longos períodos. Já morou em mais de vinte lugares diferentes. Ativista de direitos humanos, acredita no poder transformador da nova geração e do acesso à educação para meninas e meninos. Em parceria com Aryane Cararo, escreveu *Extraordinárias: Mulheres que revolucionaram o Brasil* (Seguinte, 2017) e tem dado palestras e oficinas sobre a obra. É responsável pela criação da primeira Biblioteca Multilíngue Infantil pública do Brasil, localizada em São Paulo. Jornalista e tradutora, já colaborou com diversas publicações do segmento infantojuvenil. Na última década, dedicou-se a projetos focados no encontro entre direitos humanos, artes visuais e narrativas propositivas. Participou do desenvolvimento de exposições de grande público, com curadoria de Marcello Dantas — entre elas, ComCiência, da australiana Patricia Piccinini, que ficou em segundo lugar no ranking das exposições mais visitadas do mundo em 2016. É supervisora de desenvolvimento da Maria Farinha Filmes.

SOBRE A ILUSTRADORA

RAFAELA VILLELA

É descendente de portugueses e italianos. Em sua infância emigrou com frequência por conta do trabalho de seu pai. Viveu por quatro anos na Suíça, em uma cidade bem pequenina, e em seguida passou três anos na movimentada Cidade do México antes de regressar a São Paulo, onde nasceu. Acredita no poder da arte para comunicar uma ideia e que a beleza pode mudar nossa percepção de um ambiente, objeto ou situação. Formada em design gráfico pelo Centro Universitário Belas Artes de São Paulo, trabalha como ilustradora freelancer e quadrinista. É autora dos livros independentes *Mertini* e *A vida e outras ansiedades*, lançados na CCXP em 2018 e 2019, respectivamente.

AGRADECIMENTOS

Agradecimentos especiais a todos os refugiados e imigrantes que nos deram entrevista, e a João Carlos Jarochinski Silva, Naíma Saleh, Paulo Illes, Padre Paolo Parise, Maria Beatriz Nogueira, Miguel Pachioni, Maria Cristina Morelli, Nilton Carvalho, Denise Collus, Preta Ferreira, Carmen Silva, Irmã Rosita Milesi, Pablo Mattos, Marcelo Haydu, Vivianne Reis, Lilia Moritz Schwarcz, Pedro Hartung, Cyntia Sampaio, Veronica Yujra, Bruna Guedes Oliveira, Roberto Bignami, Nathália Condé Napolitano, Thais La Rosa, Natalia Natarelli, Fernanda Micotti, Cícero Oliveira, África do Coração, Elisabeth Batalha, Patricia Gorisch, Sidney Silva, Nguyen Van Hoach, equipe Maria Farinha Filmes e a toda a equipe da Companhia das Letras.

Agradecemos também a Ana Bedin, Ana Rezende, Andrea Dominguez, Angela Porto, Angélica Palmer, Benjamim Morelli Barletta, Carol Parra, Dani Salles, Dani Siqueira, equipe Flow, equipe Hugspot, Gisela Porto, Izildinha Schulz, Jandira Silva, Jillian Mayer, Julia Morelli, Karen Fuke, Leandro Leo, Lua Leça, Luana Lobo, Luisa Matsushita, Luiza Sá, Marcos Schulz, Maria Gadú, Maria Lecticia Coutinho, Maria Teresinha Palmer, Mário Savioli, Mulheres na Resistência, Otto Arsenault, Patricia Palmer, Ricardo Cararo, Sophia Rubio Arsenault, Susana Costa Amaral, Theodoro Morelli Barletta, Wanessa Magnusson de Sousa e Houssein Jarauche.

APOIE TAMBÉM

Você pode contribuir com o trabalho de organizações que proporcionam novas oportunidades para pessoas refugiadas no Brasil:

AGÊNCIA DA ONU PARA REFUGIADOS (ACNUR)
Lidera ações internacionais para proteger a vida e os direitos das pessoas refugiadas no Brasil e no mundo.
<acnur.org/portugues>

I KNOW MY RIGHTS (IKMR)
É a única que dedica-se inteiramente às crianças refugiadas e seus direitos.
<ikmr.org.br>

MISSÃO PAZ
Abrigamento de pessoas refugiadas e migrantes.
<missaonspaz.org>

COMPASSIVA
Revalidação de diploma de pessoas refugiadas.
<compassiva.org.br>

ÁFRICA DO CORAÇÃO
Realizadora da Copa dos Refugiados.

ESTA OBRA FOI COMPOSTA POR JOANA AMADOR EM QUALION TEXT
E IMPRESSA PELA GRÁFICA BARTIRA EM OFSETE SOBRE PAPEL ALTA ALVURA
DA SUZANO S.A. PARA A EDITORA SCHWARCZ EM OUTUBRO DE 2023

A MARCA FSC® É A GARANTIA DE QUE A MADERIA UTILIZADA
NA FABRICAÇÃO DO PAPEL DESTE LIVRO PROVÉM DE FLORESTAS
QUE FORAM GERENCIADAS DE MANEIRA AMBIENTALMENTE
CORRETA, SOCIALMENTE JUSTA E ECONOMICAMENTE VIÁVEL,
ALÉM DE OUTRAS FONTES DE ORIGEM CONTROLADA.